上海手语音系

主编 张吉生

撰著 张吉生 杨 峰 伍艳红 顾笙韵

华东师范大学出版社

图书在版编目(CIP)数据

上海手语音系/张吉生主编；张吉生等撰.—上海：华东师范大学出版社，2018.
华东师大新世纪学术基金
ISBN 978-7-5675-8624-6

Ⅰ.①上… Ⅱ.①张… Ⅲ.①手势语-语音系统-上海 Ⅳ.①H126.3

中国版本图书馆CIP数据核字(2019)第002013号

上海文化发展基金会图书出版专项基金项目
华东师范大学新世纪学术著作出版基金资助出版

上海手语音系

主　　编　张吉生
组稿编辑　孔繁荣
项目编辑　夏　玮
特约审读　刘鸿宇
装帧设计　高　山

出版发行　华东师范大学出版社
社　　址　上海市中山北路3663号　邮编200062
网　　址　www.ecnupress.com.cn
电　　话　021-60821666　行政传真 021-62572105
客服电话　021-62865537　门市(邮购)电话 021-62869887
地　　址　上海市中山北路3663号华东师范大学校内先锋路口
网　　店　http://hdsdcbs.tmall.com

印刷者　上海昌鑫龙印刷有限公司
开　　本　787×1092　16开
印　　张　26.25
字　　数　417千字
版　　次　2019年3月第1版
印　　次　2019年3月第1次
书　　号　ISBN 978-7-5675-8624-6/H·1025
定　　价　87.00元

出版人　王　焰

(如发现本版图书有印订质量问题，请寄回本社客服中心调换或电话021-62865537联系)

Wise souls speak loudly in silence.

此时无声胜有声

目 录

第一章 导论 ·· 1
  1.1 什么是手语音系 ·· 1
  1.2 手语的音系学研究 ·· 4
    1.2.1 对立参数 ··· 4
    1.2.2 手型 ·· 5
    1.2.3 位置 ·· 7
    1.2.4 运动 ·· 8
    1.2.5 主手与辅手 ·· 9
  1.3 手语音系研究的理论模型 ·· 11
    1.3.1 HT 模型 ·· 12
    1.3.2 依存模型 ··· 14
    1.3.3 韵律模型 ··· 16
  1.4 研究内容与方法 ··· 18
    1.4.1 研究内容 ··· 19
    1.4.2 研究语料 ··· 20
    1.4.3 分析方法 ··· 22

第二章 上海手语的手型音系 ·· 27
  2.1 被选手指的音系赋值 ·· 29
  2.2 被选手指关节的音系表征 ·· 33
  2.3 上海手语手型的音系表征 ·· 38
  2.4 上海手语的手型变体 ·· 48

2.5 上海手语的手型"音位" ······ 59
  2.5.1 手型音系的主要特征与次要特征 ······ 61
  2.5.2 手型音系特征的有标记性与无标记性 ······ 63
  2.5.3 上海手语手型的底层音系特征及音位手型 ······ 68

第三章 手势中的位置、掌向与运动的音系分析 ······ 73
3.1 上海手语手型位置的音系表征 ······ 74
3.2 上海手语手型掌向的音系表征 ······ 85
3.3 上海手语手型运动的音系表征 ······ 90
  3.3.1 设定点的改变 ······ 94
  3.3.2 路径特征 ······ 97
  3.3.3 手的方向改变 ······ 100
  3.3.4 手型的改变 ······ 104
3.4 其他手控特征 ······ 107
3.5 双手手势的音系表征 ······ 110
3.6 小结 ······ 113

第四章 手语音节的理据与特点 ······ 115
4.1 手语音节的理据 ······ 116
4.2 手语音节的界定 ······ 119
  4.2.1 音节界定的参数 ······ 120
  4.2.2 静态手势和动态语流中的音节界定 ······ 125
4.3 音节的同时性和序列性 ······ 128
4.4 音节的超音段性与音段的超音节性 ······ 131
4.5 手语音节的内部结构 ······ 132
  4.5.1 以序列性为导向的音节结构分析 ······ 134
  4.5.2 以同时性为导向的音节结构分析 ······ 138
4.6 手语音节的时长和重量 ······ 142

第五章　上海手语音节结构 ·············· 146
5.1 上海手语中手势、音节与语素的关系 ·············· 146
5.1.1 单音节单语素手势 ·············· 148
5.1.2 单音节双(多)语素手势 ·············· 149
5.1.3 双音节单语素手势 ·············· 152
5.1.4 双音节双语素手势 ·············· 154
5.2 上海手语音节结构 ·············· 156
5.2.1 由简单运动构成的音节 ·············· 158
5.2.2 由复杂运动构成的音节 ·············· 165
5.2.3 由超级复杂运动构成的音节 ·············· 171
5.3 韵律模型中上海手语的音节类型 ·············· 175
5.4 上海手语中带有颤动的音节 ·············· 180
5.4.1 划圈颤动 ·············· 181
5.4.2 抖动 ·············· 182
5.4.3 由腕关节发出的颤动 ·············· 183
5.4.4 由掌指关节发出的颤动 ·············· 185
5.4.5 上海手语中颤动的分布 ·············· 190
5.5 上海手语的双音节手势 ·············· 193
5.5.1 完全重复形成的双音节手势 ·············· 193
5.5.2 部分重复形成的双音节手势 ·············· 196
5.5.3 双手先后交替运动形成的双音节手势 ·············· 199
5.5.4 两个相对独立的音节形成的双音节手势 ·············· 201
5.6 上海手语中的多音节手势 ·············· 206
5.7 上海手语中双手手势的音节结构 ·············· 208
5.8 小结 ·············· 210

第六章　上海手语表情体态的超音段功能 ·············· 211
6.1 上海手语表情体态的音位功能 ·············· 213
6.1.1 面部表情的音位功能 ·············· 215
6.1.2 头部和身体的运动 ·············· 235

		6.1.3 表情体态特征的音系分析 ········· 238
	6.2	上海手语表情体态的形态功能 ············ 241
		6.2.1 表情体态的副词功能············ 241
		6.2.2 表情体态的形容词功能··········· 250
		6.2.3 其他形态功能的表情体态特征······· 252
		6.2.4 具有形态功能的表情体态特征的音系分析··· 254
	6.3	表情体态特征句法功能的音系分析 ········· 255
		6.3.1 否定句的表情体态特征以及音系分析···· 256
		6.3.2 上海手语中疑问句的表情体态特征以及音系分析 ···················· 267
	6.4	小结 ······················· 281

第七章 上海手语语流中的音变及其音系规则 ············ 285

- 7.1 上海手语中的同化现象 ··············· 285
  - 7.1.1 辅手延伸 ················· 286
  - 7.1.2 手型同化 ················· 290
  - 7.1.3 发语位置同化 ··············· 294
  - 7.1.4 掌向同化 ················· 297
  - 7.1.5 表情体态同化 ··············· 299
- 7.2 手势融合的音系变化 ················ 300
  - 7.2.1 语流中的手势合并 ············· 301
  - 7.2.2 词汇性手势融合的音变 ··········· 307
- 7.3 运动插入与删除的音系变化 ············· 309
- 7.4 手型脱落的音系变化 ················ 315
- 7.5 辅手脱落的音系变化 ················ 317
- 7.6 辅手添加 ····················· 321
- 7.7 换位 ······················· 324
- 7.8 小结 ······················· 326

第八章 上海手语韵律结构的音系分析 ············ 327

- 8.1 上海手语韵律结构的研究方法及内容 ········· 329

  8.2 上海手语韵律词 ……………………………………………… 333
  8.3 上海手语音系短语 …………………………………………… 338
    8.3.1 手控特征的音系短语标记 ………………………………… 339
    8.3.2 表情体态的音系短语标记 ………………………………… 344
  8.4 上海手语语调短语 …………………………………………… 347
    8.4.1 手控特征的语调短语标记 ………………………………… 347
    8.4.2 表情体态的语调短语标记 ………………………………… 351
  8.5 小结 …………………………………………………………… 359

参考文献 ………………………………………………………………… 363
  一、中文文献 ………………………………………………………… 363
  二、外文文献 ………………………………………………………… 364

附录 ……………………………………………………………………… 377
  附录 I 上海手语手势举例 ………………………………………… 377
  附录 II 上海手语 61 个表层手型音段 ……………………………… 387
  附录 III 汉语手指字母图 …………………………………………… 391

后　记 …………………………………………………………………… 392

图目录

图 1-1　手语中可能与不可能被选手指构造举例 ………………… 3
图 1-2　以色列手语手型或运动不同的对立手势 ………………… 5
图 1-3　手的四个基本关节功能：开、闭、勾、屈 ……………… 6
图 1-4　三例无标记手型 …………………………………………… 6
图 1-5　以色列手语中的最小配对 ………………………………… 7
图 1-6　不同手语涉及不同运动的手势 …………………………… 8
图 1-7　以色列手语"他烤的蛋糕好吃" ………………………… 10
图 1-8　HT 模型 …………………………………………………… 12
图 1-9　美国手势"晕倒" ………………………………………… 13
图 1-10　美国手势"晕倒"中手型同化的音系结构 …………… 13
图 1-11　依存模型 ………………………………………………… 15
图 1-12　韵律模型特征几何图 …………………………………… 17
图 1-13　上海手语语料简单标注的 ELAN 示例 ………………… 25
图 2-1　被选手指与非被选手指 …………………………………… 29
图 2-2　被选手指音系表征结构 …………………………………… 30
图 2-3　拇指的[对立]与[非对立] ………………………………… 31
图 2-4　其他四指的音系赋值及其对应手型 …………………… 32
图 2-5　基关节与非基关节 ………………………………………… 33
图 2-6　手型关节特征的音系表征 ………………………………… 34
图 2-7　带有[相叠][交叉][展开]特征的手型 …………………… 37
图 2-8　拇指姿态不同的手型对比 ………………………………… 61
图 2-9　手型的手指并拢与展开的对比 …………………………… 64

图 2-10　[基关节]和[非基关节]的对立手势 …………… 65
图 2-11　特征[缩拢]与[基关节]和[非基关节]相关的六种
　　　　手型 ………………………………………………… 66
图 2-12　上海手语底层手型音系特征结构 ………………… 68
图 3-1　相同手型不同位置的区别性 ……………………… 75
图 3-2　发语部位的音系表征 ……………………………… 76
图 3-3　三大发语平面 ……………………………………… 76
图 3-4　上海手语中发生在中性空间的手势 ……………… 77
图 3-5　因发语位置不同形成的最小配对 ………………… 84
图 3-6　上海手语"是"的发语部位的音系表征 ………… 84
图 3-7　常见的五种掌向 …………………………………… 85
图 3-8　掌向不同形成的最小配对 ………………………… 86
图 3-9　手掌方向的音系结构 ……………………………… 87
图 3-10　手势"目标"中主手掌向的音系表征 …………… 89
图 3-11　支配五种运动的关节 ……………………………… 90
图 3-12　不同运动方向的最小配对 ………………………… 91
图 3-13　韵律特征的层级结构 ……………………………… 92
图 3-14　上海手语中的直线运动、环形运动和弧形运动手势
　　　　举例 ………………………………………………… 93
图 3-15　上海手语中包含颤动或重复的手势 ……………… 94
图 3-16　每个发语平面所涉及的设定点 …………………… 95
图 3-17　"生活"的运动形式音系表征 …………………… 100
图 3-18　腕关节的三种运动方式 …………………………… 101
图 3-19　手势"翻译"的音系表征 ………………………… 103
图 3-20　发语器官与发语位置相接触的手势举例 ………… 108
图 3-21　主手与辅手相接触的手势举例 …………………… 108
图 3-22　带有[交替]特征的上海手语手势举例 …………… 109
图 3-23　带有[对称]特征的上海手语手势"关"的音系
　　　　表征 ………………………………………………… 109
图 3-24　特殊类型Ⅲ手势"尊敬"的音系表征 …………… 113

图 4-1　被选手指和手指构造之间的区别 …………………… 117
图 4-2　合法手势与不合法手势 ………………………………… 118
图 4-3　上海手势"东西" ………………………………………… 118
图 4-4　汉语"变化"的语图 …………………………………… 120
图 4-5　上海手语"变化"的手势 ……………………………… 121
图 4-6　带路径运动的手势 ……………………………………… 123
图 4-7　带本地运动的手势 ……………………………………… 124
图 4-8　音节的不同运动方式手势举例 ………………………… 127
图 4-9　上海手语语流中的手势举例 …………………………… 127
图 4-10　芬兰手语举例 …………………………………………… 129
图 4-11　上海手语中不同手型和运动序列手势的对比 ……… 130
图 4-12　手型音段的超音节性手势 …………………………… 131
图 4-13　层级模型与莫拉模型的典型图示 …………………… 133
图 4-14　Sandler 的 LML 音节结构 …………………………… 135
图 4-15　音节核投射的图示 …………………………………… 136
图 4-16　韵律特征与 X 空位的连接 …………………………… 139
图 4-17　以同时性为导向的典型音节结构 …………………… 140
图 4-18　上海手语含有简单运动的手势 ……………………… 142
图 4-19　上海手语中含有复杂运动的手势 …………………… 143
图 4-20　韵律模型框架内的音节结构 ………………………… 144
图 5-1　含路径运动的手势 ……………………………………… 148
图 5-2　含两个运动的手势 ……………………………………… 148
图 5-3　融合手势举例 …………………………………………… 150
图 5-4　单音节双语素融合手势举例 …………………………… 150
图 5-5　黏着语素＋自由语素手势 ……………………………… 151
图 5-6　单音节多语素手势举例 ………………………………… 152
图 5-7　双音节单语素手势举例 ………………………………… 153
图 5-8　双音节单语素手势 ……………………………………… 153
图 5-9　上海手语"变化"手势 ………………………………… 154
图 5-10　双手势复合词举例 …………………………………… 155

图 5-11	上海手语"白天"手势	156
图 5-12	"白天"手势的音系表征	157
图 5-13	由单一路径运动构成的音节(以"给"为例)	159
图 5-14	由方向改变构成的音节(以"改"为例)	160
图 5-15	由手型开合变化构成的音节(以"伞"为例)	161
图 5-16	手势"下午"的开合变化构成的音节	161
图 5-17	手型"基(础)"的开合变化构成的音节	162
图 5-18	非手运动构成的音节举例	163
图 5-19	上海手语手势"鹿"及其音节结构	164
图 5-20	由简单运动构成的音节结构模型	164
图 5-21	由非手运动＋路径运动构成的音节举例	166
图 5-22	由非手运动＋方向改变构成的音节举例	167
图 5-23	由路径运动＋方向改变构成的音节举例	168
图 5-24	由路径运动＋开合变化构成的音节举例	169
图 5-25	由方向改变＋开合变化同时发生构成的音节举例	170
图 5-26	由复杂运动构成的音节结构模型	171
图 5-27	由超复杂运动(路径＋方向 Δ＋开合 Δ)构成的音节举例	172
图 5-28	手势"包括"所含音节的韵律模型结构	173
图 5-29	手势"枪毙"所含音节的韵律模型结构	174
图 5-30	上海手语的音节结构模型	175
图 5-31	上海手语中含有划圈颤动的手势举例	181
图 5-32	上海手语中含有抖动的手势举例	182
图 5-33	上海手语中的设定点颤动手势举例	190
图 5-34	路径运动后跟颤抖构成的音节举例	192
图 5-35	手势"热"的双音节结构	192
图 5-36	P＋P 型双音节手势举例	197
图 5-37	O＋O 型双音节手势举例	197
图 5-38	PO＋PO 型双音节手势举例	198
图 5-39	PA＋PA 型双音节手势举例	198

图 5-40	双手先后交替 P+P 型双音节手势举例	199
图 5-41	双手先后交替 PO+PO 型双音节手势举例	200
图 5-42	双手先后交替 PA+PA 型双音节手势举例	200
图 5-43	P+P 型双音节手势举例	201
图 5-44	A+P 型双音节手势举例	202
图 5-45	P+A 型双音节手势举例	202
图 5-46	PA+P 型双音节手势举例	203
图 5-47	PO+P 型双音节手势举例	203
图 5-48	PA+PA 型双音节手势举例	204
图 5-49	PO+PA 型双音节手势举例	204
图 5-50	手势"散步"图示	206
图 5-51	强象似性重复性手势举例	207
图 5-52	手势"方法"图示	207
图 5-53	类型Ⅰ双手手势举例	208
图 5-54	双手手势"朋友"和"呕吐"音系表征	209
图 5-55	类型Ⅱ和Ⅲ手势举例	209
图 6-1	表情体态特征分布图	214
图 6-2	手势中的脸部表情特征	216
图 6-3	不同脸部表情的手势对比	217
图 6-4	语篇中上海手语口部动作的分布图	221
图 6-5	口型区别意义的手势举例	223
图 6-6	口型延伸手势举例	227
图 6-7	不同文体中口型的分布	228
图 6-8	不同口动特征的手势举例	231
图 6-9	口型变化的手势举例	232
图 6-10	上海手语模仿发音的口动类手势举例	233
图 6-11	上海手语模仿表情的口动类手势举例	233
图 6-12	口动区别性手势举例	234
图 6-13	不同头部运动的手势举例	236
图 6-14	不同身体运动的手势	237

图 6-15	不同头部或身体运动的区别性手势举例	238
图 6-16	手势"爆炸"表情体态特征的音系表征	239
图 6-17	手势"任务"与"负担"表情体态特征的音系表征	240
图 6-18	含口动副词功能的手势	245
图 6-19	含腮帮鼓起的手势举例	246
图 6-20	三种情态的"开车"手势	247
图 6-21	含抿嘴的副词功能手势举例	248
图 6-22	含副词性点头手势举例	249
图 6-23	含副词性摇头手势举例	249
图 6-24	含形容词性口动的手势举例	251
图 6-25	含形容词性口型的手势举例	252
图 6-26	含语气口型的手势举例	253
图 6-27	"大树"手势中表情体态的音系表征	254
图 6-28	句末"解决"手势获取[ma]特征音系表征	255
图 6-29	上海手语否定句中表情体态特征分布	259
图 6-30	摇头体态独立标记否定例句视频截图	260
图 6-31	摇头独立标记否定结构手势举例	263
图 6-32	表情体态"摇头"独立与伴随手势标记否定的两种音系结构	264
图 6-33	"头侧倾"伴随否定手势举例	266
图 6-34	上海手语中疑问结构表情体态特征分布	268
图 6-35	上海手语伴随一般疑问句的表情体态特征分布频次	270
图 6-36	上海手语疑问句表情体态标记举例	271
图 6-37	上海手语一般疑问语句手势	274
图 6-38	上海手语特殊疑问句中表情体态特征分布	276
图 6-39	带疑问词的非特殊疑问句举例	277
图 6-40	伴随特殊疑问句表情体态标记	279
图 6-41	伴随不同疑问词的不同口型	280
图 7-1	辅手顺延手势举例	286
图 7-2	顺向辅手延伸的音系变化	287

图 7-3	手势"光盘"的构成	288
图 7-4	逆同化的音系变化结构	288
图 7-5	主谓结构的辅手延伸举例	290
图 7-6	手型顺扩展举例	291
图 7-7	手势"好吃"中被选手指扩展	291
图 7-8	"好吃"被选手指扩展的音系规则	292
图 7-9	上海手语"老"和"婆"的独立手势	293
图 7-10	语流中"老"和"婆"的关节位置同化手势	293
图 7-11	"老婆"关节特征扩展的音系规则	294
图 7-12	上海手语"红"、"黑"、"蓝"独立手势	295
图 7-13	语流中"黑"和"蓝"发语位置同化手势	295
图 7-14	语流中位置同化的音系规则	296
图 7-15	语流中位置同化手势举例	297
图 7-16	上海手语"颜色"、"五"、"六"独立手势	298
图 7-17	掌向同化手势	298
图 7-18	语流中掌向同化的音系规则	299
图 7-19	口型延伸手势举例	300
图 7-20	手势"不"图示	301
图 7-21	"喜欢"、"满意"手势	302
图 7-22	"不喜欢"、"不满意"手势	302
图 7-23	手势融合的音系结构	303
图 7-24	"满意"和"不"的手势融合音系规则	304
图 7-25	"灵活"和"没有"的手势单独形式	306
图 7-26	语流中"灵活"和"没"发生合并的手势	306
图 7-27	"罐子"与"狗伸进罐子嗅"手势	307
图 7-28	融合性词汇手势举例	308
图 7-29	"安全"融合手势的音系结构	308
图 7-30	上海手语表数字手势的运动插入现象	309
图 7-31	上海手语中十位数字手势举例	310
图 7-32	手势"12"音系结构	311

图 7-33	上海手语指拼字母手势举例	312
图 7-34	上海手语手势"理(LI)"	313
图 7-35	手势"理"形成过程的音系结构	313
图 7-36	上海手语手势"人"图示	314
图 7-37	复合手势"人们"的图示	314
图 7-38	手势"人们"的音系结构	315
图 7-39	"结婚"和"丈夫"的手势	316
图 7-40	"结婚"的手势在语流中发生手型脱落的音系表征	317
图 7-41	上海手语手势"一百"	318
图 7-42	双手势"一百"辅手脱落音系结构	318
图 7-43	上海手语手势"时间"和"长"	319
图 7-44	词组手势"时间长"	319
图 7-45	手势"时间长"形成的音系变化	320
图 7-46	上海手语手势"身体"和"强"	321
图 7-47	复合词"健康"手势	322
图 7-48	复合词"健康"手势辅手添加的音系变化	322
图 7-49	复合手势"健康"中第一个音节的结构	323
图 7-50	上海手语"聋"的独立手势	324
图 7-51	语流中"聋"的点特征换位手势	325
图 7-52	"聋"的点特征换位的音系规则	325
图 8-1	上海手语 ELAN 标注示例	331
图 8-2	上海手语"吃"与"好吃"手势	335
图 8-3	上海手语"好记"手势	335
图 8-4	口型延伸手势举例	337
图 8-5	上海手语韵律短语中手控特征语音表现示例	341
图 8-6	音系短语中的辅手延伸	342
图 8-7	韵律短语中的辅手延伸举例	343
图 8-8	上海手语韵律短语中表情体态特征表现示例	346
图 8-9	语调短语的 ELAN 截图	348
图 8-10	上海手语语调短语手控特征标记示例	350

图 8-11　上海手语语调短语表情体态特征标记示例……………… 352
图 8-12　上海手语同一句子语调短语分类 A 例　…………… 354
图 8-13　上海手语同一句子语调短语分类 B 例　…………… 355
图 8-14　上海手语语调短语域表情体态标记频次统计………… 356
图 8-15　上海手语中五类眨眼分布频次…………………………… 358
图 8-16　上海手语中不同类型眨眼的示例………………………… 358

表目录

表1-1　上海手语动态语料受试者情况统计……………… 21
表1-2　上海手语表情体态 ELAN 软件标注方案以及附码 …… 23
表2-1　七种关节组合音系表征………………………… 35
表2-2　上海手语被选手指为一指的手型……………… 38
表2-3　上海手语被选手指为二指的手型……………… 41
表2-4　上海手语被选手指为三指的手型……………… 43
表2-5　上海手语被选手指为四指的手型……………… 45
表2-6　I类手型自由变体及音系表征 ………………… 48
表2-7　M类手型自由变体及音系表征 ………………… 51
表2-8　P类手型自由变体及音系表征 ………………… 52
表2-9　U类手型自由变体及音系表征 ………………… 53
表2-10　D40手型自由变体及音系表征 ……………… 55
表2-11　B类手型自由变体及音系表征 ……………… 56
表2-12　由拇指节点下特征赋值引起的不同手型……… 62
表2-13　由[展开]特征赋值引起的不同手型…………… 64
表2-14　只区别于[缩拢]特征的成对手型 …………… 67
表2-15　上海手语38个底层手型音位及关节特征赋值… 69
表3-1　上海手语中各个区域的发语位置及编号……… 80
表3-2　上海手语中不同掌向的手势举例……………… 87
表3-3　上海手语中设定点改变形成的运动及对应手势的音系表征……………………………………………… 96
表3-4　路径特征的图式………………………………… 98

表 3 - 5	上海手语中带有路径特征的手势举例	99
表 3 - 6	上海手语中带有方向改变的手势及其音系表征	102
表 3 - 7	上海手语中发生手型改变的手势及其音系表征	105
表 3 - 8	三类双手手势的音系表征	111
表 3 - 9	上海手语中三类双手手势的韵律模型表征	112
表 4 - 1	手语响音度与有声语言的响音度的对应	123
表 4 - 2	上海手语的五种音节类型	137
表 4 - 3	莫拉模型与韵律模型的对比	140
表 5 - 1	含有两个重量单位的音节类型	165
表 5 - 2	在韵律模型框架下上海手语的音节类型	176
表 5 - 3	韵律模型中上海手语音节类型举例及说明	177
表 5 - 4	上海手语中含有腕关节颤动的手势及其音系表征	184
表 5 - 5	上海手语中与手型变化相关的颤动及其音系表征	186
表 5 - 6	颤动在 7 种音节类型中的分布	191
表 5 - 7	重复运动构成的双音节手势举例	194
表 5 - 8	重复型 PA 和 OA 双音节手势举例	195
表 6 - 1	上海手语表情体态特征音位功能的标注及附码方案	214
表 6 - 2	表情体态特征的部分词语示例	215
表 6 - 3	伴随有脸部表情的部分手势示例	217
表 6 - 4	上海手语口部动作 ELAN 标注图层以及附码内容	219
表 6 - 5	上海手语的口部动作使用频次	220
表 6 - 6	上海手语"口型"构成的最小配对部分示例	224
表 6 - 7	上海手语手势时长和其伴随的口型时长对比	225
表 6 - 8	上海手语口型延伸的分布	226
表 6 - 9	上海手语口型频次分布	227
表 6 - 10	上海手语中 9 种不同口动特征频次统计	230
表 6 - 11	上海手语口动构成最小配对部分的示例	234
表 6 - 12	上海手语口动顺延*eaf 文档频次统计	235
表 6 - 13	上海手语伴随头部运动手势词频统计	236
表 6 - 14	上海手语中伴随身体运动的手势词频统计	237

表 6-15	上海手语副词型口动频次统计	242
表 6-16	上海手语 A 类型的副词型口动	244
表 6-17	上海手语中语气词口型频次统计	252
表 6-18	上海手语中伴随否定结构的表情体态特征出现频次统计	258
表 6-19	上海手语中伴随否定结构的"摇头"时长统计	261
表 6-20	上海手语中伴随否定结构的"头后倾"时长统计	264
表 6-21	上海手语中伴随一般疑问句的表情体态特征分布频次统计	269
表 6-22	上海手语一般疑问句中头前倾和扬眉时长统计	272
表 6-23	上海手语特殊疑问句表情体态特征出现频次统计	275
表 6-24	上海手语特殊疑问句中头前倾和皱眉时长统计	278
表 6-25	上海手语特殊疑问中Ⅰ-3或Ⅰ-9手势口型频次统计	280
表 8-1	上海手语中韵律层级标注层名与定义	330
表 8-2	上海手语中韵律层级单位分布统计	332
表 8-3	上海手语中口型延伸和口动延伸音系规则分布统计	336
表 8-4	上海手语韵律短语中手控语音特征的分布	339
表 8-5	上海手语中辅手延伸的音系规则分布统计	342
表 8-6	上海手语韵律短语中表情体态标记分布	344
表 8-7	上海手语语调短语的手控特征标记分布	349
表 8-8	语料中上海手语韵律层级单位分布统计	360

第一章 导论

1.1 什么是手语音系

手语是指一些聋人或重听者群体约定俗成的用手势、动作、表情和空间位置来表达意思,进行交际的语言。相比于有声语言,手语语言学的研究起步较晚,很大程度上在于长期以来人们对手语的偏见,将其等同于简单手势、哑剧手势比划,或是有声语言的对应符号表达。直到上世纪 60—70 年代,随着手语语言学特别是手语音系学研究的兴起(Stokoe, 1960, 1978; Klima & Bellugi, 1979; Battison, 1978; Friedman, 1975; Wilbur, 1978, 1979),手语的语言学地位才逐渐得到承认。一般而言,人们可以也容易接受手语是自然语言,手语有语法、有句法结构。但很多人(包括一些从事语言学研究的学者)很难接受手语有音系结构。语言学家基于有声语言的基本属性,给语言的定义为:语言是人类在交际中使用的任意性的语音符号系统。普通语言学就是研究这套符号系统的各种理论,包括语音学、音系学、形态学、句法学、语义学、语用学等。要理解手语音系,首先得正确理解音系学。

根据普通语言学(Ferdinand de Saussure, 1916; Bloomfield, 1933 等)和音系学理论(Trubetzkoy, 1939; Anderson, 1985; Chomsky & Halle, 1968 等),人类语言的最基础结构是音系结构,即语言的原始表达形式是语音,早期语言

的声音与表义之间既有象似性（逻辑性）又有任意性，最小有区别意义的独立单位是音位，任何语言用来表义的音位都是有限的，音位的不同组合可以表达无限的意义。语言的这种属性叫语言的双层性（duality），语言的双层性被认为是人类语言区别于任何其他动物语言的主要标志，即人类自然语言的必须属性之一（Hockett，1960）。这种双层性结构就是语言的音系结构。有声语言的音系就是语言系统中音的组合结构（Trubetzkoy，1939）。Stokoe（1960）认为，音系就是语言的形式如何组合用来表意。有声语言的形式是"语音符号"（vocal symbols），而手语的形式则是"视觉符号"（visual symbols）。无论是有声语言的语音符号，还是手语的视觉符号，这些符号都是语言中最小有区别意义的单位。普通语言学把有声语言中的最小有区别意义的单位称为"音位"。

Stokoe（1960）在对美国手语（ASL）的研究中首先提出：手语中的手势（sign）并不是一个不可再分的整体（holistic）单位，手势可进一步划分为三个无意义的参数：手型、位置和动作，这些参数的改变会影响手势的意义表达。以后Friedman（1975），Wilbur（1979），Padden和Perlmutter（1987），Perlmutter（1990）等的研究进一步阐述说明手语中的手势由手型、掌向、位置和运动这四大要素，以及一些表情体态构成，因此手语的手势是由一定数量的能区别意义的最小单位组合而成的符号系统，这表明手语与有声语言一样，具备双层性这一人类语言的本质特点。从语言功能来讲，手语中的手型、位置和运动与有声语言中的能区别意义的最小语言单位——音位无异。如果说"音位"必须是一种声音符号，那我们就必须对包括手语在内的普通语言学中的一些术语进行重新定义，我们对包括手语在内的人类语言中最小有区别意义的单位就不能统称为"音位"。当然，重新定义语言，重新命名我们已习以为常的语言学术语是没有必要的，也是毫无意义的，因为语言学的所有术语只是一种抽象概念。"音位"这个抽象概念就是指语言中最小有区别意义的单位，在有声语言中，这个最小有区别意义的单位是语音符号，而手语中的最小有区别意义的单位是视觉符号。手语中的这种最小有区别意义单位的组合规则与组合结构就是手语音系。

在有声语言中，音的系统（包括语音的变化、音位的排列与组合）是有规则的，决定一种语言音位表义时的排列与组合的规则，主要由区别不同音位的区别性特征决定的。因此，在手语中，组成手势的各种成分(包括手型、位置、掌向、运动)的组合也是有规则的，即手势的构成也一定是由一系列区别各种不同成分的区别性特征在规约不同成分组合的可能性和合法性。譬如，在有声语言中，我们知道下列哪一种音的组合是可接受的，哪一种不能接受或很难接受：

(1) a. /tæk/
    b. /ækt/
    c. */ktæ/

这种音位序列的限制规则就是语言的音系结构，手语也一样。如某一种手语选择中指和食指来表达意义，这两个手指可以是图1-1-a或图1-1-b，但不可能是图1-1-c，如下所示。

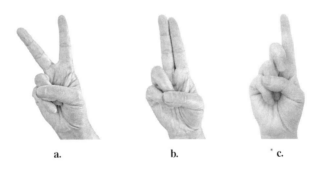

图1-1 手语中可能与不可能被选手指构造举例

什么手型是可接受的，什么手型是不可接受的；一个手型可以在什么位置，不可以在什么位置；手势中可以有什么运动，不可以有什么运动；什么手势与什么手势相邻出现会发生什么变化；等等。这些就是手语的音系。

手语主要靠由不同手型变化、手的位置及手的运动构成的手势来表达意义，因此手在手语中起着最关键的作用，根据手在手语中的作用、功能和行为方式，语言学家们(Stokoe，1960，1978；Wilbur，1978，1979；Brentari，1998等)把手看作是手语中的"发音器官"或"发语器官"，因此，手与有声语言一样由"发语器官"产生许多不同的"音段"，即手型。在手语表达中，手型与手型的搭配，手型在不同位置的表达与变化，手型在运动中的变化，手型与运动的路径、位置的关系，以及手势中的面部表情与体态的表现和体态表情与手型的关系等等，对所有这些关系的研究就是手语的音系研究。手语的音系学研究主要围绕着论证手语中音系结构的存在与形式而展开(Stokoe，1960，1978；Klima & Bellugi，1979；Battison，1978；Friedman，1975；Wilbur，1978，1979)。

1.2　手语的音系学研究

对手语的音系学研究已有半个多世纪，尤其是 20 世纪 80 年代以后，手语音系的研究进一步深化，在普通语言学框架内，语言学家们开始对手语这种视觉语言进行系统分析，研究手语中视觉通道下的音系表达和音系行为，对手语的音系特征、音段、音节、韵律层级等音系单位进行更细致的探索，并尝试与有声语言音系研究的最新理论成果相结合，构建研究手语音系的理论模型(Mandel，1981；Liddel & Johnson，1989；Wilbur，1985，1990；Sandler，1989，1993；Nespor & Sandler，1999；Brentari，1990a，1993，1998；Corina，1990a，1990b，1993，1996；van der Hulst，1996；Crasborn，2001；van der Kooij，2002)。

Brentari(1998：1)认为音系学是语法分析的一个层面，并非一定要与有声语言相绑定。在手语中用手及肢体表达出来的手势与在有声语言中用发音器官，如舌、硬腭、软腭及声门等所表达出来的声音，在语法上具有同等的地位。在语法分析中，音系学所研究的层面即为不具有意义的原始单位通过组合，可以产生无限的有意义的结构。虽然手语采用的是另一种载体形式，即视觉，但手语作为一种自然语言，其基本属性与有声语言一样。通过大量的跨语言的手语研究，语言学家们对手语音系的研究在几个重要方面已基本达成共识。

1.2.1　对立参数

Stokoe(1960)最早提出手语中用作表义单位的手势并不是一个不可分割的

整体，而是由手型、位置和运动三个基本参数组合构成，这些参数本身没有意义，但每个参数的变化都能形成最小配对区别词义，如相同的位置和运动方式，只是不同的手型构成不同的手势表达不同词义，或相同的手型和位置，只是不同的运动方向构成不同的手势表达不同的词义，如图1-2的几个以色列手语词所示(资料来源Sandler，2012)：

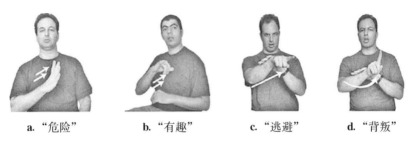

  a."危险"   b."有趣"   c."逃避"   d."背叛"

图1-2 以色列手语手型或运动不同的对立手势

  图1-2以色列手语中的最小配对"危险"和"有趣"两个手势的位置和运动都一样，只因手型(被选手指和形状)的不同而形成对立；"逃避"和"背叛"这两个手势的手型和位置都一样，只因分别采取直线和弧线的不同运动形式而形成了对立区别词义。手语中的这种对立跟有声语言中的最小配对(minimal pairs)一样，音位的对立组合构成有意义的单位。这种对立参数是音系的基本结构形式。手语中的手势也是由一些数量有限、能区分意义的最小单位组成。

1.2.2 手型

  手型①是手语中最复杂的组成单位，也是手势中最重要的参数。手型的数量远远大于位置和运动的数量。Stokoe(1960)最早将手型看成不可再分的整体单位，相当于有声语言的"音段"。而Mandel(1981)首先提出被选手指

---

① 根据国外手语语言学的研究(如Stokoe，1960；Wilbur，1979等)，构成手势的四大要素(手型、位置、掌向＜或手的方向＞和运动)的英文分别是handshape, position/location, orientation和movement。Handshape的中文可以是"手形"或"手型"。本书用"手型"表达范畴化的handshape，即相当于"音段"；用"手形"表示一个handshape的形，即form。第二章将论述"手型"与"手形"的区别。

(selected fingers)和非被选手指(nonselected fingers)的概念来进一步描述组成手型的次单位。那些在手势表达过程中可以移动(关节位置发生变化)或与身体接触的手指被称为被选手指。被选手指与非被选手指的对立主要用于解释手型变化(handshape contour)。在手型变化过程中,所有被选手指以相同方式发生关节位置改变,而非被选手指不发生变化,始终保持张开或合拢的状态。手指关节位置是指掌指关节和两个或多个指间关节的开闭状态。一般区分四种关节位置产生的不同手形:开、闭、勾、屈,如图1-3所示。

图1-3 手的四个基本关节功能:开、闭、勾、屈

图1-3所表达的四种关节位置的手形不包括拇指的形状。拇指较之其他四指无论是在生理结构还是音系行为上都表现出更大灵活性(Liddell & Johnson, 1989; Corina, 1990a, 1990b; Brentari, 1998),因此在特征表达上独立于其他四指。基于音系学特征几何理论(Clements, 1985)的部分手语音系理论模型(Sandler, 1989; van der Hulst, 1993),被选手指在关节位置的上节点,从而正确预测了被选手指节点下赋值的手指都采取同一套关节位置(详见本章1.3小节理论模型的图式)。

在已知的手语中,那些从生理学角度更容易产出、更早被儿童习得的手型往往是无标记性的,如图1-4所示。

5手型　　　　G手型　　　　S手型

图1-4 三例无标记手型

根据(Sandler，2012)，图1-4中的三例无标记手型分别称"5手型"、"G手型"(也称"指示手型")和"S手型"① 被普遍认为是跨语言的最无标记手型。无标记的手型也常出现在双手势的辅手中。受依存音系学(dependency phonology)(Anderson & Ewen，1987；Ewen，1995)的影响，许多研究者(如van der Hulst，1993；Sandler，1996；van der Kooij，2002；Brentari & Eccarius，2010等)把标记性的高低与特征表达的复杂性联系起来，实现了对手型标记性量化的评价方法与标准。

1.2.3 位置

与手型一样，位置也可描述为有内部层级关系的特征结构。手势一般产生于特定身体部位，如头、躯干、手臂、辅手或中性空间(neutral space)(胸部前的空间位置)(Battison，1978)，这些位置为手势发生的主要区域。在手语音系韵律模型中(在1.3小节讨论)，当手势发生路径运动时，表示运动区域的位置下有两个先后顺序的点特征来表达运动的起始点和终点，即位置在手语中是一种具有区别性的特征。手语中相同的手型发生在不同位置可以构成最小配对，具有区别性意义，如图1-5以色列手语"骂"与"传"所示。

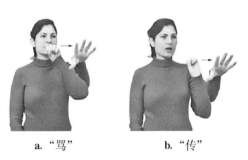

a. "骂"　　　　　b. "传"

图1-5　以色列手语中的最小配对

在图1-5的以色列手语中，"骂"和"传"用同样的手型变化(从握拳到五指展开)和同样的运动方式(肘关节支配小臂向前移动)；但发生这些手势的位

---

① 此处是美国手语的手型命名系统，本研究在分析上海手语时不沿用美国手语手型名称，在第二章讨论上海手语手型时自行编号。

置不同，前者在嘴前，后者在右肩处，不同的位置形成对立，表达不同的词义。因此，位置是手语中构成手势时仅次于手型的重要成分。

1.2.4 运动

手势的运动可以分为两大类：路径运动(path movement)和手内运动(hand-internal movement)，也称本地运动(local movement)。肩关节或肘关节变化引起手在空间或身体部位上划出轨迹的运动称为路径运动。本地运动由腕关节或掌指关节运动来实现。腕关节的运动造成手掌朝向的改变，掌指关节的运动构成不同的手型，手指或平展、或弯曲、或弧形、或握拳，等（关节位置特征见图1-3）。还有一种特殊的本地运动，又被称为附属运动或颤动(secondary or oscillating or trilled movement)，主要表现为两次以上的手型变化、掌向改变或手指的反复交替颤动。本地运动既可单独出现于一个手势中，也可叠加于路径运动上，使两种运动类型同时出现在一个手势中，涉及不同运动的手势，见图1-6。

a. "飞机"（上海）

b. "态度"（英国）

c. "文化"（芬兰）

图1-6 不同手语涉及不同运动的手势

图 1-6-a 是上海手语"飞机"肩关节支配的路径运动；图 1-6-b 系英国手语"态度"涉及肘关节支配的路径运动；图 1-6-c 是芬兰手语"文化"涉及肘关节支配的路径运动和食指与拇指打开的本地运动。

路径运动有不同的运动轨迹或运动方式，直线运动是最常见的运动，被公认是缺省的运动特征，一般无需赋值。除此以外，有些手势还包含弧线运动、圆周运动、双向运动等。不同的运动形状特征可以区别意义，形成最小配对，如图 1-2 以色列手语的"逃避"和"背叛"就是直线运动和弧线运动的对立。运动方式在一些手语中还具有形态标记的功能(Klima & Bellugi, 1979; Newkirk, 1981, 1998; Padden & Perlmutter, 1987; Sandler, 1990)。

目前关于运动在手语音系中的功能与结构有两种不同的观点。一种认为凡手势必有运动，任何形式没有运动无以成手势；因为手势往往构成一个最小独立韵律结构，即韵律词。运动是韵律词的必要成分，因此手势必须包含运动(关于手语韵律结构将在第八章作详细讨论)。即使有些手势(如不同国家手语的数字 1—9 都以不同数的被选手指的手型表达)底层表达没有运动，但在表层实现中也会附加一个缺省的直线运动来实现韵律合格性(Brentari, 1990; Jantunen, 2007; Geraci, 2009)。

另一种观点(Coulter, 1982; Corina, 1990; Sandler, 1993; Wilbur, 1993; Brentari, 1990, 1998; Perlmutter, 1992)认为有些手势不涉及运动，除了表达数字以外，还有诸如模仿动物形状的手型表示该动物等。他们将运动看成手语音节中响度最高的部分，即最突显部分，运动相当于有声语言的元音，是手语音节的韵核，但音节不一定必须有元音，因此，有些手势可以没有运动。不同观点采用不同的音系理论模型来解读手语音系结构(关于手语音系理论模型见本章 1.3)。

1.2.5 主手与辅手

手语音系学专家们把手看作手语的"发语器官"，而人体的对称性使手语具有两个"发语器官"。双"发语器官"是其他任何有声语言都不具有的特性。各国手语中的多数手势(可以)由一只手完成，称单手手势(简称单手势)。当然，手语中除了单手势，还有大量的双手手势(简称双手势)。双手在生理结构上对称分布，互相独立。然而双手势的表达却受到很大的音系约束。研究表明(Battison，1974；Padden & Perlmutter，1987)，双手势有主手与辅手之分。主手负责词义的主要实现形式，起主导地位；辅手起到发语位置的作用。辅手手势必须是无标记的或与主手手势相同；辅手不能单独运动，辅手的运动必须与主手运动对称，呈交替或同时运动(关于双手手势规约与类型将在第四章作详细讨论)。

就词汇层面来说，手语只有一个主发语器官——主手，辅手在词汇表达中作用甚微，除了融合手势①，辅手不负载意义(Brentari，1990，1998；Brentari & Goldsmith，1993；Perlmutter，1991；Sandler，1989，1993；van der Hulst，1996)。Battison(1978)针对美国手语的双手势研究提出两条有跨语言适用性(如荷兰手语、瑞士手语、澳大利亚手语等)的制约条件：双手势对称条件和双手势主导条件。这意味着辅手的音系表现受到严格约束以致产生许多羡余特征表达。双手势词的一个特有现象是在语流中，尤其是快语速时往往只出现一只手，而脱落的只可能是辅手，因此辅手脱落是手语中常见的音系现象②(Padden & Perlmutter，1987；van der Kooij，2001)。

虽然辅手在词汇层面受到很大的音系约束，但聋人在自然手语交流过程中对辅手的运用会影响韵律结构的建构。Nespor 和 Sandler(1999)及 Sandler(1999，2011)通过对以色列手语研究发现，辅手通过扩散可以界定韵律词和韵律短语等结构的范畴。如图 1-7 的句子所示(资料来源 Sandler & Lillo-Martin，2006)。

"他"　　　["烘焙"　　　"蛋糕"]ₚ　　　"好吃"

图 1-7　以色列手语"他烤的蛋糕好吃"

---

① 融合手势是指原本两个手势融合成一个手势，如其中一个是双手势，在融合手势中经常保留辅手与另一个手势的主手融合成一个手势，此时，保留的辅手携带原双手势的语义。关于融合手势将在第七章作详细讨论。
② 辅手脱落音系规则将在第七章作详细讨论。

在图 1-7 的以色列手语"他烤的蛋糕好吃"一句中,"蛋糕"原本是单手势词,通过前一个手势的辅手顺向扩散在表层表达为双手势词;而手势"他"没有获得辅手的扩散,手势"好吃"因手型与"烘焙"或"蛋糕"的手型不同,其辅手也不可能是从前面的手势中获得。辅手的扩散行为[①]与["烘焙"和蛋糕"]的韵律短语范围完全一致。此韵律短语与构成句法短语的"蛋糕"和"好吃"不同界,体现了手语与有声语言一样,其音系过程的作用域与句法结构不一定同构。关于上海手语的韵律标记将在第八章作深入讨论。

1.3 手语音系研究的理论模型

对手语进行音系学研究的前提是承认手语是人类的自然语言,与有声语言一样具有双层性的语言自然属性,对手语进行语言学的分析应该与有声语言一样,把手语分析放在普通语言学框架里进行。大量跨语言的手语研究(Sandler,1989;Perlmutter,1992;Corina,1990a,1990b,1993;van der Hulst,1993;Brentari,1998;van der Kooij,2002)已经证明:手语与有声语言一样具有相似的音系结构和音系原理。如音位是最小有区别性的单位,音位的组合受一定条件的制约,音位的区别性和组合规则由区别性特征决定;音系结构有底层和表层之分,音节结构受响度序列的制约;等等(所有这些手语的音系结构将在本书以下章节中——讨论)。

但手语毕竟是视觉语言,其载体形式不同于有声语言。基于听觉语言的特点,有声语言的音系结构以序列性为主要形式;而基于视觉语言的特点,手语的音系结构则以同时性为主要形式。为了科学、系统地解析手语音系结构,语言学家们提出了多种不同的手语音系结构模型,其中影响最大的有三种理论模型:HT 模型(The Hand Tier Model)(Sandler,1989;Sandler & Lillo-Martin,2006),依存模型(van der Hulst,1995;van der Kooij,2002)和韵律模型

---

① 辅手扩散的音变现象又可称为辅手扩展、辅手延伸或辅手漫延。

(Brentari,1998)。这三个模型的共同之处都是基于当代音系学的特征几何原理(Clements,1985),勾画出手语音系特征几何结构。特征几何理论的核心理念是:音系结构是非线性的①,是立体的,多层次的。这种非线性的立体结构与手语的同时性结构特点十分吻合。

1.3.1 HT模型

Sandler(1989)以自主音段音系学(Goldsmith,1976)、特征几何理论(Clements,1985;Sagey,1986)等非线性音系学理论为理据,通过分析美国手语中构成手势的手型、位置、运动的功能及相互关系,提出了以手型作为自主音段独立的层面(Hand Tier)的手语音系结构模型,简称HT模型,如图1-8所示(根据Sandler,1989)。

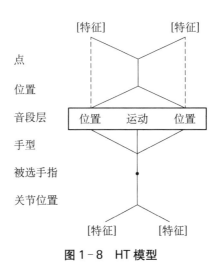

图1-8 HT模型

在图1-8的HT模型中,位置和运动被视为音段形式呈线性排列,手型作为自主音段在独立的层面上表达,手型特征通过扩散,与运动、位置的线性特征连接。由于手型变化由手发出,因而手型变化和掌向的特征被视为手型节

---

① 特征几何理论(Clements,1982)是对Chomsky(1968)的SPE(Sound Pattern of English)线性音系学巨大发展。

点下的特征。

　　HT模型的特点体现了手语中手型可以伴随运动从一个位置延续到另一个位置，手型是跨音节的，因此将手型作为自主音段，便于说明单一手型或手型变化可贯穿于一个完整的动作（即音节）中，譬如整个手型在手语语流中的同化现象。美国手语复合词"晕倒"就涉及手型同化现象，如图1-9所示。

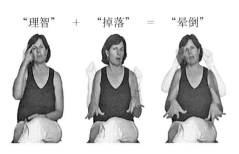

图1-9　美国手势"晕倒"

　　图1-9美国手势"晕倒"的复合过程可用"HT模型"的特征树表征，如图1-10所示。

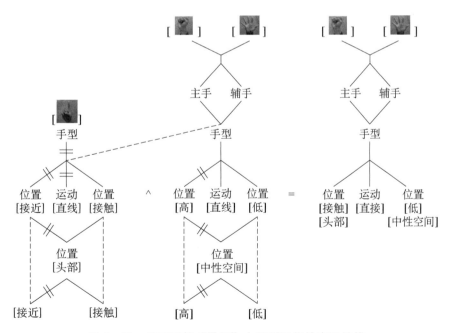

图1-10　美国手势"晕倒"中手型同化的音系结构

图1-9中，美国手语"理智"的手势由食指从靠近头部的空间位置直线移动到与头部接触的点，持指示手型贯穿整个手势；手势"掉落"从双肩部向下移到腰部，包含由五指握拳到五指张开的手型变化。当两个单语素词复合成单音节双语素词"晕倒"时，原有的两个手势词的第一个位置均脱落，留下头部接触点和腰部位置分别作为手势移动的起始位置和终点位置。与此同时，"掉落"的手型特征扩散至前一个手势，而"理智"原有的指示手型脱落，形成手型的逆同化。

图1-10说明了在美国手语复合词脱落现象中就出现了整个手型扩散到另一个手型节点下，从而实现手型同化。HT模型的显著特点是首次将自主音段概念引入手语音系，使其他模型中冗余的手型特征表达得到精简和优化，从形式表征上较好地体现了手型特征的稳定性（具体细节请参阅 Sandler，1989；Sandler & Lillo-Martin，2006）。HT模型把手势中位置和运动看作音段，把手型看作超音段是完全基于有声语言的音节结构。在有声语言中，线性序列的单位是音段，非线性的是超音段。在手语中，位置和路径运动是线性的，而手型可以跨不同位置和运动存在。在有声语言中，音段是相对比较好区别和界定的结构单位，并且是语言主要载体形式。但在手语中最主要的载体形式是手型，就形式而言，也是手型相对比较稳定、易于区别和界定。因此，深入系统研究手语音系，HT模型把手型视为超音段特征具有很大局限性。

1.3.2 依存模型

依存音系学（Anderson & Ewen，1987）的提出对九十年代以后的手语音系模型产生了很大影响。依存音系学的理论核心是用中心体—依存体的关系来解释音系行为。van der Hulst(1993，1996)根据依存音系学理念提出了手语音系的依存模型（dependency model），依存模型将针对有声语言的依存音系学理论巧妙地运用到了手语音系的描述和解释中。在 van der Hulst 的依存模型中，中心节点表达恒定的信息，而依存节点表达动态信息。中心节点的各下支节点特征同时表达，且各节点特征可按突显性相互主导；依存节点的各下支节点通过线性方式来表达。

依存模型建构的基本假设是任何语言结构都可以用中心—依存的不对称关系来描述,中心—依存关系有两种类型,分别是 α-α 依存关系和 α-β 依存关系(Dresher & van der Hulst,1995)。α-α 依存关系表达两个同质单位之间的不对称关系,比如复杂音段的两个发音位置,或是构成一个音步的两个音节。α-β 依存关系表达两个不同质单位之间的关系。依存模型将这两种依存关系运用于手语音系特征和特征节点的关系架构中。在 α-α 依存关系中,依存体特征的形式表达复杂度始终不能高于中心体的特征结构。α-α 依存关系被用于表征主手与辅手的关系。该模型的结构可表示如图 1-11(根据 van der Hulst,1996)。

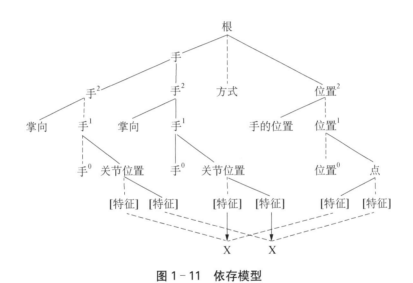

图 1-11　依存模型

如图 1-11 所示,靠近根节点的实线手² 表达主手特征,远离根节点的虚线手² 表达辅手特征。双手手势中,辅手虽然在生理结构上与主手相互独立,但它的音系表达受到很大的制约。就词汇层面的双手势而言,若双手同时运动,辅手的手型、运动、位置必须与主手一致(对称手势);若辅手只作发语位置(不对称手势),手型必须与主手相同或呈现无标记手型。辅手的大量手型特征不充分赋值,表达复杂度远远低于主手。

在依存模型中,路径运动和本地运动得到了更统一的表达。点节点、手型节点以及掌向节点下的两个分支特征与两个有序排列的时间槽(X 空位)相连。

两个 X 槽与 HT 模型的两个位置音段有相通之处。不同的是，因运动在依存模型中没有赋值，依存模式的序列性结构通过两个抽象的，与分支节点特征相连的 X 槽表达，如图 1-11 所示。

在依存模型中，所有特征通过中心—依存关系而相互影响，有较强的理论解释力。依存模型在特征关系处理上的另一特点是认为运动特征是羡余的，可以被点特征、关节位置变化或掌向变化所预测，因此在底层无须赋值。但由于手语的运动方式不局限于直线运动，该模型在剔除运动特征的同时，仍在底层表达上保留了（运动）［方式］特征且置于整个模型的中心体地位[①]（如图 1-11 所示）。这样的形式处理似乎自相矛盾，是依存模型最大的缺陷。我们认为，依存模型最大优势是能较好地形式化解释手势中主手与辅手的关系，它的主要问题是忽略了运动的重要性。图 1-11 的依存模型没有运动的节点，运动只是位置的依存体。但语言事实表明运动在手势中起着骨架作用，是运动连接着手势中不同的位置，一个运动路径可以承载不同的手型。因此，依存模型不能充分解读手语音系中以运动为主线的复杂同时性结构体系。

1.3.3 韵律模型

Brentari(1998)根据手语中手型、位置、掌向及运动四大参数的关系提出了手语音系的韵律模型(prosodic model)。在该模型中，手语的音系特征被分为两大类：固有特征(inherent features)和韵律特征(prosodic features)。所有涉及手型、位置和掌向的特征均为固有特征；所有涉及运动的特征为韵律特征。Brentari(1998)认为运动的主要语言功能是体现韵律特征，因此所有手势在韵律层面都具有运动特征，否则就不是合法的韵律结构。在她的韵律模型中，手型、位置和掌向的固有特征表现出同时性，基于运动的韵律特征表现出序列性(Brentari, 1998: 22)。韵律模型的特征几何图式可表示如下（参见 Brentari, 1998: 94）。

[①] van der Hulst(1993)曾将（运动）方式和被选手指作为位置的依存体，把（运动）方式置于高位节点。（运动）方式在 van der Hulst(1996)被移到中心节点，理由是（运动）方式在视觉感知上具有中心地位。

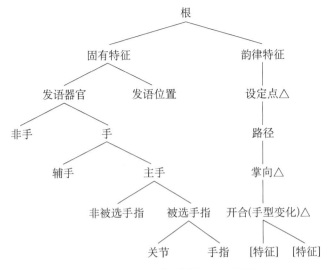

图 1-12 韵律模型特征几何图①

图 1-12 说明，手势中的固有特征节点下有发语器官（手型）和发语位置两个分支。手语中最主要的发语器官是手，除手以外身体的其他部位也可以作为发语器官，如身体的倾斜，头部的转动及面部的表情等都属于非手（nonmanual）发语器官所产生的语言信息。双手在手势产生的过程中有不同的地位和功能。主手（dominant hand）具有更大的自由度和手型复杂度，所有的单手势都由主手来完成；而辅手（non-dominant hand）的自由度受到较多的限制，可以出现的手型种类也比较有限。在有些双手势中辅手与主手对称，而另一些双手势中辅手可以作为发语位置。在韵律模型的特征结构中，所有涉及主手的特征都放在"主手"节点下，所有涉及辅手的特征都放在"辅手"节点下。方向是手势的另一大参数。在韵律模型中，掌向不是由单独的特征来表示的，而是被理解为发语器官与发语位置之间的关系。在韵律特征节点下包含了所有手语中与运动有关的特征。手的运动是由肩关节、肘关节、腕关节、掌关节及指关节的运动产生的，肩关节离身体中心轴最近，运动幅度最大；指关节离身体中心轴最远，运动幅度最小。基于人的生理结构，韵律特征下的节点正是按照离身体中心轴的远近和运动幅度的大小来排列的。设定点②对应的是肩关节的

---

① 这里展示的是韵律模型的主干结构，具体韵律模型中的特征结构详见第六章。
② 设定点、掌向和开合后的三角形均代表韵律特征的改变，都由前后有序的两个特征来赋值；而路径特征只由一个特征来赋值，因此之后没有三角符号。

运动，路径对应的是肘关节的运动，掌向对应的是腕关节的运动，开合对应的是掌和/或指关节的运动。各个节点下都包含相应的特征。Brentari(1998)等在韵律模型框架内解释了美国手语(ASL)中的各种语言现象。

上述三种手语音系结构模型各有利弊，各有异同。从图 1-8、图 1-11、图 1-12 的结构图可以看出，三种模型的主要差异在手型与其他参数的关系，运动以及掌向的表达。韵律模型(Brentari,1998)虽然借鉴了 HT 模型的一些特征类型和层级表达，承袭了依存模式的手型变化、关节位置表达以及中心—依存关系，但其区别于上述两种模型的本质特点是根据发生动态变化与否将所有特征重新组合，分成稳定的固有特征(如手型、位置等)和韵律特征(所有运动)两大类。韵律模型依据音系行为将手型变化和路径运动等统一于韵律特征节点下，但也不可避免地牺牲了手型生理结构(语音层面)和音系表达的完整性。而依存模型虽对手语的序列性也有很强的解释力，但因其将运动特征剔除出音系底层表达，具有很大的局限性。总之，每个模型有其优势和理论解释力，手语音系模型的提出也为有声语言的音系研究提供了更系统的研究途径和方法。

通过大量跨手语语料的研究，相比较而言，韵律模型更合理，手势中的所有特征(手控特征和非手控特征)以及这些特征之间的关系都可以在韵律模型中得到较合理的解释，尤其是运动在手语音节结构中的作用得到了更好的解释。本研究主要运用韵律模型对上海手语的音系进行分析研究，在该韵律模型的框架下，上海手语的手型、掌向、位置、运动和表情体态的音系表征，以及它们之间相互关系的音系结构、音节结构和韵律结构都可以得到比较清晰、合理的展现。

1.4 研究内容与方法

在普通语言学框架内对上海手语的语言学研究主要由复旦大学的龚群虎教授(2003,2009)以及他的团队发起，他们做了不少工作，出了不少成果，包括上海手语动词方向性研究(倪兰,2007)，上海手语的语音调查报告(衣玉敏，

2008)，上海手语非视觉概念表达研究(郑旋，2009)，上海手语动词及类标记结构方向性研究(陈小红，2009)，上海手语类标记结构调查研究(李线宜，2010)，上海手语数量表达调查报告(王晨燕，2009)，上海手语口动调查报告(罗琼，2010)，上海手语否定形式调查报告(吴晓波，2013)，上海手语禁忌语的调查报告(姜诚，2014)，上海手语疑问句研究(林皓，2015)，上海手语的体表达调查研究(刘鸿宇，2015)，等。但有关上海手语或中国手语的音系研究是在笔者带领下率先在国内展开，我们的团队做了大量工作，取得了一些成就，主要成果包括《中国手语音系研究》(张吉生、赵蓓蓓，2010)，《上海手语音节结构分析》(杨峰，2016)，《从有声语言音节看手语音节的理据与特点》(张吉生，2016)，《上海手语非手控特征语言功能的研究》(伍艳红，2017)和《上海手语的底层手型与特征赋值》(张吉生、任艳红，2018)。迄今为止，尚无对上海手语或中国手语音系的全面、系统研究。

1.4.1 研究内容

本研究以真实可靠的上海手语语料为依据，以手语音系韵律模型(Brentari，1998)为理论基础，采用 ELAN 软件为分析手段，主要阐述以下问题：

1) 上海手语的"手型音段库"，即上海手语有多少表层手型音段及特征赋值，有多少底层手型音位及特征赋值，上海手语手型的音系表征结构。

2) 上海手语构成手势的位置、掌向、运动的音系特征赋值及其结构。

3) 上海手语音节的理据、界定及其特点。

4) 上海手语音节的类型、音节与手势的关系以及内部结构。

5) 上海手语表情体态的"超音段"语言功能(包括表情体态的音位功能、语素功能、语法功能和韵律功能)、音系特征赋值及其音系结构。

6) 上海手语语流中的"音变"，包括构成手势成分的同化、插入、删除、音节合并、辅手延伸、辅手脱落等音系规则。

7) 上海手语韵律层级的音系分析，包括上海手语中韵律词、韵律短语、语调短语的界定、韵律域或边界的"语音"标记及音系表征。

本研究通过阐述上述问题，建立起一套系统、全面的上海手语音系结构，填补我国区域手语音系系统研究的空白，以完善上海手语的语言体系，为中国其他地区手语音系研究奠定基础，帮助人们更深入、更系统地了解手语作为自然语言的本质。完成上海手语音系研究也将极大地丰富我国普通语言学研究领域，提升我国理论语言学研究的水平，尤其是手语语言学研究的水平。

1.4.2 研究语料

本研究的语料为上海自然手语，由于研究的内容大致可以分为手语的静态结构和动态结构两大部分，静态结构包括构成手语手势各要素（手型、位置、掌向、运动）的音系结构和手势的音节结构；动态结构包括手语语流中的音变，表情体态在句中的功能与表现以及手语的韵律层级。因此，该研究语料分为两个相对独立又相互参照的语料采集对象、语料设计和内容。

静态结构的语料采集主要由汉字卡片和中国手语教材的词汇来引导，汉字卡片的内容主要参考《现代汉语常用词手势图解》（上、下两册），共获得5912个上海手语手势。另对照中国手语初级教程和中级教程所包含的词汇，获得1581个上海手语词汇手势。后者的语料采集对象为五位上海市闵行区的聋人，他们的父母双方至少有一方为聋人，受试人从小失聪，以此保证上海手语是他们的母语。五位聋人年龄均在28—33岁之间，一男四女。在语料采集过程中，我们用笔记本电脑向聋人展示相关图片和视频，并要求聋人用上海手语来表达所见图片和视频。采集的语料由数码摄像机录制并保存成MP4格式的短片。每一个图片或视频引导出的手语语料都保存为一个独立的视频，五位聋人共产生200个视频。通过ELAN(EUDICO Linguistic Annotator是一个对视频和音频数据的标识进行创建、编辑、可视化和搜索的标注工具)软件的截图分析，获得上海手语词汇手势。

动态结构的语料采集来源于不同的受试者，共有14位聋人参与了上海手语语料的提供，所有这14位受试者都是学龄前失聪，有些是天生的聋人。他们必须是以上海手语为母语的熟练使用者。由于我们需要采集手语使用者的表情体态，受试者没有其他身体部位的残疾。所有14位受试者的具体信息如表1-1所示。

表1-1　上海手语动态语料受试者情况统计

姓名	性别	年龄	失聪年龄	文化水平	父母情况
叶先生	男	40	2	大专	健听
董先生	男	45	2	初中	健听
黄女士	女	45	2	文盲	健听
朱先生	男	47	先天	中专	聋人
台女士	女	42	1	大专	健听
徐先生	男	47	3	本科	健听
刘先生	男	46	2	大专	健听
宁先生	男	63	3	初中	健听
藏女士	女	60	4	初中	健听
柴女士	女	65	2	文盲	健听
李先生	男	70	1	文盲	健听
孙先生	男	76	1	中专	健听
范先生	男	74	先天	初中	健听
王女士	女	41	2	初中	健听

动态语料要求语言的表达自然、流利、内容丰富又表达真实，收集动态语料的要求高、难度大。我们的动态语料主要来自以下几种类型：

1）自由演讲(参加聋人的每周社区活动，拍摄他们的演讲)。上海各区的聋人每周或每月会聚集在一起，举办活动，讲解最近的政治、经济、社会新闻或者自己的生活趣闻等。本课题组成员通过参与他们的活动，拍摄视频。

2）看图或动画片复述故事。看图说话主要是采用连环画故事，引导受试者根据图片讲故事。连环画图片有《熊爸爸》、《渔童》、《小猪洗脸》、《愚公移山》、《东郭先生》以及《守株待兔》等。动画片主要选自英文动画片《傻大猫和崔弟》(Sylvester)[①]片段，受试者看完动画片，复述该故事内容。

3）自由对话。给出相关话题让两个受试者对话或让他(她)们自由对话，主要是为了获取疑问句和否定句。在拍摄自由对话前，由聋人助手和受试者进行

---

① 《傻大猫》(*Sylvester*)是截取自动画片 *Tweetie and Sylvester* 一个片段。

交流,诱导受试者尽量表达疑问和否定结构。

4) 自编故事。自编故事是诱导受试表述研究所需要的一些相关句型,如一般疑问句、特殊疑问句、否定句、比较句等。

调查采集上述语料,采用高清 Sony 摄像机进行拍摄。共获得 150 个视频短片、14 个故事视频、12 个对话,以及从聋人演讲录像中选取了 4 个演讲片段,时长为 1 小时 56 分 3 秒。

所收集的上述上海手语语料都已征得当事人的同意,在本研究中使用他(她)们提供的手势图及手语视频。

1.4.3 分析方法

本研究所采集的语料主要是采用视频分析软件 ELAN 对所有语料进行标注和切分。由于 ELAN 软件可以捕捉视频每帧的表情变化,并且能够建立许多不同层级对这些变化进行标注分析,而且这些层级上的特征可以同时出现,因此 ELAN 是目前国内外手语研究者们使用的专门研究手语的分析工具。

为了采集上海手语手势中表情体态的信息,本研究把 ELAN 软件共设定为 29 个层级,主要包括基本层、手控特征层、表情体态特征层、句法层以及韵律层等。每个大层下面又可以细分为具体的小层,例如:基本层包括注释、汉语诠释等。而每个表情体态特征都可以独立为一个层级,例如:头部、身体、上半脸、下半脸、眼睛注视以及眨眼等。这些表情体态特征都有其运动变化。例如头部运动包括头部的左倾、右倾、前倾、后倾、左转、右转、点头、摇头、低头及仰头;身体的运动包括身体的左倾、右倾、左转、右转、前倾、后倾、全身前进及后退;脸部动作包括上半脸眉毛上扬、眉毛耷拉、皱眉,下半脸口动、口型、腮帮鼓起、腮帮内吸及嘟嘴等;眼睛注视包括眼睛注视动作、眼睛注视对方、眼睛注视其他、角色转换引起的眼睛注视等;手控特征层包括手势延长、停顿、手下垂、辅手延伸及重复等。具体的 ELAN 标注表情体态内容和层级附码如表 1-2。

表 1-2　上海手语表情体态 ELAN 软件标注方案以及附码

层名	标注内容及附码
基本层	
注释	把每个手势转换成文字,每一个完整的手势对应汉语中的文字。
汉语诠释	把手语翻译成有声语言汉语。
手控特征语音层和音系层	
手势时长	是指手势开始的手型到最后手型消失的时长。
手势延长	是指手保持某一个特定的手型或位置的时长。
停顿	是指手势末尾的延长时间以及一个手势和下一个手势之间的过渡运动。
手下垂	是指前一个手势结束和下一个手势开始的过渡期间偏离这两个手势之间的直接运动轨道的运动。
合并	是指在句子或语篇中,同一语言形式中两个依次相续的手型或手势结合成一个单个的手型或手势;这个手型或手势往往同时具有原先两个手型或手势的某些特点。
辅手延伸	是指一个双手手势的辅手动作会左向或右向或同时左右向延伸至其相邻的单手手势的词。
主手同化	是指一个手势的主手动作会受到相邻手势的主手动作的影响,发生顺向或者逆向的同化。
辅手脱落	指的是在语境中,由于受到相邻手势的影响,一个双手手势的辅手动作会脱落。
表情体态特征的语音层和音系层	
眼睛注视	眼睛注视动词,眼睛注视对方,眼睛注视其他;角色转换引起的眼睛注视。
眨眼	语调短语边界眨眼;其他韵律层级眨眼;生理性眨眼;句首眨眼;自发性眨眼。
上半脸	扬眉(副词作用)、扬眉(语法作用)、皱眉(副词作用)、皱眉(语法作用)。
下半脸	口型、口动、腮帮鼓起、腮帮内吸、嘟嘴、抿嘴、mm 口型、舌头伸出、其他、不明、无。
副词型口动	舌头伸出;腮帮鼓起;腮帮内吸;抿嘴。
空语义型口动	舌头运动;腮帮鼓起;腮帮内吸;嘴巴张开;ü 型口动、u 型口动;mm 口动;回声口动。

续 表

层名	标注内容及附码
现实动作型口动	模仿现实生活中动词的动作表达的嘴部运动,常常伴随表达相同意思的手控特征。
面部表情型口动	伴随整个面部表情产生的口部动作,常表达情感的意义。
头部位置	是指独立于身体运动的头部运动,包括前倾、后倾、左倾、右倾、左转、右转及中立位置。
身体位置	是指身体运动的位置变化包括前倾、后倾、左倾、右倾、左转、右转及中立位置。
口部动作延伸	是指一个手势的口部动作会受到相邻手势口部动作的影响,发生顺向或者逆向的延伸。
句法层	
普通动词	指的是动词本身无法表达人称和数的一致性的动词。
空间动词	指的是采用空间方向来表达名词实体位置的动词。
一致性动词	指的是具有人称、数以及体的屈折变化的动词。
疑问句	一般疑问句、特殊疑问句。
否定句	基本否定词"不"和"没有";NG 手型;否定合并;否定姿势(摊手和耸肩)。
韵律层	
韵律词	PW(ω)
韵律短语	PP(ϕ)
语调短语	IP(τ)

根据上述 ELAN 标注层级,我们对所获语料进行标注。标注人为我们课题组人员和帮助拍摄的聋人助手。标注主要分为两步进行。第一步为简单标注,主要是把手势转换成汉语,同时也对手控特征和表情体态特征的变化进行标注。这一步首先由聋人助手和课题组成员共同完成,聋人助手主要是帮助我们把手势转写成汉语,并且对标注完成的语料进行核对和修正。如图 1-13 所示:

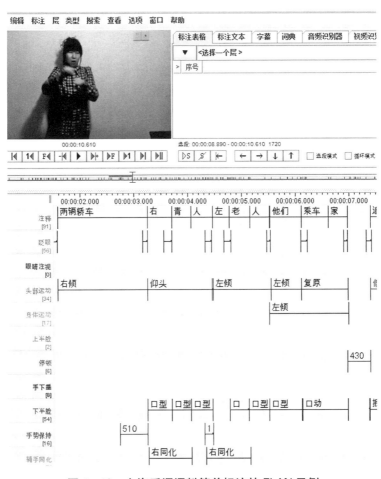

图1-13 上海手语语料简单标注的ELAN示例

从图1-13可以看出,第一步标注完成手语的汉语转写工作,并且对视频中出现的每个手势中的手控特征和表情体态特征——记录,例如:"两辆轿车"语句中的表情体态标记为头右倾以及末尾的眨眼等表情体态特征。

第二步,对所选取的句子和语篇进行切分。这一阶段的切分和标注首先依据Liddell(1980),Baker-Shenk(1983)以及Deuchar(1984)判断表情体态特征是否具有语言学研究意义的6条标准,对语料中标注的表情体态特征进行分析,判断出具有语言学意义的表情体态特征。在标注和切分完所有的语料之后,我们从以下五个方面进行分析:

1) 对《现代汉语常用词手势图解》(上、下两册)及中国手语初级教程和中级教程所包含的词汇的全部视频进行统计分析，根据 Brentari(1998)手语韵律模型的手型特征赋值，一一筛选具有音系区别意义的手型，观察并记录手势中的位置、掌向和运动的表现形式。同时，静态结构的词汇层面也有词汇层面的表情体态特征，根据基于 Deuchar(1984)判断表情体态特征是否具有音位功能的三条标准，得出在表达手语词汇时，表情体态特征是否和手语的其他四个参数一样，相当于音位，区分意义。

2) 根据标注完的语料，对所得的各种语调短语进行统计。根据 Liddell(1980)、Baker-Shenk(1983)、Coert(1992)以及 Sandler(1999, 2010)，在相同类型的语调短语中，如果某个表情体态特征出现的频率不低于50%，而且该表情体态特征是表达该类语调短语的强制性因素，那么我们就确定这个表情体态特征可以当做该语调短语类型的表情体态标记。如果某个表情体态特征出现的频率不低于50%，但该表情体态特征常伴随手控特征共同标记某语调短语，那么该表情体态特征可以判断为该语调短语的伴随性特征。如果某个表情体态特征出现的频率低于50%，而且不具备系统性、规律性，那么该表情体态特征不能作为判断语调短语的特征。

3) 根据 Liddell(1980)和 Baker-Shenk(1983)判断表情体态的起始和结束时间的标准，分析各个语调短语中表情体态的起始和结束时间，确定表情体态标记的域。

4) 判断手语语流中的各种变化，包括手控特征、手势的延长、停顿、辅手同化或者辅手脱落等。

虽然，我们已经收集了大量语料，尤其是分析语言的音系结构的语料很丰富，足以对上海手语进行系统的分析；但我们仍不可能收集到能涵括上海手语所有语言信息的全部语料。因此，我们的分析一定还有局限性。

第二章　上海手语的手型音系

手语中最小独立表义单位是手势，基本相当于普通语言学中"词"的概念。有时手语也被称为"手势语"。"手语"一词的英文是"sign language"，其直译和意译都应该是"符号语言"或"视觉语言"。其实"sign language"不只是通过手势来表达，它还同时通过表情体态同手势一起表义[①]。但"sign language"之所以翻译成"手语"或"手势语"，正是因为手在整个以视觉通道为载体的手语中的重要性。犹如"词"作为有声语言中最小的自由表义单位由无意义的音位构成，手语中的手势主要由手型、掌向、位置和运动这四大要素构成。其中，手型是手势四大要素中最基本、最重要的要素。任何手势首先有一个手型作为基本载体，然后，通过这个手型的掌向、位置和运动表达意义。根据已有对手语语言学的研究（Stokoe，1960；Sandler，1989；van der Hulst，1993；Brentari，1998；Perlmutter，1992；van der Hulst & van der Kooij，2006等），手型在手语中的功能相当于有声语言中的音段。有区别意义的音段就是音位，通常手型也有区别意义，不同手型往往表示不同意义。

音位之所以具有区别性，是因为音位由区别性特征决定，以此区别于其他音位。语言学家们通过特征赋值区别人类语言中的所有音段，甚至包括超音段成分。区别性特征的最重要的功能有两个：一是它（们）能区别每一个音段；二是它（们）能把一些不同的音段归为一个自然类，如元音是[＋syll]，辅音是

[①] 有研究表明（Pfau & Quer，2010：381—402），如果把手语视频中手势者的面部遮住，被感知和理解的手语语义信息不足 60%。关于上海手语中表情体态的语言学功能及其音系分析将在第七、八章中讨论。

[+cons]，通音是[+approx]，鼻音是[+nas]，响音是[+son]，阻塞音是[−son]，清音是[−voice]，浊音是[+voice]，唇音是[LAB]，舌冠音是[COR]，等等。构成不同音段的所有区别性特征以几何层级结构组合在一起，语言学家们（Clements，1985；Kenstowicz，1994）称这种特征层级结构为"特征几何"（feature geometry）。特征几何理论不仅说明了构成音段的区别性特征是如何组合的，更重要的是特征几何结构揭示了音段自然类是如何建构和如何表现为一个自然类，语言中的音变是如何发生的，音段序列为什么会有这样或那样的限制规则。从音系学讲，如果语言的最小区别性单位是音位，那么手语中最接近有声语言音位特征的这种最小区别性单位就是手型。手语语言学家们（根据Brentari & Eccarius，2010：284—311）一致认为，手型就是手语中的"音段"，在语言中具有区别性手型称"手型音位"（handshape phoneme）。

确定一种语言有多少音位一般不难，如英语有24个辅音音位，20个元音音位，确定一种手语中有多少手型也不是很难，但确定一种手语有多少手型属于"音位"手型十分困难，主要很难界定哪些手型是底层手型，哪些是表层手型变体；是否只有出现最小配对的手型才是手型音位。Harder 和 Schermer（1986）在所有荷兰手语语料中共发现69个手型，但认为只有39个手型被广泛采用，而 van der Kooij（2002）根据依存模型认为荷兰手语只有31个区别性手型；Meier 和 Sandler（2008）列出了29个以色列底层手型；Deuchar（1984）认为英国手语只有20个具有"音位"意义的手型，而基于英国手语语料库的最新研究发现了35个手型音位（Fenlon et al.，2016）；Johnston 和 Schembri（2007）认为，在澳大利亚核心词汇里出现的手型有35个，并构成最小配对；Rammel（1974）对德国手语的分析，提出只有32个手型具有区别性意义。根据衣玉敏（2008：25）的统计，上海手语有71个表层手型。但一种手语有多少个手型具有"音位"特征，这是十分复杂的问题。有些不同的手型可能是一个底层手型"音位"的不同变体，或有些具有区别意义的手型有不同的自由变体。有时对底层手型"音位"的认定，不同标准会有不同的结果。如在150多个美国手语表层手型（根据 Liddell & Johson，1989）中，Stokoe 等（1965）认为只有19个手型相当于具有区别性的"音位"；而 Friedman（1976）提出的美国手语手型"音段"库有29个手型；Battison（1978）则认为，美国手语有45个具有区别性意义的手型。为什么对同一种手语的手型音位分析结果会有如此大的差异,主要原因是手语作为视觉语言有复杂的同时性结构,很难确切界定音位的标准。有的认为只有出现在最小配对的手型才能算手型音位,有的认为只要在核心词汇高频出现的手型就是音位,有的认为音位手型一定是标记性弱的常用手型。用不同的标准分析就会得出不同的结果。

本章节将在手语音系韵律模型(Brentari,1998)框架内,根据特征赋值理论,系统分析上海手语手型的音系表征,阐述上海手语有多少具有不同音系表征的手型;根据标记性理论和特征分类观点(Chomsky & Halle,1968;Andrews,1990;Ladefoged & Maddieson,1996),阐述上海手语表层手型的音系特征赋值,底层结构的特征赋值及其音系结构,确定上海手语有多少(有哪些)底层手型"音位",哪些是底层手型的"音位变体",哪些是表层手型的"语音变体"。

2.1 被选手指的音系赋值

在手语音系研究中,手是手语的发语器官(Sandler,1998;Brentari,1998;Sandler & Lillo-Martin,2006),在这套发语器官里最主要的是手指。不同的手型由不同的被选手指的构造决定。所谓被选手指是指在手势发生过程中可以移动或与身体接触的手指,并主要通过它(们)表义的手指叫做被选手指。那些处于不活跃状态(不与身体接触、与表意无关)的手指则为非被选手指(Mandel,1981:81)。如在上海手语中,手型〇用来表达一个硬币时,其被选手指和非被选手指如下图所示。

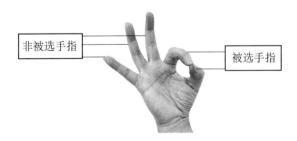

图 2-1 被选手指与非被选手指

该手型中食指与拇指扣成环呈硬币状,它们为被选手指;而中指、无名指与小指呈现放松状态,它们的弯曲程度不会对手型的意义有影响,可认为这三指为不活跃状态手指,即非被选手指。但如果用相同手型○表示"三"时,图2-1中的非被选手指就成了被选手指,原来被选手指食指和拇指成了非被选手指,无论这两个手指扣成的环很大或很小都没有关系。非被选手指只在语音层面影响手型的产出,但不会影响手型的底层音系表征,即没有区别性功能。此外,非被选手指的特征表达可由被选手指的特征赋值推导预测(Corina,1993)。因此,在分析手语的手型音系赋值中我们只关注被选手指的特征赋值。被选手指的特征赋值分为手指的特征赋值和关节的特征赋值(Brentari,1998)。被选手指的音系表征方式如下图(Brentari,1998:100)。

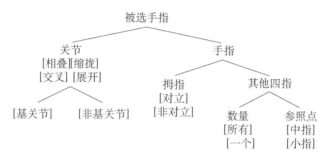

图2-2 被选手指音系表征结构①

图2-2的"被选手指音系表征结构"是第一章图1-12的"韵律模型音系结构"的"固有特征"中"被选手指"节点下细化的音系特征结构。手语音系结构的"韵律模型"是Brentari(1998)提出的,以后广泛被运用于分析各国不同的手语音系。本章节首先在这个被广泛接受的"韵律模型"框架内分析上海手语手型的音系表征,然后根据上海手语实际语料,进一步分析上海手语的底层手型的音系特征结构,进而对Brentari(1998)的"韵律模型音系结构"的"固有特征"中"被选手指"节点下的音系表征结构进行修订,提出符合上海手语底层手型音系结构的"被选手指"音系特征赋值。

根据图2-2的被选手指音系表征结构,被选手指节点下的音系结构由两个

---

① 方括号"[ ]"是音系特征表征。

域构成,关节域和手指域。关节域负责表征被选手指形状的音系特征,手指域负责被选哪(几)个手指的音系表征。被选手指分拇指和其他四指两个分区。一般而言,拇指伸出时为被选手指,当拇指是被选手指时,或赋值[对立],或[非对立](如图2-3-a,2-3-b)。拇指缩拢时是非被选手指,既不赋值[对立],也不赋值[非对立](如图2-3-c)。拇指的[对立]和[非对立]这一对特征指的是被选拇指与手掌或其他被选手指的关系。若拇指伸出时与手掌不在同一个平面或与其他被选手指发生作用,赋值为[对立],如图2-3-a所示;若拇指与手掌在同一平面或对其他被选手指不发生作用,赋值为[非对立],如图2-3-b所示。

 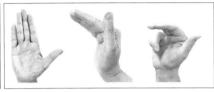

a. [对立]　　　　　b. [非对立]　　　　c. (不赋值)

图2-3　拇指的[对立]与[非对立]

其他四指(食指、中指、无名指、小指)的选择可以根据数量和参照点来赋值。图2-2表示,在数量结点下有两个特征[所有]和[一个],[一个]表示其他四指中只有(任何)一个手指被选中(如图2-4-a,2-4-b,2-4-c,2-4-d);[一个]支配[所有]表示有两个被选手指(如图2-4-e,2-4-f,2-4-g,2-4-h,2-4-i);[所有]支配[一个]表示有三个被选手指(如图2-4-j,2-4-k)。在参照点下有两个特征[中指]和[小指]。[中指]是指被选手指的计算以中指为参照起点,[小指]是指被选手指的计算以小指为参照起点。根据从属音系学(Ewen,1993,1995)的理论,[所有]和[一个]这两个特征与[中指]和[小指]这两个特征各自不同的组合结构可以产生相互作用,表征四个手指的12种被选可能,包括:

1) 食指:赋值[一个](如图2-4-a);
2) 中指:赋值[一个]、[中指](如图2-4-b);
3) 无名指:赋值[一个]、[小指]支配[中指](如图2-4-c);
4) 小指:赋值[一个]、[小指](如图2-4-d);

5) 食指和中指：赋值[一个]支配[所有]（如图2-4-e）；

6) 小指和食指：赋值[一个]支配[所有]、[小指]（如图2-4-f）；

7) 中指和无名指：赋值[一个]支配[所有]、[中指]（如图2-4-g）；

8) 小指和中指：赋值[一个]支配[所有]、[中指]支配[小指]（如图2-4-h）；

9) 小指和无名指：赋值[一个]支配[所有]、[小指]支配[中指]（如图2-4-i）；

10) 食指、中指和无名指：赋值[所有]支配[一个]（如图2-4-j）；

11) 小指、无名指和中指：赋值[所有]支配[一个]、[小指]（如图2-4-k）；

12) （除拇指外）全部四指：赋值[所有]（如图2-4-l）[①]。

在被选手指的其他四指中，食指是最无标记手指，因此如参照点是食指就不赋值（即默认值）。譬如，被选是两个手指，且不赋值参照点，一定是食指和中指；如果是三个手指，且不赋值参照点，一定是食指、中指和无名指。被选手指数量特征与参照点特征相配合产生的上述12种被选手指的手型与特征赋值图示可表示如下。

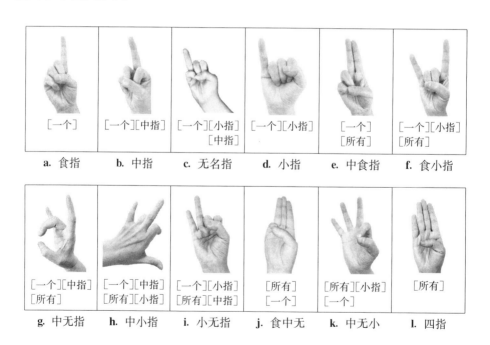

图2-4 其他四指的音系赋值及其对应手型

---

① 由于"拇指"与"其他四指"分属不同的节点，当我们说几个被选手指时，往往不包括拇指。

以上就是确定手语中手型的被选手指由哪(几)个手指的音系特征赋值。根据食指、中指、无名指和小指这四个手指的各种数的组合,应该一共有15种可能,但上述被选手指组合中没有包括:两指为食指+无名指,三指为食指+中指+小指和食指+无名指+小指这三种组合。大量跨手语语料(Woodward,1985:58;Ann,2006)表明,跨语言的手语中由这三种被选手指组合的手型几乎没有,而且从生理学角度看这三种手指组合发语困难,这犹如有声语言中的辅音音段主要由发音部位和发音方式决定,但有的发音部位可能没有某种音段,如我们已知的人类语言几乎没有唇齿爆破音。根据我们采集的语料和已有的文献,上海手语没有食指+无名指,食指+无名指+小指,或食指+中指+小指这三种组合的手型。语料证明,上述图2-4中12种不同被选手指组合搭配的手型在上海手语中都可以找到。

上述分析说明,不同的被选手指组合有不同的音系特征结构。当然,决定一种什么样的手型,除了由哪(几)个被选手指的音系特征以外,还涉及这个(些)手指选择什么形状,手型的形状由关节域的音系特征决定。

2.2 被选手指关节的音系表征

图2-2表示,被选手指的音系特征结构下属两个域,一个是手指域,另一个是关节域。关节域说明由关节作用引起的手型变化,相同被选手指通过指关节或(和)掌关节的作用构成不同的手型。在图2-2被选手指的音系表征中,关节分为[基关节](base joints)和[非基关节](non-base joints),[基关节]对应解剖学上的掌关节(metacarpal joint),[非基关节]对应解剖学上的指间关节(interphalangeal joint),如图2-5所示。

任何一个(些)被选手指由于掌关节或(和)指关节的作用可构成不同的手形。根据图2-2的韵律模型,关节结点下有[相叠]、[缩拢]、[交叉]、

图2-5 基关节与非基关节

[展开]四个独值特征,其中[缩拢]表示的是关节的弯曲形式。[缩拢]特征与基关节和非基关节两个结点的相互组合,可以表征上海手语中六种不同的手型关节弯曲形式,如图2-6所示。

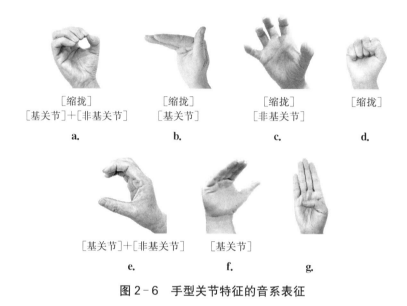

图2-6　手型关节特征的音系表征

图2-6-a手型的[缩拢]特征涉及[基关节]和[非基关节],构成"弧形合拢"手形;图2-6-b手型的[缩拢]特征只涉及[基关节],构成"平伸合拢"手形;图2-6-c手型的[缩拢]特征只涉及[非基关节],构成"爪型合拢"手形;图2-6-d手型的[缩拢]特征不涉及[基关节]和[非基关节],构成"完全合拢"手形;图2-6-e手型没有[缩拢]特征,只涉及[基关节]和[非基关节],构成"弧形张开"手形;图2-6-f手型只涉及[基关节],构成"平伸张开"手形。手语中没有只涉及[非基关节]一个特征的手型,因为只要[非基关节]起作用,手形一定是合拢型的。但手语中可以有不涉及任何关节特征的手型,构成图2-6-g的"完全张开"手形。这七种与关节特征相关组合的不同手型及其音系表征举例如表2-1所示[①]。

---

① 为标识清楚,表2-1和前面图2-6中全部手型的被选手指都为四指(食指、中指、无名指和小指)。带[缩拢]特征的手型可以是四指中的任何一个手指。

表 2-1 七种关节组合音系表征

手型	音系表征	上海手语举例
 a. 完全张开	被选手指 | 关节 | [展开]	 "五"
 b. 弧形张开	被选手指 | 关节 ╱╲ 基关节　非基关节	 "喝"
 c. 弧形合拢	被选手指 | 关节 [缩拢] ╱╲ [基关节]　[非基关节]	 "零"
 d. 平伸张开	被选手指 | 关节 | [基关节]	 "层"
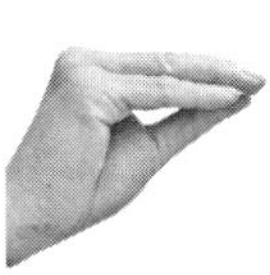 e. 平伸合拢	被选手指 | 关节 [缩拢] | [基关节]	 "学"

第二章　上海手语的手型音系

续 表

手型	音系表征	上海手语举例
f. 爪形合拢	被选手指 | 关节 [缩拢] | [非基关节]	"虎"
g. 完全合拢	被选手指 | 关节 [缩拢]	"做"

表2-1中的七种手型是关节节点下[缩拢]、[基关节]、[非基关节]三个音系特征相互结合构成被选手指为四指的全部手型。如表2-1所示,完全张开是指[基关节]和[非基关节]没有任何弯曲,此类手型关节表征最简单,标记性最弱。在被选手指结点下如果没有任何关节赋值,则默认为手型完全张开,如(表2-1-a)。与完全张开相反的是完全合拢。完全合拢不需要赋值[基关节]和[非基关节],只在关节节点下带一个[缩拢]特征,表示所有手指完全缩拢(如表2-1-g)。弧形指的是[基关节]和[非基关节]都有一定程度的弯曲,因此[基关节]和[非基关节]都需要赋值,如(表2-1-b)和(表2-1-c)。平伸指的是基关节弯曲而非基关节不弯曲,在关节结点下需要赋值[基关节],如(表2-1-d)和(表2-1-e)。爪形指的是基关节不弯曲而非基关节弯曲,在关节结点下需要赋值[缩拢]和[非基关节],如(表2-1-f)。弧形和平伸根据其关节缩拢的程度可以再分为张开和合拢两种状态。从音系赋值上看,合拢比张开多带有一个[缩拢]特征;而爪型是非基关节弯曲,受到手的生理结构的限制,

爪形只有合拢一种情况①。

在图 2-2 关节结点下除了[缩拢]特征以外，还有其他三个特征：[相叠]、[交叉]、[展开]，这三个特征表示的是手指与手指之间呈现的关系，如图 2-7 所示：

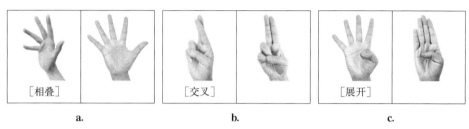

图 2-7　带有[相叠][交叉][展开]特征的手型

图 2-7 不同手型的三个特征（[相叠]、[交叉]、[展开]）采用的是独值，不涉及相关特征的手型不赋值其中任何一个特征（如图 2-7-a，2-7-b，2-7-c 中的右图）。图 2-7-a 是赋值与不赋值[相叠]特征的对比：[相叠]指的是手指依次相叠如同握一把扇面；不赋值该特征表示手指在一个平面。图 2-7-b 是赋值与不赋值[交叉]特征的对比，[交叉]指的是伸直的两个或两个以上手指交叉。图 2-7-c 是赋值与不赋值[展开]特征的对比：[展开]指的是手指之间自然展开保持一定的距离；不赋值该特征表示手指并在一起。由于[相叠]、[交叉]、[展开]这三个特征是表达手指与手指间的关系，因此只在被选手指为两指以上（包括两指）时，三个特征中的其中一个可能赋值（如图 2-7-a，2-7-b，2-7-c）中的左图），不可能同时赋值两个或三个特征；但可以三个特征都不赋值（如图 2-7-a，2-7-b，2-7-c 中的右图）。

根据图 2-2 韵律模型，关节节点下不同特征组合的作用决定不同的手型形状，与手指节点下不同特征组合构成不同的手型。这种被选手指的关节特征与手指特征的组合构成不同的手型，犹如有声语言的发音部位和发音方式特征的组合构成不同的辅音。通过被选手指的数和形的音系特征赋值，我们就能够确定一种手语有多少具有音系区别性的手型。

---

① 爪形合拢并不符合对"合拢"的一般理解。此处"合拢"指的是非基关节较大程度的弯曲，其他四指并非必须与拇指接触。

2.3 上海手语手型的音系表征

衣玉敏(2008:25)通过对上海手语的观察和归纳,总结出上海手语中有69个手型加两个手型变体,共71个手型。这些手型绝大多数都可以在Eccarius和Brentari(2008)的模型中找到,但衣玉敏(2008)的上海手语手型分析与Eccarius和Brentari(2008)的手型分析有本质上的差别。前者是语音层面的描写,即在上海手语手势中出现的所有手型;而后者是音系层面的分析,即在韵律模型框架里,可以清晰地对手型进行音系表征,确定这些手型是否都是具有音系区别性的手型。在衣玉敏(2008)的71个手型中,有一小部分无法在Eccarius和Brentari的模型中给出不同的音系表征,这是因为从音系学的角度看,有一些手型只是其中某一个手型的自由变体,并不能作为一个独立的具有音系区别性特征的手型来对待。

通过前面的分析,我们已阐述了决定手型的三类音系特征:被选手指的特征赋值,掌关节/指关节的特征赋值和手指间关系的特征赋值。根据这三类手型音系特征赋值,我们可以对上海手语的所有手型进行音系表征,确定有多少手型具有音系区别性。表2-2是上海手语中被选手指为一个手指的手型[①]:

表2-2 上海手语被选手指为一指的手型

	完全张开	弧形张开	弧形合拢	平伸张开	平伸合拢	爪形合拢	完全合拢
拇指 T	1					2	

---

① 此表最左边的一列是不同被选手指的分类,下面的英语字母是分类标识;第二列标示了拇指的相关性以及[展开]、[相叠]、[交叉]这三个涉及手间关系的特征。横向是由[缩拢]、[基关节]、[非基关节]这三个特征组合构成的七种手型;每个手型下面的数是手型编号。

续 表

		完全张开	弧形张开	弧形合拢	平伸张开	平伸合拢	爪形合拢	完全合拢
食指 I	拇指赋值	3	4	5	6	7		
		8						
	拇指不赋值	9			10		11	
中指 M	拇指赋值		12	13	14	15		
	拇指不赋值	16			17			
无名指 R	拇指赋值			18				
小指 P	拇指赋值	19		20			21	
	拇指不赋值	22					23	

表 2-2 涵盖了上海手语中被选手指为一个手指的 23 个手型,其中 T 型的被选手指只有拇指,为两个手型。其余手型的被选手指只是其他四指中的任何手指,不包括拇指,拇指只以是否赋值为参数。被选手指为一个手指的手型最多的是食指(9 个),其次是中指(6 个);被选手指为小指的手型有 5 个。由于生理构造的影响,无名指很少独立使用,因此只有一个手型。上述 23 个手型具有不同的音系表征,其特征赋值如下[①]:

T-1:[拇指]

T-2:[拇指];[非基关节]

I-3:[一个];[非对立]

I-4:[一个];[对立];[基关节]+[非基关节]

I-5:[一个];[对立];[缩拢]>[基关节]+[非基关节]

I-6:[一个];[对立];[基关节]

I-7:[一个];[对立];[缩拢]>[基关节]

I-8:[一个];[对立]

I-9:[一个]

I-10:[一个];[基关节]

I-11:[一个];[缩拢]>[非基关节]

M-12:[一个]+[中指];[对立];[基关节]+[非基关节]

M-13:[一个]+[中指];[对立];[缩拢]>[基关节]+[非基关节]

M-14:[一个]+[中指];[对立];[基关节]

M-15:[一个]+[中指];[对立];[缩拢]>[基关节]

M-16:[一个]+[中指]

M-17:[一个]+[中指];[非对立];[基关节]

R-18:[一个]+[小指]−[中指];[对立]

---

① 根据图 2-2,手语音系特征是非线性的层级结构,为节约空间,此处本文给每个上海手语手型的音系特征赋值以线性结构表示。在特征赋值表述中,分号";"表示不同的节点域的特征,符号">"表示节点与下义关系(如图 2-6-b),符号"+"表示并列关系(如图 2-6-e),符号"/"表示特征支配关系(如图 2-4-e)。这些符号在本章节其他手型表下的特征赋值表述中意义都一样。

P-19：[一个]+[小指]；[非对立]

P-20：[一个]+[小指]；[对立]；[缩拢]＞[基关节]+[非基关节]

P-21：[一个]+[小指]；[非对立]；[缩拢]＞[非基关节]

P-22：[一个]+[小指]

P-23：[一个]+[小指]；[缩拢]＞[非基关节]

以上是上海手语中23个被选手指为一指手型的音系特征赋值。这23个手型的音系表征各不相同。如有声语言一样，音系特征可以区别每个不同的音段，也可以把不同手型归为一个自然类。上海手语中的每一个英文字母标识都是一个自然类，这个自然类都有相同的被选手指特征。也可以用[缩拢]特征把上述23个手型分为两个自然类：被选手指是完全缩拢还是不（完全）缩拢。再如I类的被选手指都是食指，但I-3，I-4，I-5，I-6，I-7，I-8型与I-9，I-10，I-11型这两类手型的区别是拇指特征（[对立]或[非对立]）赋值与不赋值。

根据手的生理结构，涉及掌指关节的三个特征（[缩拢]、[基关节]、[非基关节]）影响食指和中指变化的作用最大，因此由食指或中指形成的手型最多。上述23个手型的被选手指只有一个手指，因此与涉及手指间关系的三个音系特征（[展开]、[相叠]、[交叉]）无关。上海手语中被选手指为两个手指的手型见表2-3。

表2-3　上海手语被选手指为二指的手型

		完全张开	弧形张开	弧形合拢	平伸张开	平伸合拢	爪形合拢	完全合拢
食中指 U	拇指赋值	24	25	26		27		
	拇指不赋值	28	29		30		31	
	[展开]	32			33			

第二章　上海手语的手型音系

续 表

		完全张开	弧形张开	弧形合拢	平伸张开	平伸合拢	爪形合拢	完全合拢
	[相叠]	34						
	[交叉]	35						
中无指 A	拇指赋值			36		37		
食小指 H	拇指赋值	38						
	拇指不赋值	39						

表2-3表明，上海手语中被选手指为二指的有食中指、中无指、食小指三种手指的组合，共16个手型。其中，只有食中指组合的手型涉及[展开]、[相叠]、[交叉]手指间关系的特征赋值。由于手指的生理构造及功能，在人们的日常生活中，食指和中指的搭配使用也最频繁，功能最强大；因此在上海手语中食指和中指的组合手型很多，有12个U类手型。跨语言的手语语料表明，手语中很少有被选手指为无名指和小指构成的手型；由于手指关节的生理构造，被选手指为中指和无名指时，基本没有两指伸直的手型，因此与[展开]、[相叠]、[交叉]这三个特征无关。当被选手指为中指和无名指时，往往与拇指作用构成弧形或缩拢手型(如A-36，A-37手型)。在我们收集的语料中，没有发现上海手语有被选手指为二指的"完全合拢"手型(美国手语有，见

Eccarius & Brentari，2008）。上述被选手指为二指的16个手型的音系特征赋值如下：

U-24：[一个]/[所有]；[非对立]

U-25：[一个]/[所有]；[：对立]；[基关节]+[非基关节]

U-26：[一个]/[所有]；[：对立]；[缩拢]＞[基关节]+[非基关节]

U-27：[一个]/[所有]；[：对立]；[缩拢]＞[基关节]

U-28：[一个]/[所有]

U-29：[一个]/[所有]；[基关节]+[非基关节]

U-30：[一个]/[所有]；[基关节]

U-31：[一个]/[所有]；[缩拢]＞[非基关节]

U-32：[一个]/[所有]；[展开]

U-33：[一个]/[所有]；[展开]＞[基关节]

U-34：[一个]/[所有]；[：非对立]；[相叠]

U-35：[一个]/[所有]；[交叉]

A-36：[一个]/[所有]+[中指]；[：对立]；[缩拢]＞[基关节]+[非基关节]

A-37：[一个]/[所有]+[中指]；[：对立]；[缩拢]＞[基关节]

H-38：[一个]/[所有]+[小指]；[：非对立]

H-39：[一个]/[所有]+[小指]

一般而言，只赋值被选手中"其他四指"的特征，不赋值关节特征的手型往往是一个无标记的手型，如T-1，I-9，P-22，U-28，H-39等。由于生理构造的因素，有些手指与某些特征的赋值是空缺，如没有无名指，没有无名指和中指这两种"其他四指"特征赋值（无拇指特征和关节特征）的手型。上海手语被选手指为三指的手型见下表2-4。

表2-4 上海手语被选手指为三指的手型

		完全张开	弧形张开	弧形合拢	平伸张开	平伸合拢	爪形合拢	完全合拢
中无小指D	拇指赋值	40					41	

续 表

	完全张开	弧形张开	弧形合拢	平伸张开	平伸合拢	爪形合拢	完全合拢
[展开]	42						
食中无指W [展开]	43						

表 2-4 表明，上海手语被选手指为三指的手型不多，只有四个，其中三个是由中指、无名指和小指构成，一个是由食指、中指和无名指构成。根据手指的生理构造，这两种三指组合的手型除了手指［展开］与非［展开］很难有其他变化，涉及［缩拢］和［非基关节］的 D-41 手型出现的频率也很低。大量跨语言手语也证明被选手指为三指的往往只有上述两种类型组合。这四个手型的音系特征赋值如下：

D-40：［所有］/［一个］+［小指］

D-41：［所有］/［一个］+［小指］；［缩拢］>［非基关节］

D-42：［所有］/［一个］+［小指］；［展开］

W-43：［所有］/［一个］；［展开］

从普通语言学讲，一般涉及区别性特征少的音段比涉及区别性特征多的音段标记性弱，如清阻塞音往往比浊阻塞音标记性弱。但有时由于发声器官的构造，有些区别性特征往往相伴出现，如元音的［＋后位］与［＋圆唇］通常相伴出现，因此，圆唇后元音和非圆唇前元音是无标记的。手语中也有相似情况，当被选手指为食指、中指和无名指时，自然状态往往是三指分开的（如 W-43），因此该手型赋值［展开］比不赋值［展开］更无标记。上海手语只有展开的 W-类手型，没有不展开的 W 类手型，美国手语两者都有（但手型标识编码不同）（见 Eccarius & Brentari，2008）。

由于手指生理构造的灵活性，跨手语语料表明（Sandler，1995；Johnston &

Schembri, 2007; Eccarius & Brentari, 2008; Brentari, 2010; Crasborn, 2001),绝大多数手语基本都没有被选手指为食指、中指和小指,或食指、无名指和小指这两种组合的手型。因此,被选手指为三指的手型不多。被选手指为四指(食指、中指、无名指和小指)的手型很多。上海手语由这四个手指组合的手型有18个,如表2-5所示。

表2-5 上海手语被选手指为四指的手型

		完全张开	弧形张开	弧形合拢	平伸张开	平伸合拢	爪形合拢	完全合拢
食中无小指B	[对立]	 44	 45	 46	 47	 48		
	[非对立]	 49		 50	 51	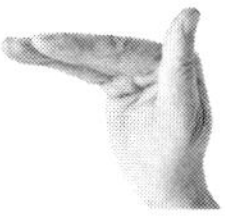 52		
	拇指不赋值	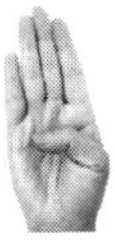 53					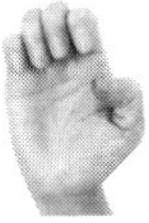 54	 55
	[展开]	 56	 57				 58	
		 59					 60	
	[交叉]	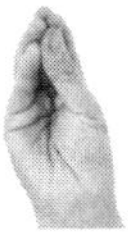 61						

表2-5涵括了其他四指都是被选手指的手型。如涉及拇指赋值,其实就是

第二章 上海手语的手型音系 45

全部五指，该类手型称 B 型。上海手语有 18 个 B 类手型，是上海手语中手型最多的一种被选手指结构，其中只有一个是手指交叉手型。这 18 个手型的音系特征赋值如下：

B-44：[所有]；[对立]

B-45：[所有]；[对立]；[基关节]+[非基关节]

B-46：[所有]；[对立]；[缩拢]>[基关节]+[非基关节]

B-47：[所有]；[对立]；[基关节]

B-48：[所有]；[对立]；[缩拢]>[基关节]

B-49：[所有]；[非对立]

B-50：[所有]；[非对立]；[缩拢]>[基关节]+[非基关节]

B-51：[所有]；[非对立]；[基关节]

B-52：[所有]；[非对立]；[缩拢]>[基关节]

B-53：[所有]

B-54：[所有]；[缩拢]>[非基关节]

B-55：[所有]；[缩拢]

B-56：[所有]；[非对立]；[展开]

B-57：[所有]；[对立]；[展开]>[基关节]+[非基关节]

B-58：[所有]；[非对立]；[缩拢]+[展开]>[非基关节]

B-59：[所有]；[展开]

B-60：[所有]；[缩拢]+[展开]>[非基关节]

B-61：[所有]；[对立]；[交叉]

从以上对 18 个 B 类手型的特征赋值看，当其他四指都是被选手指时，拇指往往伸出，处于赋值状态（只有五个手型拇指不赋值）。其中，B-44 型与 B-49 型、B-46 型与 B-50 型、B-47 型与 B-51 型、B-48 型与 B-52 型，这四对手型只区别于拇指赋值[对立]与[非对立]，其他特征都一样。另外，B-44 型与 B-56 型、B-45 型与 B-57 型、B-54 型与 B-60 型这三对手型只区别于赋值[展开]与不赋值[展开]，两者间的其他特征都一样。涉及掌指关节的[缩拢]、[基关节]、[非基关节]三个音系特征的不同组合对 B 类手型的作用很大，因此 B 类手型具有全部七种手型形状（如表(2.5)顶格横排所示）。

上述上海手语手型四个表格中的全部 61 个手型不仅都在上海手语的不同手势中出现，而且这 61 个手型都可以通过音系区别性特征加以区别，它们按照被选手指与关节表征排列。我们参照 Eccarius 和 Brentari(2008)的手型标识符号系统，上海手语的 61 个具有音系区别性表征的手型分为 11 个类型①，"T"代表拇指为唯一的被选手指；"I"表示被选手指为食指；"M"表示被选手指为中指；"R"表示被选手指为无名指；"P"表示被选手指为小指；"U"表示被选手指为食指和中指；"A"表示被选手指为中指和无名指；"H"表示被选手指为食指和小指；"D"表示被选手指为中指、无名指和小指；"W"表示被选手指为食指、中指和无名指；"B"表示被选手指为食指、中指、无名指和小指。根据图 2-2 被选手指音系表征结构，"拇指"与"其他四指"分属不同节点，因此，当我们说被选手指为一指、二指、三指或四指时，往往指"其他四指"，不包括拇指。但作为音系表征，任何一个手型都会考虑拇指赋值与否。

通过上述对上海手语手型的分类，我们可以看到 B 类手型分布最广泛，有 18 个；其次是 U 类 12 个手型、I 类 9 个手型、M 类 6 个手型、P 类 5 个手型、D 类 3 个，T，A，H 三类都是各 2 个手型，R 类和 W 类只有一个手型。从"关节"特征赋值的角度看，在七种不同的手型中，"完全张开"型不涉及任何关节特征，该手型最多，有 23 个。这一现象与有声语言的音系特征结构与音段分布的原则一样，越是音系结构简单的，标记性越小，音段分布越普遍。其他，"爪形合拢"型 9 个手型，"弧形张开"型和"平伸合拢"型各 6 个手型，"弧形合拢"和"平伸张开"型各 8 个手型，"全部合拢"型只有 1 个手型。

手语中上述这种手型的分布状况受手掌与手指的生理构造的影响，即决定不同手型的关节的复杂性影响，如同有声语言中的辅音音段分布受发音器官的生理构造和发音方式的生理特点的影响所致。当然，不同手语选择什么手型、多少手型，各有差异，但有些手型始终是最普遍的，就如有声语言中，所有语言都有塞音、舌冠音等。有声语言的音段分布与音系结构的标记性有关，手语

---

① 本研究对上海手语 11 种手型分类的标识，基本参照 Eccarius 和 Brentari(2008)的手型符号系统，但为了简便，作了些变动，如"R"(ring)表示无名指，"P"(pinky)表示小指，"W"表示食指、中指和无名指，这三类标识与 Eccarius 和 Brentari(2008)的标识系统不同。因此，本标识符号只适用本研究。

中手型的分布也具有与有声语言相似的音系理据。表2-2至表2-5展示的这61个手型，就是上海手语的表层手型音段库。

2.4 上海手语的手型变体

有声语言中的音变有两种：一种是因为某种音系制约，或语音环境产生不同的变体，或基于规则的音位变体，这种音变可以通过规则推导，如有些语言鼻音后的元音必须鼻化。另一种是自由变体，可能因人而异，只是语音差异，没有音系区别，如荷兰语中的英语外来语"program"，有人把"r"读[r]，有人读[R]。手语中的手型也有这两种变体，如根据衣玉敏（2008）描述，上海手语有71个手形，实际可能更多。本研究提供的61个上海手语手型音段中，有些手型可能也可以有一个、两个或更多的自由变体手形，这些自由变体手形没有音系表征的区别。这种手型的自由变体可举例如表2-6所示。

表2-6 I类手型自由变体及音系表征

变体手形	音系表征
a. I-3手型（完全张开）	被选手指 — 手指 / \ 拇指 其他 [非对立] [一个]
b. I-4手型（弧形张开）	被选手指 / \ 关节 手指 / \ / \ [基关节] (非基关节) 拇指 其他 [对立] [一个]

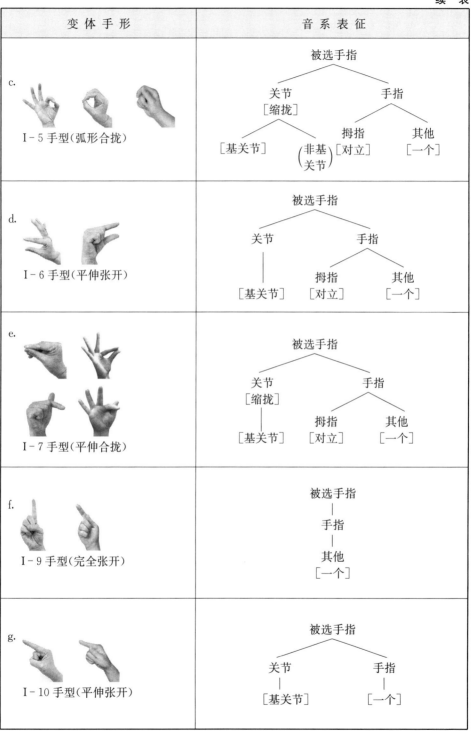

续 表

变 体 手 形	音 系 表 征
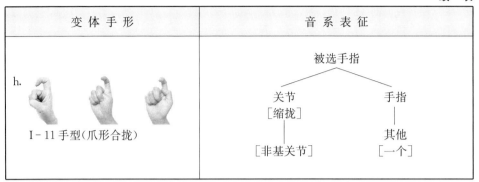 I-11手型（爪形合拢）	被选手指 关节　　手指 ［缩拢］　其他 ｜　　｜ ［非基关节］　［一个］

表2-6都是Ⅰ类手型（即被选手指为食指）的各种变体手形，所有手型的音系表征结构中"手指"下的"其他"节点下的特征赋值都是［一个］，但拇指和关节的赋值不同。在11个Ⅰ类手型中，至少有8个手型有或多或少的自由变体手形。表2-6-a的两个手形都是Ⅰ-3手型，两者只是拇指伸出姿态不同，其音系特征表征一样，没有区别意义。表2-6-b的Ⅰ-4手型有四个变体手形，有的是非被选手指的表达形式不同，有的是这个弧形张开手型的展开度大小不同，但音系表征完全一样，相互间没有音系区别性。表2-6-c是Ⅰ-5型弧形合拢手型，三个自由变体手形只是非被选手指的不同，音系表征一样。表2-6-d的Ⅰ-6手型有两个自由变体手形，两者只是非被选手指的不同，虽看起来差别很大，但非被选手指都没有音系表征。表2-6-e的Ⅰ-7手型是指（被选手指）食指呈平伸合拢状，四个不同手形也都是非被选手指不同或食指与拇指的不同接触。但拇指都赋值一个［对立］特征，表示对被选手指有作用，但不同接触形式没有音系区别性。表2-6-f的两个Ⅰ-9手型都是一样的音系特征赋值，只是非被选手指的不同姿态，因此音系表征一样。这种非被选手指的不同姿态通常因不同的人有不同的表现形式。表2-6-g的两个Ⅰ-10手型音系表征一样，也只有非被选拇指的姿态不同。表2-6-h三个手型都是爪形合拢的Ⅰ-11手型，三个自由变体手形的非被选手指有区别，但差异不大，音系表征一样。因此，在表2-6中的22个手形，只有8个手型统计在有音系区别性的61个手型音段库内。下面我们一起看M类手型的自由变体。

表2-7　M类手型自由变体及音系表征

变 体 手 形	音 系 表 征
a. M-12 手型（弧形张开）	被选手指 ├─ 关节 │　├─ [基关节] │　└─ (非基关节) └─ 手指 　　├─ 拇指 [对立] 　　└─ 其他 [一个][中指]
b. M-13 手型（弧形合拢）	被选手指 ├─ 关节 [缩拢] │　├─ [基关节] │　└─ (非基关节) └─ 手指 　　├─ 拇指 [对立] 　　└─ 其他 [一个][中指]
c. M-14 手型（平伸张开）	被选手指 ├─ 关节 │　└─ [基关节] └─ 手指 　　├─ 拇指 [对立] 　　└─ 其他 [一个][中指]
d. M-15 手型（平伸合拢）	被选手指 ├─ 关节 [缩拢] │　└─ [基关节] └─ 手指 　　├─ 拇指 [对立] 　　└─ 其他 [一个][中指]
e. M-16 手型（完全张开）	被选手指 └─ 手指 　　└─ 其他 　　　　[一个][中指]

表 2-7 是一些 M 类手型自由变体，它们的被选手指是中指，它构成的手形变体相对较少。表 2-7-a 是 M-12 手型的两个变体手形，主要区别是被选手指张开度大小的不同，其音系表征都一样。表 2-7-b 是 M-13 型，即弧形合拢手型，两个不同变体手形只是合拢度的大小不同，音系表征也都一样。表 2-7-c 是 M-14 手型的两个变体手形，两者的区别是被选手指的表现形式不同，但涉及的音系特征都一样。表 2-7-d 是 M-15 手型的两个变体手形，唯一的区别是被选手指与拇指的接触点不同，音系表征一样。表 2-7-e 的两个变体手形十分相似，只是拇指的姿态不同，感知区别也非常小。在上表 2-7 的 10 个手形中，只有 5 个手型具有音系区别性。

大量跨语言手语语料表明，被选手指为一个无名指的手型十分有限，上海手语也只有一个频率不高的 R-18 手型。下面我们看 P 类手型的自由变体。

表 2-8 P 类手型自由变体及音系表征

变 体 手 形	音 系 表 征

a. P-20 手型（弧形合拢）	被选手指
	├─ 关节 [缩拢]
	│ ├─ [基关节]
	│ └─ (非基关节)
	└─ 手指
	   ├─ 拇指 [对立]
	   └─ 其他 [一个][小指]

b. P-21 手型（爪形合拢）	被选手指
	├─ 关节 [缩拢]
	│ └─ [非基关节]
	└─ 手指
	   ├─ 拇指 [对立]
	   └─ 其他 [一个][小指]

c. P-22 手型（完全张开）	被选手指 │ 手指 │ 其他 [一个][小指]

在上海手语中P类手型不多，其变体手形也不多。表2-8-a是被选手指为小指的弧形合拢手型的两个自由变体手形，两者的区别是非被选手指的缩拢与伸展，虽然感知上两者的区别较大，但非被选手指没有音系特征赋值，这两个变体手形往往是受不同形态结构的变化。表2-8-b是P-21手型的两个自由变体手形，感知区别不大。表2-8-c是被选手指为小指手型的两个自由变体手形，两者的区别只是非被选拇指的不同姿势，没有音系特征的区别，感知区别也不大。因此，在上述6个手形中，只有3个具有音系区别性手型。上海手语中还有两个P类手型：P-19型和P-23型(见表2-2)，但在我们的语料中尚未发现其他变体手形。表2-9是U型手型自由变体。

表2-9　U类手型自由变体及音系表征

变体手形	音系表征
a. U-24手型（完全张开）	被选手指—手指：拇指[非对立]，其他[一个][所有]
b. U-25手型（弧形张开）	被选手指：关节[基关节]（非基关节），手指：拇指[对立]，其他[一个][所有]
c. U-26手型（弧形合拢）	被选手指：关节[缩拢][基关节]（非基关节），手指：拇指[对立]，其他[一个][所有]

续 表

变体手形	音系表征
d. U-27 手型(平伸合拢)	被选手指 → 关节[缩拢][基关节]；手指 → 拇指[对立]、其他[一个][所有]
e. U-32 手型(完全展开)	被选手指 → 关节[展开]；手指 → 其他[一个][所有]
f. U-34 手型(完全张开)	被选手指 → 关节[相叠]；手指 → 拇指[非对立]、其他[一个][所有]

大量跨手语语料表明,被选手指为食中指构成的手型出现的频率很高,并有不少变体手形。表2-9也表明U类手型及其变体在上海手语中出现的频率也很高。表2-9-a是U-24手型的两个变体手形,尽管两个手形变体的拇指都赋值[非对立],但拇指的姿态不同。表2-9-b是弧形张开的U-25手型的两个变体,两者的区别是张开度大小不同,没有音系区别。表2-9-c是弧形合拢U-26手型的两个变体,两者的主要区别是非被选手指的姿态不同,虽然感知区别较大,但音系表征一样。2-9-d是平伸合拢U-27手型的两个变体,两者的区别也是非被选手指姿态不同,但音系表征也都一样,因此,也是一个

手型的两个自由变体手形。表 2-9-e 中 U-32 手型的两个变体手形十分相似，只是非被选拇指的姿态稍有不同，在语流中很难会被感知到。表 2-9-f 是 U-34 手型的三个变体手形，食中指的关系都赋值[相叠]，拇指都赋值[非对立]，音系表征完全一样，但它们之间的区别是拇指姿态有所不同和两指的相叠度稍有不同，是一个手型的三个自由变体手形。因此，在表 2-9 的 13 个手形中，只有 7 个具有音系区别性手型。

上海手语的 A 类手型只有两个：A-36 手型和 A-37 手型，虽然前者是弧形合拢，后者是平伸合拢，两个手型的音系表征有差别，但两个手型的感知差异极小。上海手语的 H 类手型也不多，只有 H-38 手型和 H-39 手型，在我们收集的语料中未发现这两个手型的自由变体。由三个手指构成的手型有两类，一类是由食指、中指和无名指构成的 W 类手型，这类手型在上海手语中只有 W-43 手型(见表 2-4)，未见音系表征一样的变体手形。另一类是由中指、无名指和小指构成 D 类手型，在我们收集的语料中只有 D-40 手型有三个自由变体手形，见表 2-10。

表 2-10　D40 手型自由变体及音系表征

变 体 手 形	音 系 表 征
D-40 手型(完全张开)	被选手指 | 手指 | 其他 [所有][小指] [一个]

表 2-10 是 D-40 手型的三个变体，被选手指都是中指、无名指、小指，三个手形的拇指都是非被选手指，左边一张图看起来其拇指姿态与右边两个手形差异很大，因拇指不是被选手指而没有音系表征，这是非被选手指的不同姿态构成的三个自由变体手形。

大量跨语言的语料证明，B 类手型是最无标记的，上海手语中 B 类手型最多，变体手形也最多，见表 2-11。

表2-11 B类手型自由变体及音系表征

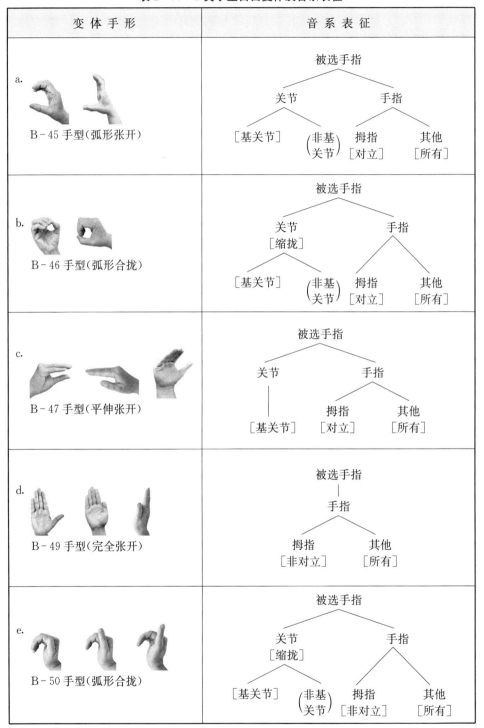

续 表

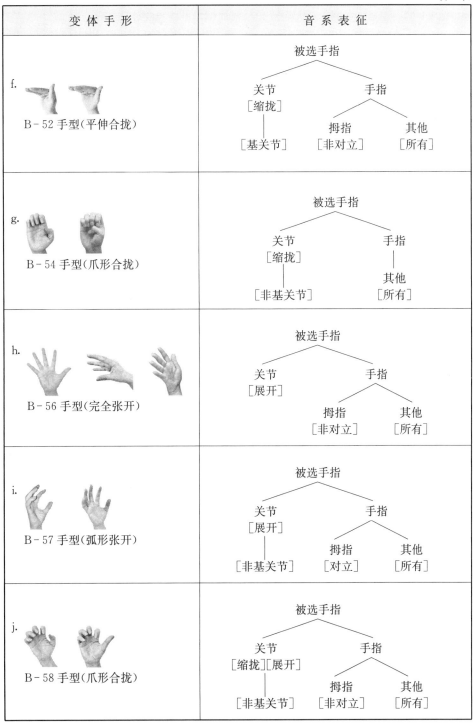

变体手形	音系表征
f. B-52 手型（平伸合拢）	被选手指 / 关节[缩拢] — [基关节] / 手指 — 拇指[非对立]、其他[所有]
g. B-54 手型（爪形合拢）	被选手指 / 关节[缩拢] — [非基关节] / 手指 — 其他[所有]
h. B-56 手型（完全张开）	被选手指 / 关节[展开] / 手指 — 拇指[非对立]、其他[所有]
i. B-57 手型（弧形张开）	被选手指 / 关节[展开] — [非基关节] / 手指 — 拇指[对立]、其他[所有]
j. B-58 手型（爪形合拢）	被选手指 / 关节[缩拢][展开] — [非基关节] / 手指 — 拇指[非对立]、其他[所有]

变体手形	音系表征
k. 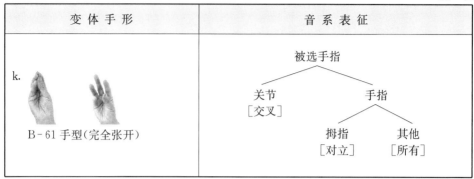 B-61 手型(完全张开)	被选手指 ─ 关节［交叉］／手指 ─ 拇指［对立］／其他［所有］

表2-11是11个具有音系区别性B类手型的共26个自由变体手形。表2-11-a中B-45弧形张开的两个变体手形只是开口度大小的区别，与此相同的表2-11-b中B-46弧形合拢的两个变体手形，这两个变体手形是合口度大小的区别，这两对分别是一个音系手型的两个自由变体。表2-11-c是B-47平伸张开手型的三个变体手形，它们的音系表征都一样，只是开口度的大小不同。表2-11-d中B-49手型的三个变体，只是拇指作为被选拇指的不同姿态，但都赋值［非对立］，音系表征完全一样。表2-11-e是B-50弧形合拢手型的三个变体手形，也是开口度大小的差异。表2-11-f是B-52手型的两个变体手形，两个手形差异只是被选拇指的不同姿态，但两者的拇指都是［非对立］，音系表征一样。表2-11-g的两个变体手形只是拇指与四个爪形被选手指的距离大小，同属一个音系手型。表2-11-h是B-56三个五指展开的变体手形，只是展开的程度稍有不同，音系表征一样。表2-11-i是B-57弧形张开手型的两个变体，两者的差异是张开的程度不同。表2-11-j是B-58两个四指展开爪形合拢的变体手形，两者的区别是拇指一个弯曲，一个伸直，但拇指的特征赋值都是［非对立］。表2-11-k是B-61五指交叉手型的两个变体，唯一的区别是五个交叉五指的紧松不同，音系表征一样。

上述六类不同手型中34个具有不同音系表征的手型具有两个或两个以上的自由变体手形。有些同一手型不同变体之间的差异较大(如I-5，I-6，P-20，U-26，U-27等手型)，绝大多数同一手型不同变体之间的差异很小，在语流中很难观察到，是十分普遍的自由变体。这些差异不大的自由变体手形通常是因人而异发生变化，或在不同的语速环境中发生变体。

本研究通过上述分析提供了上海手语表层 61 个具有不同音系表征手型以外的 47 个变体手形，这 47 个变体手形，有些是我们在分析语料中发现的，有些是在别的国家手语语料中存在的，根据原理上海手语也有可能存在。在实际语言中，手型变体的形式可能会更多。

上述举例说明的手型自由变体都是基于相同音系表征的不同手形，相当于有声语言中一个音段的不同语音实现。如有的人英语后高圆唇元音/u/的语音实现的 F1 为 348 Hz、F2 为 955 Hz，有的 F1 为 410 Hz、F2 为 1015 Hz；但音系表征都是[＋高]、[＋后]、[＋圆唇]。因此，此小节讨论的"上海手语手型的自由变体"，不如说是上海手语手型的不同"语音"实现。

在有声语言里，当我们讲"音变"时，更多的是音位变体。所谓音位变体是指底层是一个音位，表层由于某种语音环境或音系规则产生音变，其变体后的音段都一定具有不同的音系表征。如英语中处于音节音首位置的清塞音(/p, t, k/)读送气音，分别为[p^h, t^h, k^h]，否则读不送气音。此时，送气与不送气清塞音的音系表征不同，前者赋值[＋送气]，后者[－送气]，两者互补分布，这是音位变体。那么，上海手语有手型的"音位变体"吗？答案当然是肯定的。人类自然语言都一定有类似的"音变"，手语也不例外。但是，要问上海手语有多少或有哪些是手型的"音位变体"或具有不同音系表征的"手型变体"，首先需明确上海手语有多少手型是底层"音位"。

2.5 上海手语的手型"音位"

"音位"是语言中最小有区别意义的单位，音位是底层结构。根据音位学原理，如我们要确定某一语言有几个音位，一种最简洁最有效的办法就是看最小配对(minimal pair)。如英语中有/bʌt/ "but"（"但是"）和/bet/ "bet"（"打赌"），我们就能确定英语中/ʌ/和/e/一定是两个音位。也就是说，只要能在最小配对出现的不同音段，这些不同音段一定是音位。当然，也有些语言中的音位由于某种音系制约，不同的音位没有最小配对，如英语中的/h/和/ŋ/两个音位没有最小配对。汉语普通话中的/k/，/kʰ/，/x/与/tɕ/，/tɕʰ/，/ɕ/永远不对立出现，因为音系制约条件，前三个音不能出现在前高元音前，后三个音只能出现在前高舌面元音前，它们之间形成互补分布状态，这是历时音变的结果。因此，由于历时音变、共时音变、音系制约条件的相互作用，有时确定一种语言的音位变得十分复杂，因为底层音位有时十分抽象，与人们习以为常的心理感知有很大差距。譬如确定英语元音音位十分容易，大家一致认为英语有20个元音(12个单元音和8个双元音)，但确定汉语元音音位就十分复杂。一般教科书说汉语有10个元音音位，但有人说9个(Howie，2010)，有人说7个(Lin，2001)，有人说底层音位只有5个(Cheng，1996)，甚至有人说汉语普通话底层只有4个元音音位(Wu，1994)。关于汉语普通话有几个元音音位，至今尚无权威的统一观点。

如果说，确定汉语元音音位十分复杂，那么，确定上海手语手型音位的难度则更大，因为手语中决定有区别性意义的要素更多。各国手语的音系研究在确定手型音位方面都有不同的观点和结论。如关于美国手语的手型音位，Stokoe等(1965)认为只有19个手型相当于具有区别性的"音位"；而Friedman(1976)提出，美国手语手型"音段"库有29个手型；Battison(1978)则认为，美国手语有45个具有区别性意义的手型。手语的手型音位很难确定的主要原因是由于手语中的不同手型通常伴随不同的位置、掌向或运动，甚至不同的表情体态构成不同手势表示不同语义，也就是说，手型不像有声语言中的音段，出现最小配对的情况不多。因此，确定手语中的手型音位，不能主要看最小配对，还要综合考虑其他要素。

确定上海手语的手型音位比许多其他国家手语的手型音位的认定更难，因为，第一，我国对手语语言学的研究起步较晚，迄今尚无系统完整的上海手语词典；第二，迄今尚无对上海手语及中国手语音系的系统研究，因此，很少有关于上海手语或国内其他手语音系研究的文献资料可参考；第三，我们对上海手语语料的采集仍然有限。鉴于上述客观和主观的原因，本研究主要从理论上找出一种科学合理的方法，结合实际语料，探究上海手语的手型音位。

2.5.1 手型音系的主要特征与次要特征

音系学理论认为,语言中的任何音段都是由一些区别性特征组合决定的,而区别性特征根据其特征的属性和功能分为主要特征类(primary class)和次要特征类(secondary class)。Chomsky 和 Halle(1968:301—329)把辅音中用来区别音段的主要自然分类和发音位置分类的特征作为辅音的主要特征,其他特征作为次要特征;Ladefoged 和 Maddieson(1996:282—306)把元音中的高度、前后、圆唇三类特征为元音中的主要特征,其他作为次要特征。张吉生(2015)在分析吴语内部音系语言距离与互通性的关系时发现:音系主要特征感知强度高,对互通性的影响大;次要特征感知强度低,对互通性的影响小。

手型音系特征也分主要特征和次要特征。根据图 2-2 的手语音系韵律模型和手的生理构造,决定手型的形状主要有三个要素:四指(即被选手指)的选择、拇指姿态和手的关节(即基关节与非基关节)的作用。一只手有五个手指,但拇指单独长在一边,从生理构造讲,拇指区别于其他四指。通过上述对上海手语手型音系表征的分析,我们发现,在决定手型三个要素中,拇指的姿态有三种形式:第一是拇指不伸出,即拇指不是被选手指(如表 2-11 中的 B-59、B-53 手型);第二是拇指伸出为被选手指,与手掌在同一平面(不与其他被选手指产生作用),赋值[非对立](如 B-56、B-44 手型);第三是拇指伸出为被选手指,且与手掌不在同一平面(或与其他被选手指产生作用),赋值[对立](如 B-49 手型)。拇指的这三种不同姿态手型见图 2-8:

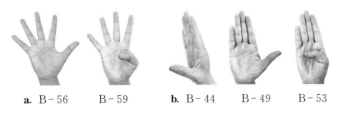

图 2-8 拇指姿态不同的手型对比

在上海手语中,拇指是被选手指还是非被选手指能构成最小配对,如 B-

56表示"五"，B-59表示"四"（如图2-8-a所示），因此，拇指节点是底层手型的音系特征。当拇指是被选手指时，有两种姿态：与手掌同一平面还是不在同一平面，即赋值[非对立]与[对立]。在上海手语61个具有不同音系表征手型中，只区别于拇指特征的[对立]与[非对立]，除了图2-8中的B-44与B-49手型，还有I-3与I-8、M-14与M-17、B-47与B-51、B-48与B-52、B-46与B-50共六对手型，如表2-12所示：

表2-12　由拇指节点下特征赋值引起的不同手型

序	A	B	序	A	B	序	A	B
1	I-3	I-8	3	B-48	B-52	5	B-46	B-50
2	M-14	M-17	4	B-49	B-44	6	B-47	B-51

从表2-12可以看出，上述六对（A与B）手型两者都只区别于拇指赋值的[对立]与[非对立]，这一区别在我们收集的上海手语语料中没有最小配对，并且它们在语流中感知区别度极小，尤其在快语速中，这种拇指[对立]与[非对立]基本消失。因此，拇指节点下的特征（[对立]与[非对立]）是次要特征。从音系特征属性，感知效果和实际语用功能看，我们认为，上海手语的底层手型音位没有由拇指节点下[对立]与[非对立]特征赋值决定的区别，即在表2-12的12个上海手语手型中，其中6个手型一定不是上海手语底层手型。在这12个手型中，A列手型相比较更普遍。相对普遍性较差的B列手型为变体手型，这样表2-12中B列的6个手型可以被排除在上海手语的底层手型音位之外。当然，也不是所有A列手型都是底层手型。

在图2-2的被选手指音系表征结构中，"被选手指"域分"拇指"和"其他四指"两个节点。上面我们分析了拇指节点下的特征为次要特征的理据与意义。"其他四指"特征是标识手型是由哪几个手指构成,"其他四指"节点下的任何一个特征不同标志着不同的被选手指构成手型。聋人在交流中首要关注的是手型,而不同手型区别最大的是不同的被选手指,不同的被选手指肯定都能表示不同的语义。因此,"其他四指"节点下的特征是手型的主要特征。通过我们在2.3小节对上海手语手型音系表征的讨论,我们发现上海手语的全部手型有11类不同被选手指组合的手型,由于生理构造的原因,在其他四指被选手指中除了没有食+中+小指和食+无+小指这两种组合以外,其他组合都有。这11类的被选手指组合也往往是人们日常生活中常见常用的手型造型。也就是说,任何手语,其底层手型音位至少不少于11个手型。迄今为止,被认为是手语中手型音位最少的观点是美国手语19个"音位"手型,且都有这11个手型(根据Stokoe, Casterline & Croneberg, 1965)。

当然,任何一种手语同一类被选手指组合,通过不同掌指关节的作用往往能生成不同的手型。如本章2.3小节所述,上海手语B类手型最多,有18个,U类其次,12个手型,除了R类和W类只有一个手型以外,其他都是两个以上手型。那么,是否除了只有拇指节点下[对立]与[非对立]特征不是上海手语的底层特征赋值以外,其他特征都在底层赋值?

2.5.2 手型音系特征的有标记性与无标记性

标记性理论(Andrews,1990)认为:结构越复杂,标记性就越强。在有声语言中,音段的普遍性往往与结构的标记性有关,通常结构标记性越低的音段普遍性越高。如清塞音比浊塞音更普遍,因为浊音多一个特征[+浊音];复杂音(如塞擦音、双元音、鼻化元音等)远没有简单音普遍;CV音节比CVC音节要普遍得多。

手语中的手型,根据其音系特征赋值,标记性强弱也有不同。图2-2的被选手指音系表征结构告诉我们,决定手型形状的是关节节点下的特征,包括[缩拢]、[展开]、[相叠]、[交叉]、[基关节]和[非基关节]共六个特征。这六个特征在上海手语中也并非都在底层赋值。如果我们自然地分别伸出两个手指、三个手指(或食指、中指、无名指,或中指、无名指、小指)、四个手指和五个手指，一定是图2-9-a的手型，而不会是图2-9-b的手型。

图2-9 手型的手指并拢与展开的对比

也就是说，最自然、最无标记的手型通常是手指伸直自然展开的。因此，我们认为，特征[展开]是手型的缺省值，在底层不赋值，就犹如有声语言中的[浊音性]特征对响音是缺省值，响音在底层不赋值[浊音性]。虽然图2-9-a类手型和图2-9-b类手型具有不同的音系表征，即赋值[展开]与不赋值[展开]，但两者只是表层手型音段的不同音系特征。在上海手语的61个手型音段中至少有以下六对手型两者只区别于[展开]特征，如下表所示：

表2-13 由[展开]特征赋值引起的不同手型

序	A	B	序	A	B	序	A	B
1	U-32	U-28	3	D-42	D-40	5	B-59	B-53
2	U-33	U-30	4	B-56	B-49	6	B-54	B-60

正如前一小节所述，拇指节点下的[对立]与[非对立]特征不是底层手型音位的区别性特征，我们认为关节节点下的[展开]特征也不是底层手型音位的特征赋值。上海手语表2-13中B列六个手型就不是底层手型音位。实际语料也

告诉我们表 2-13 中 A 与 B 之间没有最小配对，多数在实际语流中两者的感知区别极小。前面已经讲到，当手指伸直时的自然状态是分开的，而当手指弯曲或缩拢时自然状态通常是不展开的，因此我们认为表 2-13 中的 A 列手型是底层的，B 列手型是变体。

根据图 2-2 的韵律模型，关节节点下除了[展开]特征，表达手指间关系的还有[相叠]和[交叉]两个特征。在上海手语 61 个具有不同音系表征的手型中，涉及[相叠]和[交叉]这两个特征的手型极少，一共只有三个手型：U-34、U-35 和 B-61（见表 2-3 和表 2-5），可见涉及[相叠]和[交叉]特征的手型标记性很高。因此，根据手型的标记性和普遍性，上海手语中的 U-34、U-35、B-61 三个手型不是底层手型。也就是说，关节节点下的[相叠]和[交叉]特征与[展开]特征一样，不是上海手语底层手型的音系特征。

图 2-2 的音系表征结构表明，在关节节点下与[展开]、[相叠]、[交叉]特征在一起的还有[缩拢]特征。特征[缩拢]标识被选手指的弯曲度，往往与[基关节]和[非基关节]特征配合使用。任何涉及[基关节]或（和）[非基关节]特征的手型，其手指必定是弯曲的。被选手指是否赋值[基关节]或（和）[非基关节]特征决定了被选手指是否有弯曲，被选手指是直伸还是弯曲有明显区别意义，甚至往往构成最小配对，如上海手语手势"立"与"跪"、"泰国"与"薄"等，其手势图见图 2-10。

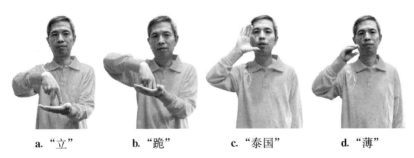

a."立"　　b."跪"　　c."泰国"　　d."薄"

图 2-10 [基关节]和[非基关节]的对立手势

图 2-10-a 与图 2-10-b 的"立"与"跪"都是双手手势，辅手一样，主手被选手指都是 U 类手型，发语位置也一样，都在辅手掌心上，唯一的区别是："立"不赋值[非基关节]特征，而"跪"赋值[非基关节]特征，即手型 U-

32(Y)和U-31(b)构成最小配对。这是两个手型音位。图2-10-c与图2-10-d的"泰国"与"薄"都是单手手势,主手都是B手型,发语位置也一样都在同侧肩前,唯一区别是前者不赋值[基关节]特征,后者赋值[基关节]特征,因此[基关节]是否赋值对立出现,使手型B-44(;)与B-47(V)构成最小配对。因此,[基关节]和[非基关节]在上海手语中是底层手型音位的特征赋值。特征[缩拢]与[基关节]和(或)[非基关节]搭配调节手型弯曲度的大小,如下图所示:

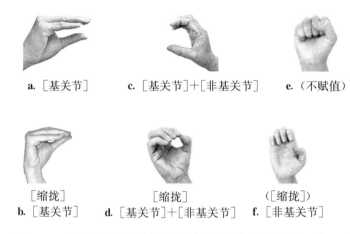

图2-11 特征[缩拢]与[基关节]和[非基关节]相关的六种手型

在图2-11中,手势(a)和(b)都赋值[基关节]特征,但前者不赋值[缩拢],后者赋值[缩拢],开口度大小不同,在我们的语料中没有发现(a)与(b)对立出现的手势。手势(c)和(d)都赋值[基关节]和[非基关节]两个特征,但前者不赋值[缩拢],后者赋值[缩拢],两者的区别也只是开口度大小不同,没有最小配对的手势。手势(e)没有被选手指,因此没有被选手指节点下的任何特征赋值。手势(f)赋值[非基关节]特征,无论是否赋值特征[缩拢],其手型一样。在上海手语中只赋值[非基关节]的手势,是否赋值[缩拢]特征没有区别。

此外,在上海手语的61个表层手型中,涉及[基关节]和[非基关节]这两个特征不同组合的手型不少,其中只涉及[基关节]特征的手型有14个,涉及[基关节]+[非基关节]特征的手型有14个,只涉及[非基关节]的手型有9个,共37个,占全部手型的60.7%。通过上述基于实际语料的分析,我们认为,上海手语的音系结构，在关节节点下只有[基关节]和[非基关节]是底层手型特征赋值，[缩拢]、[展开]、[交叉]和[相叠]只是表层特征，底层不赋值。在上海手语61个手型音段中，共有8对手型只区别于[缩拢]特征，如表2-14所示。

表2-14 只区别于[缩拢]特征的成对手型

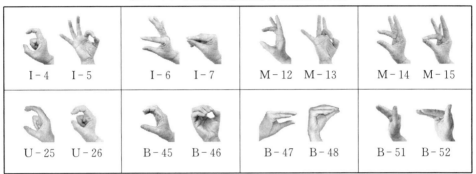

表2-14的8对赋值与不赋值[缩拢]特征手型的其他所有特征都一样。据前面分析，特征[缩拢]只表示开口度大小，并且没有以此产生的最小配对，因此底层不赋值。据此，表2-14中的16个手型，只有其中8个是底层手型，另8个只是表层手型音段。结构越简单，普遍性越强，语料也证明在上海手语61个手型音段中，赋值[缩拢]特征的手型只有14个，占23%。因此，我们认为赋值[缩拢]特征的8个手型(开口度较小)只是表层手型音段。在不赋值[缩拢]特征的另8个手型中，B-51手型在讨论底层手型不赋值拇指节点下的[对立]与[非对立]特征时，已经被列为B-47手型的变体(见表2-12)，因此，在表2-14的16个手型中，只有7个手型是上海手语底层手型音位。

我们在2.2小节讲到，关节节点下的[缩拢]、[基关节]和[非基关节]三个特征的不同组合能构成七种不同手指弯曲程度的手型，包括"完全张开"、"弧形张开"、"弧形合拢"、"平伸张开"、"平伸合拢"、"爪形合拢"、"完全合拢"。如果底层不赋值[缩拢]特征，上海手语底层不同手指弯曲手型只有四种：即"张开"、"弧形"、"平伸"和"爪形"。而图2-11-e这个不赋值任何被选手指特征的B-55手型(6)就是"合拢"型。因此，上海手语底层不同手指弯曲度手型只有"张开"、"弧形"、"平伸"、"爪形"、"合拢"这五种。只有在表层手型中才有"弧形张开"与"弧形合拢"和"平伸张开"与"平伸合拢"的区别。

2.5.3 上海手语手型的底层音系特征及音位手型

在特征几何的理论框架里,有声语言中的任何音系特征都可以在特征层级结构中找到它的位置,但就某个语言而言,有些音系特征(包括一些普遍的特征)可能不在该语言的底层音系结构中,如汉语普通话没有浊阻塞音,因此底层音系结构不赋值[浊音]特征,对响音而言,[浊音]特征是羡余特征。因此,Brentari(1998)提出的手语音系韵律模型中,图2-2的被选手指音系表征结构,其中有些特征在上海手语的底层结构不赋值。

根据上述分析,上海手语底层手型的音系特征赋值,在被选手指的拇指节点下不赋值[对立]与[非对立]特征,在关节节点下不赋值[展开]、[相叠]、[交叉]和[缩拢]特征。因此,上海手语底层手型的音系特征结构应该修正如下:

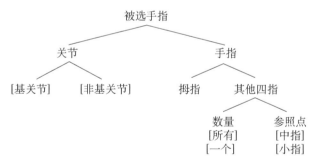

图2-12 上海手语底层手型音系特征结构

结构图2-12说明,上海手语底层手型的被选手指有两个不同特征域,一个是"手指"域,由拇指和其他四指两部分组成,决定被选手指是哪些手指;另一个是"关节"域决定手指的形状。在关节节点下有特征[基关节]和[非基关节]决定手指关节或/和掌关节是否弯曲。结构图2-12修正了Brentari(1998)的手语音系韵律模型,它区别于图2-2中Brentari(1998)的韵律模型主要表现在:1)Brentari(1998)认为,所有手型的拇指或赋值[对立]或[非对立]。

本研究认为，拇指不伸出时，不是被选手指，就不赋值任何特征；只有拇指伸出时才赋值[对立]或[非对立]（拇指伸出并与手掌或其他被选手指不在同一个平面赋值[对立]；如拇指与手掌或其他被选手指在同一个平面赋值[非对立]）。但拇指伸出时[对立]或[非对立]的赋值是上海手语的表层特征，底层只有赋值或不赋值[拇指]，即拇指是被选还是非被选手指的区别。2)关节节点下的[展开]、[相叠]、[交叉]和[缩拢]四个手指关系特征在上海手语中都是表层特征，底层手型不赋值这些特征。

图 2-12 是上海手语底层手型的音系特征结构，只用来表征上海手语底层手型音位。如果要表征所有上海手语表层 61 个手型的音系特征赋值，仍需要图 2-2 的被选手指音系表征结构。基于结构图 2-12 的上海手语底层手型音系特征结构，通过逐个分析上海手语具有音系区别性表征的 61 个手型，我们最后得出以下 38 个手型为上海手语底层手型音位：

表 2-15　上海手语 38 个底层手型音位及关节特征赋值

手指特征 关节特征	张开	弧形 [基关节]	[非基关节]	平伸 [基关节]	爪形 [非基关节]	合拢
无被选手指 N						N-0
拇指 T [非对立]	T-1				T-2	
食指 I [一个]	I-3	I-4		I-6		
	I-9			I-10	I-11	

续 表

手指特征 关节特征	张开	弧形 [基关节][非基关节]	平伸 [基关节]	爪形 [非基关节]	合拢
中指 M [一个][中指]	M-16	M-12	M-14		
无名指 R [一个][小指] [中指]		R-18			
小指 P [一个][小指]	P-19	P-20		P-21	
	P-22			P-23	
食中指 U [一个] [所有]	U-24	U-25	U-27		
	U-32	U-29	U-33	U-31	
中无指 A [一个][中指] [所有]		A-36	A-37		
食小指 H [一个][小指] [所有]	H-38				

续 表

手指特征 关节特征	张开	弧形 [基关节][非基关节]	平伸 [基关节]	爪形 [非基关节]	合拢
	H-39				
中无小指 D [所有][小指] [一个]	D-42			D-41	
食中无指 W [所有] [一个]	W-43				
食中无小指 B [所有]	B-56	B-45	B-47	B-58	
	B-59			B-54	

表2-15展示了38个上海手语底层手型音位,与表2-2、表2-3、表2-4、表2-5相比,说明在上海手语表层61个具有不同音系表征手型中,其中有23个是手型音位的变体,这些手型变体有的可能是由于音系的制约,有的可能是由于形态的要求,有的可能是表层的自由变体。另外,本研究认为,上海手语原B-55手型不赋值任何被选手指特征,表2-15增设了N类手型,把B-55的拳头手型改成N-0手型,其他手型编码一律沿用表2-2、表2-3、表2-4、表2-5中的手型编码。这一方面使手型编码保持一致,另一方面也能从编码中看出中间有哪些是变体手型音段。

手语手型音位的确定是手语音系研究的基础工作,手语的音节结构、手语手势组合的音系制约条件、手语的音变规律等都离不开底层手型音位与表层手型音段的关系。只有了解语言的底层结构才能看到语言的本质，发现语言的规则系统。以上我们基于现有语料，根据普通语言学的音位理论，运用当代音系学的特征赋值理论和音系标记性理论确定的上海手语底层手型音位，仍需要以后更多实际语料的分析与验证，在上海手语音系的不断研究中得到完善。

第三章　手势中的位置、掌向与运动的音系分析

上一章我们系统讨论了上海手语手型的音系结构与音系表征，根据手语音系韵律模型的音系特征结构，通过系统分析上海手语语料，我们得出了上海手语有 61 个具有音系区别性表征的表层手型音段，其中，有 38 个是上海手语底层手型音位，另 23 个是表层手型音段。认识上海手语手型的音系结构，尤其是底层手型音位，对深层次了解上海手语的音系结构，以及上海手语的语言体系、结构系统、变化规则等语言机制十分重要。但手型只是手语手势的最重要的四大要素之一，除了手型，构成手势的要素还有位置、掌向和运动。

根据手型的语言功能、结构特点和表现形式，手型通常被认为是手语中的"辅音音段"（Stokoe，1965；Friedman，1976；Battison，1978；Liddell & Johson，1989；Brentari，1998 等）。如果手型是手语中的"音段"，那么，构成手势的其他三大要素(位置、掌向、运动)是手语中的什么结构单位？有声语言中的最小具有区别性功能的语言单位(即音位)有两种形式：音段和超音段。虽然，超音段(如重音、声调)在有些语言中具有区别性功能，但它在结构体系中只以特征形式存在与出现，也称作"超音段"特征。如重音或声调在最小独立(即自由)表义单位(即词)的结构中只以 L、H 或其组合的特征形式存在与出现。音段与超音段特征的结构体不同，音段是复杂结构(由多个不同类型特征组合构成)，超音段特征是相对比较简单的结构，由单一特征或几个同类特征组合构成。但两者都同样可以具有最小区别意义的语言功能。

如同有声语言一样，手语中的手势(最小独立表义单位)是由最小具有区别

性的语言单位构成，即手型、位置、掌向和运动。虽然手势中的位置、掌向和运动是否属于手语中的另一种"音段"一直存有争议（Stokoe，1960；Sandler，1989；van der Hulst，1993；Brentari，1998；Perlmutter，1992；van der Hulst & van der Kooij，2006 等），但手势中的位置、掌向和运动这三大要素无疑与手型一样具有区别性功能，但它们只以特征的形式存在。手语与有声语言不同的是，有声语言中，除了音段音位以外，其他具有区别性音位功能结构都是超音段特征，所谓超音段就是它的存在辖域大于一个音段，通常是音节。而手语作为丰富同时性结构的视觉语言，手型音段的存在辖域却大于其他区别性音位功能的结构单位，譬如一个手型可以从一个位置到另一个位置，从运动的起点到运动的终点都保持其手型。因此，位置、掌向和运动不能叫"超音段"特征。但位置、掌向和运动的特性、形式和表现方式又不符合语言音段的属性，这正是手语区别于有声语言的一大特点。本研究只是把构成手势的位置、掌向和运动看作具有区别性音位功能的音系特征。此章节旨在手语音系韵律模型框架里分析上海手语构成手势的位置、掌向与运动的音系表征，揭示位置、掌向和运动在手势中的音系赋值理据以及音系结构系统。

3.1 上海手语手型位置的音系表征

手语手势中的位置是指表达或完成一个手势时手型所处的位置。当我们说，位置在手语中具有最小区别性功能时，表示一个相同的手型、相同的掌向和相同的运动（如果有运动），在不同的位置能表达不同的意义，构成不同的手势，即不同的词义。如上海手语中的"自己"和"妈妈"这两个手势都是 I-9 手型（ ）；但在这两个手势中，前者的 I-9 手型发生的位置在左肩（I-9 手型中的食指碰触左肩），后者的 I-9 手型发生的位置在嘴前（I-9 手型中的食指碰触嘴唇）。两个手势靠不同的手型位置区别词义（见图 3-1-a）。再如上海手语的"错误"和"翻译"都是 U-32 手型（ ）。在这两个手势中，前者的 U-32

手型处在额前位置,掌心朝外变为掌心朝内;后者的 U-32 手型处在下巴前位置,掌心朝外变为掌心朝内(运动形式也一样)。这两个手势也是只靠不同的位置区别词义(见图 3-1-b)。上述两对手势的对比见图 3-1。

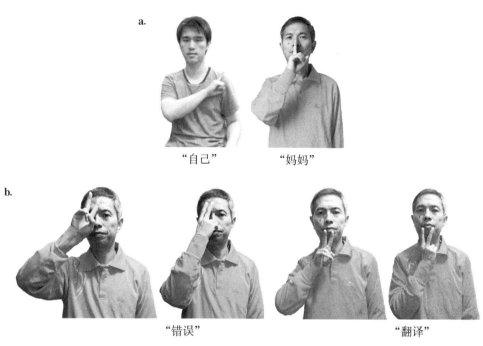

图 3-1 相同手型不同位置的区别性

如图 3-1 所示,手语中手势的位置有区别性,但语言学家们(Sandler,1986,1987;Perlmutter,1990,1991;Brentari,1998;Crasborn,2001 等)通常不把位置看作与手型一样的"音段"。如果说,手是手语的"发语器官",那么手势的位置就是手语的发语部位(place of sign)(Brentari,1998)。

在有声语言中,发音部位(place of articulation)必定是某个辅音音段的一个重要区别性特征。但在手语中,手型"音段"独立于位置存在,位置不是手型"音段"中的区别性特征,位置是手势中的区别性特征。在 Brentari(1989:94)的韵律模型中(见第一章图 1-11),发语部位与决定手型的发语器官是并列的,因此发语部位特征不参与手型的构成。作为手势中具有区别性的位置特征,位置的音系分析是手语音系中的重要内容之一。在 Brentari(1998:119)的韵律模型中,发语部位的音系结构如图 3-2 所示。

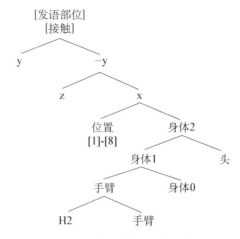

图3-2 发语部位的音系表征

图3-2的手语发语部位音系表征结构借用了生成句法结构模型,手语发语部位有X、Y、Z三个节点,也是三个发语平面。X平面通过"位置"与"身体"的关系来实现,位置包含从[1]到[8]的不同接触部位特征;"身体"包含头、身体和手臂三个与位置特征接触的部位;手臂分手臂(从肩关节到手腕)和辅手(H2)。任何手语中手势发生的所有位置都可以通过图3-2发语部位结构图得到阐析。根据图3-2,手语中手势发生的所有位置都在X,Y和Z三平面范围内。这是手语研究者们(如Brentari,1998等)根据身体运动学原理(Luttgens, Hamilton & Deutsch,1997),提出手语发语位置的X,Y,Z三个发语平面,在韵律模型中的这三个发语平面分别代表三个发语区域,具体分布见图3-3。

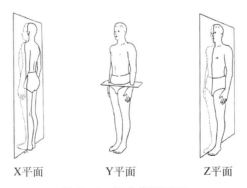

图3-3 三大发语平面

(资料来源:Luttgens, Hamilton & Deutsch,1997:38)

根据图 3-3，X 平面是当人站立时身体正面所在的平面，Y 平面是一个水平的截面，Z 平面是一个穿过身体对称轴的平面，将身体分为左右对称的两个部分。绝大多数手势是在中性空间发生的(即 Y 平面)。中性空间指的是打手势时最常用最自然的位置，通常是打手势者身前上到头部下至腰部，左右至双肩范围内的空间，在这个空间范围内，单手或双手一般不接触打手势者的身体，而是在这个空间中进行某种手的运动。X，Y，Z 三个平面将手语发语位置分为三个维度。上海手语中发生在 X，Y，Z 三个平面区域的手势举例如图 3-4 所示。

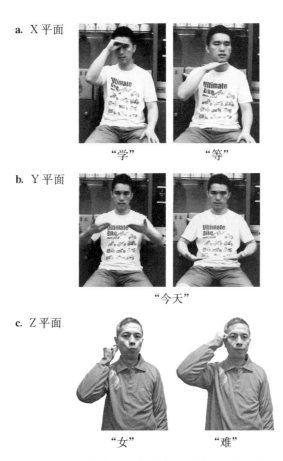

图 3-4 上海手语中发生在中性空间的手势

在手语发语部位的 X，Y 和 Z 三个平面中，X 平面相对比较特殊。X 平面既包括中性空间中的一个平面，又代表所有身体正视部位的一个整体平面。当

X平面作为身体平面时,它不再是一个抽象平滑的表面,而是一个与身体各部位的起伏相匹配的一个特殊平面。Brentari(1998)通过对美国手语的研究,提出作为身体平面的 X 平面可以分为四大主要区域,即头部、身体、手臂和辅手,而每个区域又可以细分为 8 个不同的位置,分别包括:

头部:[1]头顶、[2]额头、[3]眼睛、[4]脸颊/鼻子、[5]上唇、[6]嘴、[7]下巴尖、[8]下巴底。

身体:[1]颈部、[2]肩膀、[3]锁骨、[4]躯干上部、[5]躯干中部、[6]躯干下部、[7]腰部、[8]髋部。

手臂:[1]上臂、[2]肘部正面、[3]肘部背面、[4]前臂正面、[5]前臂背面、[6]前臂尺骨(小指所在的一侧)、[7]手腕背面、[8]手腕正面。

辅手:[1]手掌正面、[2]手指正面、[3]手掌背面、[4]手指背面、[5]被选手指的靠拇指一侧、[6]被选手指的靠小指一侧、[7]被选手指/拇指的指尖、[8]手掌根部。

手语发语部位 X 平面的四大区域(头部、身体、手臂和辅手)几乎是手势发生的全部位置,只有个别具体位置在 Z 平面,如太阳穴、耳朵等。在这四大发语部位区域中,辅手较为特殊,因为辅手本身可以处在中性空间的不同位置。但是,当手势中的主手手型接触辅手时,该手势的发语位置就是辅手的某个部位,包括手掌正面、手指正面、手掌背面、手指背面、靠拇指一侧、靠小指一侧、手指的指尖或手掌根部。由于人的生理构造的同一性,手语的这些发语部位具有跨语言的共性,这与有声语言的发音部位一样,具有跨语言的共性。在有声语言中,不同语言的差异只是选择了不同发音部位的音段,如有些语言没有硬腭塞音,有些没有声门塞音,但绝大多数语言都有双唇塞音、舌冠塞音、舌根塞音。Brentari(1998:122)认为 X 平面的四大区域,每个区域再细分为 8 个左右的发语位置具有跨语言的普遍性,但在不同的手语中具体的位置数量和位置定义可能会有所不同。

根据 Brentari(1998)提出的四大发谙区域,通过对上海手语语料的仔细分析,我们认为:上海手语的发语部位可以作如下分类:

头部 12 个:[1]头顶、[2]额头、[3]眼部、[4]太阳穴、[5]脸颊、[6]耳部、[7]头一侧或两侧、[8]口部、[9]舌、[10]下巴、[11]下巴底、[12]头前。

身体 10 个：[1]颈部、[2]肩部、[3]腋下、[4]胸部、[5]身体一侧或两侧、[6]腹部、[7]腰部、[8]髋部、[9]髋部以下、[10]中性空间。

手臂 8 个：[1]上臂、[2]肘部正面、[3]肘部背面、[4]前臂正面、[5]前臂背面、[6]整个手臂（上臂＋肘部＋小臂）、[7]手腕正面、[8]手腕背面。

辅手 8 个：包括[1]手掌正面、[2]手掌背面、[3]被选手指正面、[4]被选手指背面、[5]被选手指靠拇指一侧、[6]被选手指靠小指一侧、[7]被选手指指尖、[8]手掌根部。

根据上述对上海手语的分析及分类，我们对 Brentari(1998)提出的手语发语部位的分类作了修改。首先，为了归类集中、明确、全面，我们混合了 X，Y，Z 三个平面的区域。我们把 Z 平面的[太阳穴]、[耳朵]和[头一侧或两侧]以及 Y 平面的[头前]都放在"头部"，而 Brentari(1998)分析的美国手语的头部位置只涉及 X 平面的 8 个位置；我们把 Z 平面的[身体一侧或两侧]放在"身体"部位，把 Y 平面的[中性空间]也放在"身体"部位。就 Brentari 的 X 平面区域而言，上海手语和美国手语在"头部"和"身体"的发语位置都是各 8 个。其次，就具体位置而言，美国手语的"头部"有[上唇]与[嘴]的区别，而上海手语是[嘴]与[舌]的区别。美国手语的"身体"部位有[锁骨]、[躯干上部]、[躯干中部]、[躯干下部]，而上海手语是[腋下]、[胸部]、[腹部]、[髋部以下]，有四个身体发语部位不同或发语部位的名称不同，但"身体"的发语位置总数都是 8 个部位。最后，美国手语的"手臂"发语部位有[前臂尺骨]，而上海手语是[整个手臂]；但"手臂"和"辅手"的发语位置总数都是 8 个。

本研究基于 Brentari(1998)对美国手语发语位置的分析及处理方案，提出了上述 38 个上海手语发语位置。在这 38 个发语位置包括了 X，Y，Z 的三个平面区域。在 Brentari(1998)的分析中，X 和 Z 平面区域的发语部位都是接触身体的。X 平面是接触身体正面；Z 平面接触身体侧面；Y 平面是腰部以上的空间位置，不接触身体部位。在本研究 38 个包括 X，Y，Z 的三个平面区域的发语部位中，只有"头部"的[12]、"身体"的[5]和[10]不接触身体部位（这三个发语部位在 Brentari(1998)的分类中都属于 Y 平面），其他发语位置都表示主手接触身体的某个部位。上海手语全部 X，Y，Z 三个平面区域 38 个发语部位的手势举例如下表①。

表 3-1 上海手语中各个区域的发语位置及编号

头部(12)	[1] 头顶	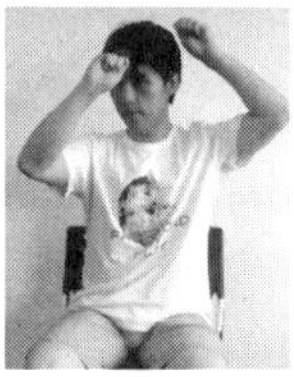 "帽子"	[2] 额头	 "学"
	[3] 眼睛	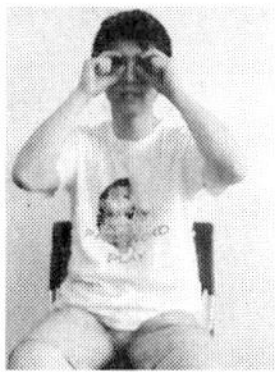 "眼镜"	[4] 太阳穴	 "难"
	[5] 脸颊	 "老"	[6] 耳朵	 "女"
	[7] 头一侧	 "梳头"	[8] 口部	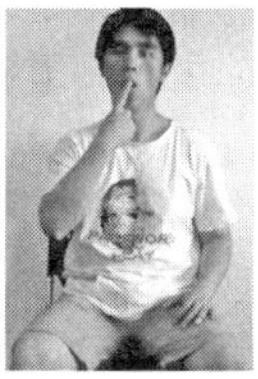 "红"
	[9] 舌	 "烫"	[10] 下巴	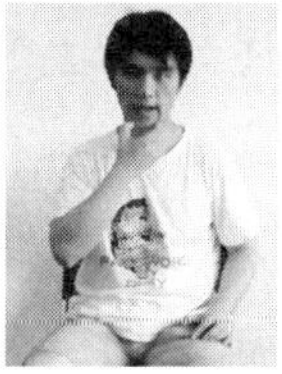 "喜欢"

---

① 表 3-1 中的图片只呈现手势的发语位置,并不是整个手势的完整打法。

续　表

	[11] 下巴底	"等"	[12] 头前	"错误"
身 体 (10)	[1] 颈部	"围巾"	[2] 肩膀	"责任"
	[3] 腋窝	"星期四"	[4] 胸部	"富"
	[5] 身体 一侧	"他"	[6] 腹部	"英雄"
	[7] 腰部	"广东"	[8] 髋部	"沙发"
	[9] 髋部以下	"裤子"	[10] 中性 空间	"1"

续 表

手臂（8）	[1]上臂	"护士"	[2]肘部正面	"累"	
	[3]肘部背面	"保姆"	[4]前臂正面	"输血"	
	[5]前臂背面	"政治"	[6]整个手臂	"服务"	
	[7]手腕正面	"病"	[8]手腕背面	"表"	
辅手（8）	[1]手掌正面	"时间"	[2]手掌背面	"准备"	
	[3]被选手指正面	"工"	[4]被选手指背面	"切"	

续 表

	[5] 被选手指靠 拇指一侧	"目标"	[6] 被选手指靠 小指一侧	"设计"
	[7] 被选手指 指尖	"软"	[8] 手掌 根部	"梯子"

表 3-1 展现的是上海手语 38 个发语位置，即手势发生的位置。由于有些（相当一部分）手势涉及运动，通过运动，手型从一个位置移动到另一个位置（关于运动的音系表征将在本章的 3.3 小节讨论），因此，有一些手势会涉及整个区域，而并不是区域中的某个具体位置。如上海手语的"毛巾"涉及整个头部；"进步"涉及整个手臂；"飞机"的手型从中性空间右下方移动到中性空间的左上方。对这样的手势，只需要赋值四大区域（头部、身体、手臂或辅手）即可，并不需要细分到某个具体部位。由于手语立体结构的特殊性，作为发语器官手的活动范围很大，可在具有 X, Y, Z 三个维度的四大区域范围内活动，比有声语言（咽腔、口腔和鼻腔）发音器官的作用范围要大得多。但手语发语区域内有具体哪几个发语部位可因不同语言而不同：有些手语涉及的发语部位多；有些手语涉及的发语部位少。在上海手语中，"唇"、"口部"和"牙齿"没有区别性意义，可以算作同一个发语部位；"眉"和"眼睛"有不同的表达方式和不同的语言功能，但不可能同时发生两种不同功能。因此，在我们的分析中算作是同一个发语部位"眼部"。这些部位非常接近，只有在专门表达脸部的各个器官的手势时，手所指的部位不同，意义也会不同；但是在一般手势中这些部位的细微差别不会形成手势的对立。

前面我们已经阐述了上海手语与美国手语的发语部位的差异之处。要特别指出的是，上海手语中"额头"和"太阳穴"必须是两个不同的发语部位；因为这两个位置的不同会形成最小配对。如上海手语中"笨"和"难"两个手势只区别于"额头"和"太阳穴"这两个发语部位,如图3-5所示。

"笨"   "难"

图3-5 因发语位置不同形成的最小配对

图3-5表明,上海手语"笨"和"难"两个手势的手型完全一样都是N-0手型。前者的发语位置在"额头";后者的发语位置在"太阳穴"。因此,在构成手势的四大参数中,除了位置之外,其他参数完全相同(此处的方向由位置决定)。这种由发语部位的不同造成两个意义不同的手势,表明这两个位置具有区别性音位功能。此时的发语位置可以被认为是该手势的底层特征结构。

一方面,发语部位作为一个特征形式与手型一样,不必需构成最小配对才是底层结构(当然,凡构成最小配对的,一定是底层结构);另一方面,如手型作为一个"音段"形式,发语部位这个特征独立于手型存在。在Brentari(1998)的手语韵律模型中(见第二章图2-2),发语部位在"固有特征"节点下与发语器官(即手)平行,具体发语部位以独值特征形式与X,Y或Z平面平行。譬如,上海手语"是"的发语部位在韵律模型中的音系表征可表示如下。

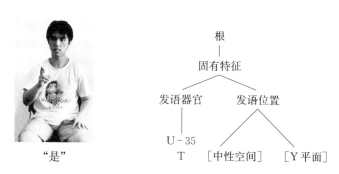

图3-6 上海手语"是"的发语部位的音系表征

图3-6是上海手语"是"手势发语部位的音系表征结构,结构顶端是手势"根"节点,好比有声语言中音段根的节点,因为手语中的一个手势往往是一个音节一个音段(关于手语音节结构将在第四章作详细讨论)。手语中的手势由手型、位置、掌向和运动四大要素构成,手型的音系表征已在第二章做了详细阐述,因此,在上图3-6中,手型的音系表征没有充分展开,直接在发语器官下标注了U-35手型。在"发语位置"节点下有两个特征:[中性空间]和[Y平面]。[中性空间]特征标识了手型位置的高度和与身体的距离(不接触身体部位);[Y平面]是中性空间的默认域。手势中的"位置"就是通过这样的音系表征实现的。

3.2 上海手语手型掌向的音系表征

构成最小独立表义单位(手势)的另一重要要素是掌向,即掌心所对方向,也是手型在手势中的方向。根据手臂和手腕的生理构造,手势中的手型可以出现六种基本方向,其中常见的五种方向包括(如主手为右手):掌心朝左、掌心朝内、掌心朝外、掌心朝上、掌心朝下,如图3-7所示。

图3-7 常见的五种掌向

手语中的任何手势首先必须通过某个手型来完成,任何一个手型,无论被选手指是什么,无论出现在什么位置,其掌心必对某个方向。图3-7是荷兰手语五个手势涉及的五个不同掌向。大多数情况下不同手型在不同的手势中持某一种掌向决定手势的语义,如图3-7荷兰手语五个手势表示不同的语义(根据

van der Kooij，2002），虽然被选手指（除了图3-7-a是食指和拇指）都一样。图3-7-a是I-3手型(），图3-7-d是B-47手型()①，其余（图3-7-b，图3-7-c，图3-7-e）都是B-49手型，但手型的位置和掌向都不一样。当然，手语中也有相同的手型在相同的位置持不同的方向表示不同的语义，成为不同的手势，即掌向构成最小配对。如上海手语的"有"和"脏"两个手势只通过不同手掌方向区别意义，见图3-8。

"有" "脏"

图3-8 掌向不同形成的最小配对

图3-8的上海手语"有"和"脏"都是在相同发语部位（中性空间，Y平面），相同手型（I-3手型），两个手势都涉及食指的非基关节的颤抖活动，但前者的掌心朝上，后者的掌心朝下，不同的掌向构成了最小配对。因此，掌向在手语音系中也具有区别性音位功能的特征，与手型的位置有着同等重要的音系功能。

如果说，掌向具有同手型和位置一样的音系功能，那么掌向的音系结构如何表达？在Brentari(1998)的韵律模型中，手的方向是由手的发语部位和发语平面之间的关系来确定。我们前面已经说明了手语音系结构中的发语器官，即手与发语位置独立存在于手势的固有特征节点下，主手的某个部位与发语平面域中的某个部位的关系表达了手掌的方向，这种关系的音系结构可表示如下图。

---

① 此处为了便于理解，采用了本研究为上海手语编制的手型编号，但在van der Kooij(2002)的研究中采用的是荷兰手语编码。

图 3-9　手掌方向的音系结构

（资料来源：Brentari，1998：125）

本章在上面讨论发语位置时已提到，根据 Brentari(1998)的分析，辅手可以分为 8 个部位。在表达手的方向时，主手也可以分成同样的 8 个部分，即[1]手掌正面、[2]被选手指正面、[3]手掌背面、[4]被选手指背面、[5]被选手指靠拇指一侧、[6]被选手指靠小指一侧、[7]被选手指指尖、[8]掌根。在手势发生的过程中，主手的其中一个部分会在音系上起到主导作用，这部分和发语平面之间的关系确定了，手的方向也就确定了。通过对上海手语语料的观察，我们认为 Brentari(1998)的这套方案也适用于上海手语，通过分析发语部位和发语平面之间的关系，可以清晰准确地表达上海手语中手的方向。上海手语中六个不同手掌方向及发语部位与发语区域（平面）之间的关系举例说明如下表。

表 3-2　上海手语中不同掌向的手势举例

掌心向上			掌心向下		
手的部分	发语区域	举例	手的部分	发语区域	举例
[6]被选手指小指一侧	辅手[6]	"证"	[5]被选手指拇指一侧	身体[4]	"富"

第三章　手势中的位置、掌向与运动的音系分析

续 表

掌心向左			掌心向右		
手的部分	发语区域	举例	手的部分	发语区域	举例
[8]掌根	头部[4]	"杭州"	[4]被选手指背面	头部[5]	"冰"

掌心向内			掌心向外		
手的部分	发语区域	举例	手的部分	发语区域	举例
[1]手掌正面	身体[4]	"我"	[3]手掌背面	头部[2]	"警察"

表3-2说明，上海手语中手的方向是通过主手手掌的某个部分接触发语平面区域的某个部位决定的。如：主手被选手指小指一侧接触辅手被选手指小指一侧，决定了掌心一定朝上；主手被选手指拇指一侧接触发语区域的胸部，决定了掌心一定朝下，主手掌根接触头部的太阳穴，决定了掌心朝左；主手被选手指背面接触头部的脸颊，决定了掌心朝右；主手手掌正面接触胸部，决定了掌心朝内；主手手掌背面接触头额，决定了掌心朝外（如表3-2所示）。

基于手的生理构造，通过观察所收集的上海手语语料，我们获得上海手语表层表达中手的方向共有10种：掌心向上、掌心向下、掌心向左、掌心向右、掌心向内、掌心向外、掌心向左下方、掌心向右下方、掌心向内左、掌心向外左。但是通过对语料的对比分析，我们认为，这种手掌的方向描述得太"语音化"，不一定都具有音系意义，譬如"掌心向左下方"、"掌心向右下方"、"掌心向内左"和"掌心向外左"这种描述在上海手语中缺乏音系学的区别性表征，有些细微的掌向差异只是语音层面的差异，没有音系区别性意义。如表3-1中的上海手语"目标"手势，从语音层面描述（衣玉敏，2008），很难说清楚该手势中手的方向到底属于掌心向左还是向内左。手势"目标"中主手的方向通常会因辅手的位置发生变化而变化。但是无论辅手食指在中性空间的什么位置，主手[7]（被选手指指尖）要对准辅手[5]（被选手指靠拇指一侧）这一点不会改变。根据图3-9掌向的音系结构，上海手语"目标"手势中主手掌向的音系表征可表达如下。

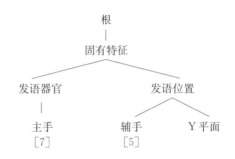

图 3-10 手势"目标"中主手掌向的音系表征①

图3-10表明，上海手语"目标"一词是个双手手势，双手在Y平面，即中性空间区域，主手（B-49手型( )）被选手指指尖指[7]向辅手（I-9手型( )被选手指靠拇指一侧[5]。图3-10是上海手语"目标"手势主手掌向的音系表征结构，这个音系表征结构图说明，Brentari(1998)对手的方向的处理方案可以准确地把握手势中手型的位置和掌向相互关系这一特质，并根据这一关系特质形式化地表征掌向的音节结构。

因此，在手语音系分析中，如要表达手掌方向的音系表征，我们需要关注主手的手掌部位与辅手部位的紧密关系。主手不仅表现为具体被选手指构成的某个手型，而且主手其他部分也会在音系上起到主导作用。如表3-1中的手势"学"，其掌心朝向并不十分明确，但根据Brentari(1998)的分析法，我们可以用形式化的手段确定其主手与发语部位的关系，即主手[5]（被选手指靠拇指一

---

① 该音系结构图只表征手型的位置和方向结构，省略了手型特征赋值。

侧)接触 X 平面头部[2],这一关系不仅确定了主手的位置,同时明确了主手的掌向。当然,如果手势中的主手(没有辅手或不接触辅手)发生在 Y 平面的[10]中性空间,主手不与 X 发语平面的具体部位有接触,手的方向需要通过赋值[上]、[下]、[左]、[内]或[外]特征来确定。

3.3 上海手语手型运动的音系表征

手语中的绝大多数手势是动态手势,即手势包含了运动成分。根据人身体的生理构造,产生动态手势有五种不同关节产生的运动,包括肩关节运动、肘关节运动、腕关节运动、掌关节运动和指关节运动,支配这五种运动的不同关节如图 3-11 所示。

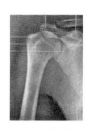
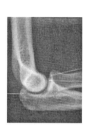
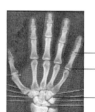

a. 肩关节　　b. 肘关节　　c. 腕、掌、指关节

图 3-11　支配五种运动的关节

图 3-11-a 的 X 片是肩关节,支配整个手臂的活动。图 3-11-b 为肘关节,支配整个小臂的活动。图 3-11-c 为手关节,包括腕关节、掌关节和指关节。腕关节支配手腕的翻转、屈伸;掌关节支配手掌的平伸与弯曲;指关节支配手指的伸直与弯曲。不同关节的作用产生手的不同运动(活动)。

运动是构成手势四大要素(手型、掌向、位置和运动)之一,也是四大要素中唯一的动态要素。在上海手语中,如果一个手势的其他三大要素相同,只有运动方式或方向不同也能构成最小对立体,如上海手语的"来"和"去"只是运动的方向不同("来"从远到近,"去"从近到远),表达两个不同的词汇手势,见图 3-12。

"来" "去"

图 3-12 不同运动方向的最小配对

图 3-12 的上海手势"来"和"去"的手型和发语部位都一样,主要区别:前者运动方向是小臂由远处朝身体方向移动;后者从近身体处向外移动。相反的运动方向构成手势的最小配对,因此,运动在手语中同样具有独立的区别性音位功能。运动的音系表征在韵律模型中属于韵律特征,参见第一章图 1-12 的韵律模型特征几何图(Brentari,1998:94)。根据图 1-12 的韵律模型,手语的四大参数(手型、位置、掌向和运动)分为固有特征和韵律特征两类,其中手型、位置和掌向都由固有特征来赋值,运动则由韵律特征来赋值。韵律模型的最大特点是它将运动从手语的其他参数中划分出来作为一个独立的分支,运动是与手势的韵律结构直接相关的参数。从手势的独立表义性来看,运动又可以分为词汇运动(lexical movement)和过渡运动(transitional movement)。词汇运动是构成手势的重要参数之一,即词库内必要参数;而过渡运动是存在于两个手势之间的插入成分,即词库外语言表层的语音成分。由于手语发语器官的自然属性,手在完成一个动作转向另一个动作时,必然会产生过渡运动,这一类运动不具有语言学意义。本章讨论手语中的运动都是具有语言学意义的词汇运动,即词库内具有词汇意义区别性运动。词汇运动根据其发语器官的不同可以分为路径运动(path movement)和本地运动(local movement)。路径运动是由肘关节或肩关节发出的运动,可以导致手型处于某个身体部位或中性空间发语位置的改变。本地运动是由腕关节、掌关节或指关节发出的运动,会造成手形改变、手的方向改变,或引起手指的颤动。在韵律模型中,路径运动和本地运动之间并没有明显的界限,它们都被放在韵律特征中的路径结点下。但就其功能

来说，路径运动涉及运动的方向，本地运动涉及手形的变化。韵律模型将所有表征(手控特征的)运动和非手控特征(即表情体态特征)都放在韵律特征下，其具体参数和层级结构可表示如下。

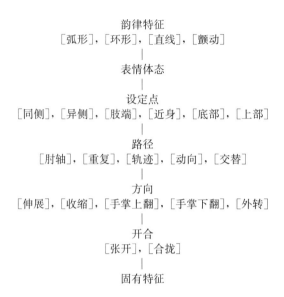

图 3-13　韵律特征的层级结构

(资料来源：Brentari，1998：130)

图 3-13 表明，韵律特征中的运动有四种类型，其中弧形、环型和直线运动是路径运动，路径运动往往由肩关节或肘关节支配发出，偶尔也有由腕关节支配的路径运动(如表 3-3-c)。颤动是一种重复的本地运动，本地运动往往由腕关节、掌关节或指关节完成。在图 3-13 的韵律特征层级结构中，表情体态也是韵律特征层级结构中的一个节点①。表情体态包括头和身体的运动，眼睛的变化，眉毛、面部表情以及口部动作等，这些特征也被称为非手控特征，或"超音段"特征。因此，韵律特征主要涉及两大类型：非手控特征(表情体态)和手控特征(手的运动)。

运动，尤其是路径运动有起止路线，因此，韵律特征下控制运动的首先是运动发生的"设定点"，通常发生在身体的同侧、异侧、肢端、近身、底部、

---

① 表情体态由非手控特征表达，这些非手控特征都属于"超音段"特征。关于手语中表情体态的语言学功能和音系表征将在第六、第八章中作详细阐述。

或上部等部位。"设定点"下有"路径",主要支配路径运动的方式和方向;"路径"下有"方向"节点,主要支配本地运动的形式;最后是"开合"节点,支配手型的变化。任何手型的变化都通过固有特征来实现,即必须落实到一个具体的手形。

Brentari(1998)对美国手语的研究表明,直线运动是分布最广泛的一种运动,也被认为是美国手语中的缺省运动,即标记性最小或无标记运动。在上海手语中,直线运动同样也是最常见的运动,很多手势都涉及直线运动,如"做"(见图3-14-a)、"正"(见附录Ⅰ-7)、"一样"(见附录Ⅰ-55)等。上海手语中的环形运动也是较为多见的形式,如"蛋糕"(见附录Ⅰ-53)、"身体"(见图3-14-b)等。弧形运动相对于直线运动和环形运动的分布要少一些,如"生活"(见图3-14-c)、"立交桥"(见附录Ⅰ-64)、"距离"(见附录Ⅰ-65)等。上述与直线运动、环形运动和弧形运动相对应的上海手语手势举例见图3-14。

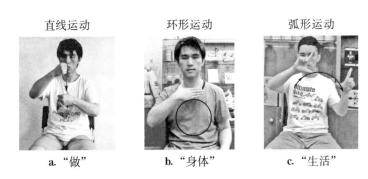

a."做"　　　　b."身体"　　　　c."生活"

图3-14　上海手语中的直线运动、环形运动和弧形运动手势举例

图3-14中的"做"是由肘关节支配的直线路径运动;"身体"是由肩关节支配的环形路径运动;"生活"是由肩关节支配的弧形路径运动。

颤动是一种非常特殊的运动形式,指发语器官进行小幅度的重复运动,而且无法确定重复的次数(或次数多少无区别性意义)。颤动往往由小(低)于肘关节的腕关节、掌关节或(和)指关节支配的重复运动来实现,因此[颤动]也是运动,这一特征也直接放在韵律特征结点下。作为运动幅度相对(直线运动、环形运动和弧形运动)较小的运动形式,颤动往往表现为手腕颤动、手指点动、手指钩动、手指捻动等。颤动有时也可以发生在更靠近身体中轴的关节,如肘

部摇动等。上海手语中出现颤动的相关手势如图3-15所示。

图 3-15 上海手语中包含颤动或重复的手势

颤动属于本地运动，即没有使手型从一个部位移到另一个部位的路径。通常，本地运动由低于肘关节的其他关节支配的运动，但偶尔也有肘关节支配的本地运动，如图3-15中的"忙"和"豆浆"都是由肘关节支配发生的重复运动，重复运动虽不同于颤动，但由于动作是重复的，所以也不是改变路径的运动。因此肘关节既可以支配路径运动，也可以支配本地运动。手语中也有一个本地运动伴随着一个路径运动同时发生，即两个不同关节支配的运动同时发生的情况。在这一小节中，我们主要讨论韵律特征节点下与手的运动有关的音系表征。

3.3.1　设定点的改变

在韵律特征的层级结构（见图3-13）中，韵律特征下有"设定点"节点，设定点的改变表示发语器官在其运动的平面内从一个赋值点移动到另一个赋值点，即路径运动的实现。设定点特征默认是由肩关节的运动实现的。在一个给定的平面内，要给一种运动赋值的其中一种方式就是确定该运动的始末两个设定点。本章在讨论位置时已介绍了手语中涉及 X，Y 和 Z 三个发语平面，每个发语平面会涉及到的设定点如图 3-16 所示。

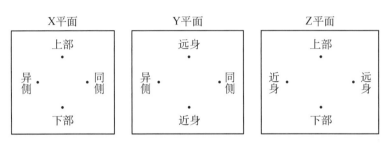

图 3-16　每个发语平面所涉及的设定点

(资料来源：Brentari，1998：152)

在涉及发语部位的三个平面中，X 平面是一个身体正面所在的竖直平面，X 平面上的设定点有上部、下部、同侧和异侧四个。上部和下部的意思不言自明。同侧和异侧是以主手为参照的。如果主手和设定点在身体的同一侧，则赋值为[同侧]；如果主手和设定点不在身体的同一侧，则赋值为[异侧]。Y 平面是与 X 平面垂直的一个水平截面，Y 平面上的设定点为近身、远身、同侧和异侧。在 Y 平面内，离身体较近的设定点赋值为[近身]，离身体较远的设定点赋值为[远身]。Z 平面是穿过身体中心线并将身体分为左右对称两部分的竖直平面。Z 平面的四个设定点为近身、远身、上部和下部。

上海手语中涉及设定点改变的运动多发生在 X 平面的身体各个发语部位，如"北京"这一手势发生在躯干，手从上部异侧移向底部同侧；"聋"这一手势发生在脸颊，从上部移向底部；"双"这一手势也发生在脸颊，从同侧移向异侧。以"北京"这一手势为例，手型为[U-32]（✌），手指先点向躯干的左上角再点向躯干的右下角。这个过程可以拆分成三个不同的运动阶段。第一运动阶段是发语器官做一个短的直线运动接触第一个设定点；第二个运动阶段是发语器官从第一个设定点向第二个设定点过渡；第三个运动是发语器官再做一次短的直线运动接触第二个设定点。设定点改变所形成的运动与其他路径运动最大的不同在于运动的表现形式,发语器官先后通过两个非常短的直线运动与设定点接触,而发语器官从第一个设定点到第二个设定点之间的移动只是过渡运动。上海手语中涉及设定点改变的对应手势及音系表征如表3-3所示。

表3-3 上海手语中设定点改变形成的运动及对应手势的音系表征①

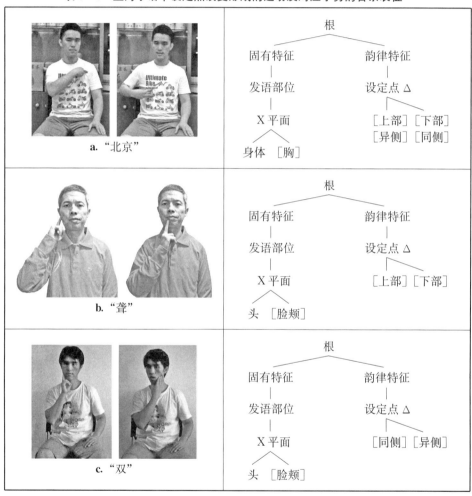

表3-3的音系表征告诉我们,手势"北京"是手型[U-32]在X平面身体的胸部从上部异侧移动到下部同侧,这是由肩关节支配的路径运动。手势

---

① 由于空间有限,表3-3的三个手势的音系表征都省略了固有特征下面的手型特征。

"聋"是手型[I-9]在X平面头部的脸颊从上部移动到下部,这也是由肩关节支配的路径运动。手势"双"是手型[U-28]在X平面头部脸颊从同侧移动到异侧,这是腕关节支配的路径运动。手势中的运动是通过改变韵律特征下的设定点来实现的。但设定点的实际实现必须参照手型发语部位的具体位置,从音系学讲是发语部位节点下某个(X,Y或Z)平面区域内的一些特征与设定点下的一些特征相互作用的结果。手势中不同的运动路径具有不同的特征。

3.3.2 路径特征

在韵律模型结构中,设定点下的节点是路径。路径特征用于表征与某一个发语平面相关的线性运动,它们位于韵律模型层级结构中的路径节点之下。路径特征所表征的运动可以存在于相应的发语平面之内,也可以与发语平面呈90度角。在Brentari(2008)的韵律模型中,路径节点下的特征有4个,分别为[肘轴]、[重复]、[轨迹]和[定向][1]。这四个特征的定义如下(Brentari,1998:136—137):

1)[定向]:用于表征一个直线运动,该运动使发语器官(手)移向发语平面中的一点(符号记为[>|])或远离发语平面中的一点(符号标记为[|>]),并且运动路线与发语平面呈90度角。

2)[轨迹]:用于表征运动轨迹上的所有点都在同一个平面上的弧形运动、直线运动和环形运动。

3)[肘轴]:用于表征在肘关节位置固定不变的情况下以肘关节为转轴的运动。

4)[重复]:用于表征以某种方式进行重复的直线运动。重复的方式可以是同向重复、转90度角重复以及逆向重复(即转180度角重复)。

以下表3-4的直观图示能很好地帮助我们了解这些路径特征的含义。

---

[1] 事实上路径结点下的特征有5个,除了[肘轴]、[重复]、[轨迹]和[定向]还有[交替]这一特征,但[交替]只出现在双手手势中,将在3.4小节讨论。

表 3-4　路径特征的图式

[定向]	[轨迹]	[肘轴]	[重复]
[定向：|>]	[环形]	·肘部	[重复]
[定向：>|]	[直线]		[重复：180°]
	[弧形]		[重复：90°]

（资料来源：Brentari, 1998：137）

通过对上海手语语料的观察，我们发现上述提到的四个路径特征能很好地形式化描述上海手语中含有不同路径运动的手势。在上海手语中，带有[定向：|>]特征的运动存在于许多手势中，如"给"、"香烟"、"明天"等；带有[定向：>|]特征的运动存在于如"驾驶员"、"在"、"孩子"等手势中。带有[定向]特征的运动都是直线运动。因此，当一个运动已经赋值为[定向]时，[直线]这一特征就变得冗余了。[轨迹]这一特征可以与上文中提到的[环形]、[直线]和[弧形]三个抽象特征相组合。在上海手语中，带有[轨迹]和[环形]特征的运动存在于如"身体"、"天空"、"脸"等手势中；带有[轨迹]和[直线]特征的运动存在于如"代表"、"老"、"原来"等手势中；带有[轨迹]和[弧形]特征的运动存在于如"我们"、"生活"等手势中。在上海手语中，带[肘轴]这个特征的手势有"力量"等，但数量不多。[重复]这一特征在默认状态下即为同向重复。如果是转 90 度重复或逆向重复则标注为[重复：90°]和[重复：180°]。在上海手语中，带有[重复]特征的手势有"男"、"服务"、"准备"等；带有[重复：90°]特征的手势有"中国"[1] 等；带有[重复：180°]特征的手势有"锯"

---

[1] "中国"这一手势在上海手语中有两种打法，其中一种是在胸口划出旗袍的门襟，另一种是分别打"中"和"国"。前者来自于国际手语，已被吸收为上海手语中的词汇，此处是以前者为例。

等。上海手语中带有相应的路径特征的手势举例如表3-5。

表3-5 上海手语中带有路径特征的手势举例

[定向]	[轨迹]	[肘轴]	[重复]
 "给" [定向：｜＞]①	 "天" [环形]	 "力" [肘轴]	 "男" [重复]
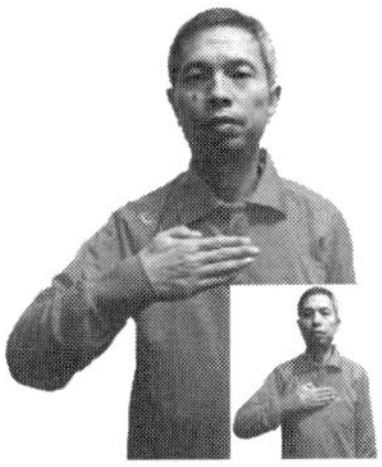 "我" [定向：＞｜]	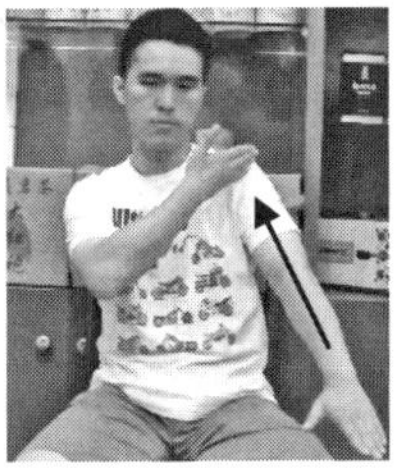 "进步" [直线]		 "准备" 重复
	 "生活" [弧形]		 "中国" [重复：90°]

---

① 本文语料举例如果出现大图与小图叠加，小图显示运动的起始状态，大图显示运动的终止状态。

表3-5中的这些手势所涉及的不同运动方式都是在路径节点下的这些特征决定的,用韵律模式表达其音系表征可表示如下(以"生活"为例)。

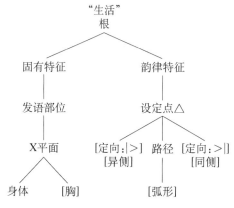

图3-17 "生活"的运动形式音系表征①

结构图3-17表明,上海手语"生活"手势涉及这样的运动:手型在胸前从左侧(主手的异侧)以弧形路径移向右侧(主手同侧)。手势的任何运动都可以通过类似图3-17的音系表征来实现。

3.3.3 手的方向改变

我们在本章3.2小节已专门讨论了上海手语中手的方向的实现方式和音系表征形式,通过对语料的分析,我们认为手的方向是通过主手手掌的某个部位接触发语平面区域的某个部位决定的。这种手的方向是一个手势起始到完成时不变的方向。手势中的另一种方向是手型在手势中改变方向,即手的方向改变。图1-12韵律特征层级结构中路径下的一个节点是方向△。手势中手的方向的改变是由腕关节的运动产生的。根据腕关节本身生理结构的特点可以产生三种不同手型方向的运动方式:腕关节翻转、腕关节伸缩和腕关节平转。这三种运动方式的图解如图3-18所示。

---

① 该音系表征中省略了固有特征下表示手型的被选手指所有特征赋值。

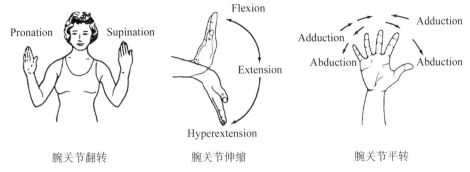

图 3-18 腕关节的三种运动方式

（资料来源：Brentari, 1998：36—40）

如图 3-18 所示，腕关节翻转可以表现为手掌向上或向内翻（supination）以及手掌向下或向外翻（pronation）两种[①]；腕关节伸展和收缩可以表现为腕部向掌背方向伸展（extension）以及腕部向掌心方向收缩（flexion）两种；腕关节平转表现为腕部向拇指侧或小指侧转动，整个手掌始终处于同一个平面内，转向中心线的叫内转（adduction），转离中心线的叫外转（abduction）。从音系学的角度来讲，腕关节的不同运动可以用音系特征来赋值。在韵律模型中，方向 △ 节点下的特征有 5 个，分别为[伸展]、[收缩]、[内翻]、[外翻]和[外转]，这 5 个特征以上述手腕的生理转动为基础。Brentari（1998）并没有给腕部内转设立对应的特征。在上海手语中，我们可以找到许多因腕关节运动而造成方向改变的手势。人类手腕的生理结构是相同的，韵律模型中用于赋值方向改变的 5 个特征虽然是从美国手语中总结出来，但同样适用于上海手语。如上海手语"休养"、"摩托车"等手势带有[伸展]这一特征；"文化"、"臭"等手势带有[收缩]这一特征；"翻译"、"变化"等手势带有[内翻]这一特征；"放假"、"去"等手势带有[外翻]这一特征；"刻"、"挑战"等手势带有[外转]这一特征。带有相应特征的上海手语手势举例见表 3-6[②]。

[①] 为了简便，在本文中手掌向上或向内翻（supination）直接说成内翻，以及手掌向下或向外翻（pronation）直接说成外翻。
[②] 在表 3-6 给出的例子中，有的手势只有腕部运动，如"翻译"；还有的手势不仅存在腕部运动，也会涉及其他关节的运动，如"放假"这一手势，既存在腕部运动，也存在肘部运动。此处暂时只关注腕部运动。

表3-6 上海手语中带有方向改变的手势及其音系表征

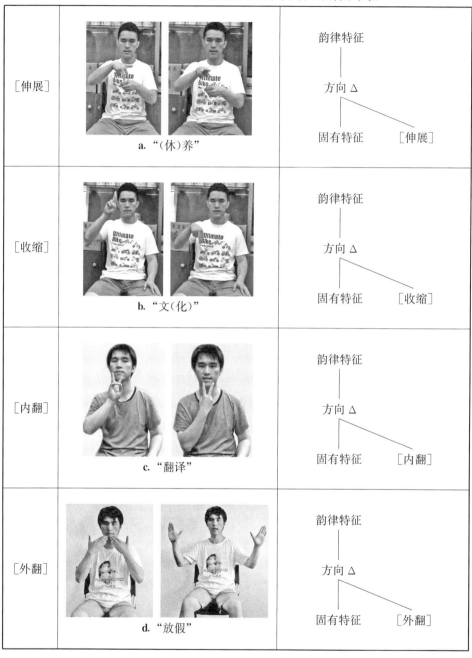

表3-6-a手势"(休)养"的主手有个手腕向手背方向上翻的动作,其音系表征为[伸展];表3-6-b手势"文(化)"有一个手腕由小臂直立的U-35

手型（ ）向下（内）弯曲的动作，其音系表征为[收缩]；表 3-6-c 手势"翻译"主手持 U-32 手型（ ），起始动作掌心朝外，然后腕关节平转内翻，其音系表征为[内翻]；表 3-6-d 手势"放假"是双手手势，B-49 手型（ ）掌心朝内，双手随着小臂向外移动手腕平转外翻，其音系表征为[外翻]。

手势中手的方向改变形成的运动在韵律模型中是通过两个方面来表征的，即某手势底层的方向赋值以及腕关节运动的方式。手势底层的方向由固有特征来赋值，表现为发语器官和发语平面之间的关系；腕关节的运动方式由方向Δ节点下的韵律特征来赋值。确定了手势底层的方向和腕关节运动的方式，就可以准确地展现整个方向改变的过程。表 3-6 中手势的音系表征图只展示了与方向改变相关的特征，如果将固有特征展开，我们可以更清楚地看到整个手势的音系表征方法（以"翻译"为例），见图 3-19。

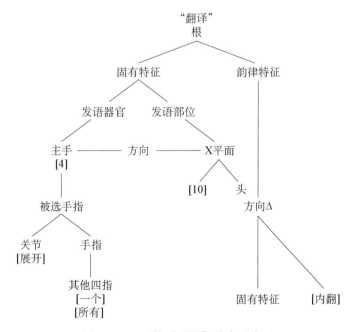

图 3-19　手势"翻译"的音系表征

图 3-19 中的主手[4]指的是被选手指指背，头[10]指的是下巴，可参见表 3-1 和表 3-2。主手[4]与头[10]相对，即为手势"翻译"的起始方向。在表

征方向改变时,固有特征表示底层方向,特征[内翻]表示腕部运动的方式,以此可以展现整个运动的全貌。

3.3.4 手型的改变

我们在第二章专门讨论了上海手语的手型,根据韵律模型的表征形式,上海手语有 61 个具有音系表征区别的表层手型。在上海手语中多数手势的手型基本不变,但也有相当一部分手势,其手型在手势完成过程中会改变。手型的改变有两种:一种是由于腕、掌或(和)指关节的作用改变手型(如完全张开、弧形张开、弧形合拢、平伸张开、平伸合拢、爪形合拢、完全合拢);另一种是被选手指的改变而改变手型。手势中手型的改变主要是指第一种,第二种现象极少(我们将在第四章和第七章作简单讨论)。在图 1-12 的韵律模型中,负责手型(第一种)改变的是"开合 Δ"节点下的特征。"开合 Δ"是韵律特征层级结构中最末端的节点。

手的开合改变是由手(即掌和/或指)关节的运动形成的,表现为 7 种手型的改变。这 7 种关节状态,可以根据是否带有[缩拢]这一特征分成两组:第一组不带[缩拢]特征的完全张开、弧形张开和平伸张开;第二组带[缩拢]特征的弧形合拢、平伸合拢、爪形合拢和完全合拢。这两组关节赋值属于固有特征的范畴,表述的是手型关节的起始形式。在"开合 Δ"节点下有两个韵律特征分别为[张开]和[合拢],用于表述手的关节的开合变化。[张开]指的是手的关节由带有[缩拢]特征变为不带[缩拢]特征;[合拢]指的是手的关节由不带[缩拢]特征变为带[缩拢]特征。把固有特征[缩拢]与韵律特征[张开]和[合拢]相结合,就可以准确地表达手势中手的开合变化。

我们在第二章讨论上海手语中的手型时,阐述了带有[缩拢]特征的手型分三种:一种是涉及[基关节]和[非基关节]的弧形合拢手型;一种是只涉及[基关节]的平伸合拢手型;还有一种是只涉及[非基关节]的爪形合拢手型。这些是表层手型不变或起始状态的手型赋值。但手势中运动形式的手型变化,或是张开变合拢,或是合拢变张开,这种运动形式的手型变化我们只关注韵律特征[张开]和[合拢]与特征[缩拢]的相互关系。在上海手语中,有些手势的手型变化是从张开变为合拢，也有一些是从合拢变为张开。如在上海手语中，"能"、"法"、"抓"等手势的手型由完全张开变为合拢；"白"等手势的手型由弧形张开变为合拢；"花"、"影响"等手势的手型由弧形合拢变为张开；"榜样"、"晚上"等手势的手型由平伸张开变为合拢；"白天"等手势的手型由平伸张开变为合拢；"蹲"等手势的手型由张开变为合拢；"警察"、"发展"等手势的手型由完全合拢变为张开。上海手语中涉及"开合 Δ"节点下[张开]和[合拢]两个音系特征的手势举例及其在韵律模型框架下的音系表征见表3-7。

表3-7　上海手语中发生手型改变的手势及其音系表征

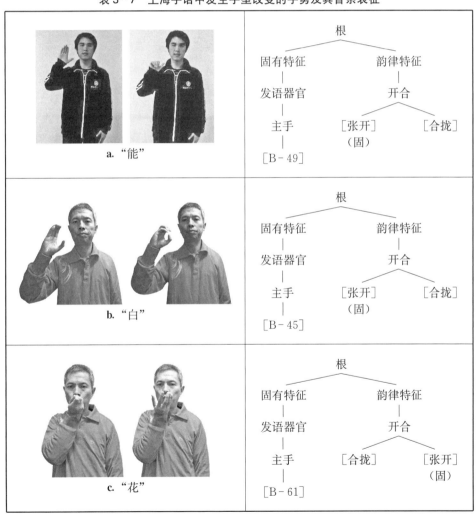

续 表

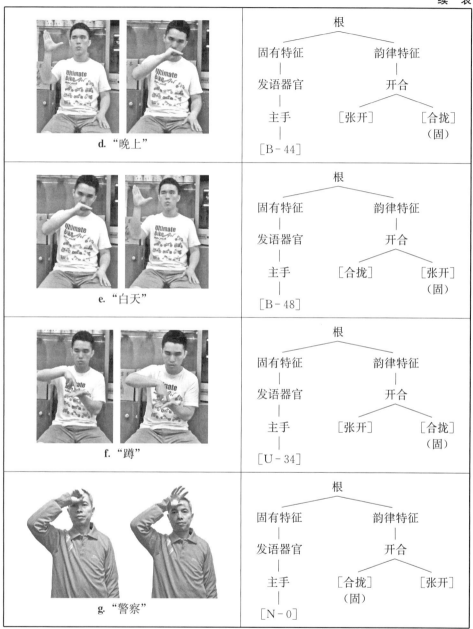

注：为了表述简洁，此处的手型音系表征没有展开被选手指的赋值，只用手型编号标示手势的起始手型。

从表 3-7 的音系表征中可以明显看出韵律特征具有序列性。在开合节点下的两个特征[合拢]和[张开]的先后顺序会直接影响到手势的输出。在开合变化的两个手型中，有一个是起始手型，另一个是变化后的最终手型。两个手型都具有音系表征区别，至于哪个手型是底层手型，哪个手型是音位变体，并不具有系统性。Corina(1993)指出在开与合两个手型中，底层手型具有更强的音系突显性，这表现为作为音位变体的手型会被底层手型所同化。比如手势"能"，初始手型为完全张开，由完全张开变为合拢时手型合拢的程度其实并不特别重要。如表 3-7 所示，"能"的终止手型并没有完全合拢，终止手型受到了初始手型的同化。根据以上分析，我们判定在"能"这个手势中，初始手型为底层手型，终止手型为音位变体。再如手势"蹲"，初始手型为食中指张开，但张开的程度并不会对手势造成影响，甚至初始手型在开始手型变化前已经有了略微的弯曲，然而终止手型是非常明显的爪型弯曲。因此我们判定在"蹲"这个手势中，终止手型为底层手型，初始手型为音位变体。在本文所给出的例子中，固有特征下所标注的手型为底层手型。在韵律特征[张开]或[合拢]下方小括号内的"固"字即表示带有该特征的手型为底层手型，与固有特征相对应，可以是初始手型(如"能"、"白"、"警察")，也可以是终止手型(如"花"、"晚上"、"白天"、"蹲")。语言中底层和表层的关系并非一定是时间的序列关系，有声语言中也有变化后的形式可能是底层形式。如有些汉语方言的连读变调，我们通常默认汉语方言早期的声调都如中古汉语的四声八调，在长期的历时音变中有些声调中和(合并)了，但连读变调后的输出形式可能回归了早期的底层声调。有声语言中一些音段的中和现象的回归对立，通常都是变化后的形式是原来的底层形式。手语中的手型变化也是同一道理。

3.4 其他手控特征

在韵律模型中，除了上述提到的不同节点下各种特征之外，还涉及到其他 3 个特征，即[接触]、[交替]和[对称]。[接触]是指发语器官与发语位置相接触或在某些双手手势中主手与辅手相接触。如表示发语器官与发语位置相接触，[接触]特征放于发语位置节点下。如上海手语单手手势"学"，其手势图和音系表征见图 3-20。

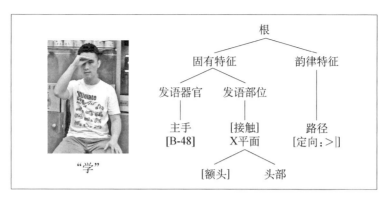

图 3-20 发语器官与发语位置相接触的手势举例

图 3-20 表明，手势"学"是单手手势，主手持 B-48 手型（ ），拇指接触额头，其音系表征为发语部位赋值[接触]的是 X 平面的头部特征[额头]。如表示双手手势的主手和辅手相接触，[接触]特征位于发语器官节点下，如"朋友"是双手手势，其手势图和音系表征见图 3-21。

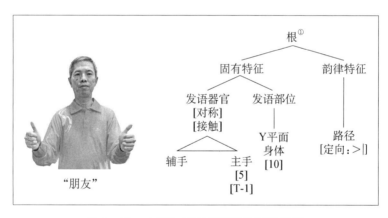

图 3-21 主手与辅手相接触的手势举例

图 3-21 表明，上海手语的"朋友"是双手手势，持 T-1 手型（ ），双手掌心相对，在胸前同时从两边向中间移动，主手和辅手对称接触，因此[对称]和[接触]特征在发语器官节点下。

---

① 此处手势"朋友"的音乐系表征图示中，[对称]特征表示辅手与主手呈镜像关系，在下文中将作进一步说明。辅手和主手结点之间的水平连线表示辅手带有主手的韵律特征，在介绍双手手势时将对此做进一步说明。

与双手手势有关的另一特征是[交替]，用于表征主手和辅手发生交替运动的状态。在韵律模型中该特征放在辅手节点下。在上海手语中"动作"、"历史"、"交流"等手势都带有[交替]特征，如图3-22所示。

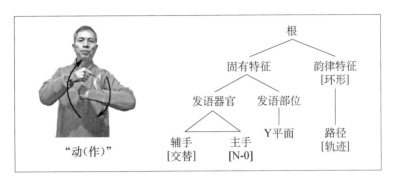

图3-22 带有[交替]特征的上海手语手势举例

在图3-22的手势中，主手和辅手的接触是对称的，因此赋值[接触]和[对称]两个特征。[对称]也只出现在双手手势中，用于额外表示主手和辅手之间的方向关系。如表3-1所示，主手和辅手都可以分为8个具体的发语位置。在双手手势中，如果主手和辅手同时运动，且主手和辅手的对应发语位置彼此相像，则该手势带有[对称]特征。图3-22说明带[交替]特征的双手手势往往是辅手围绕主手交替出现，因此[交替]位于辅手之下。在上海手语中，凡是双手手型一样时，带[对称]特征的手势远多于带[交替]特征的手势，如上海手语中，"关"、"朋友"、"正"等都带有[对称]特征，如图3-23所示。

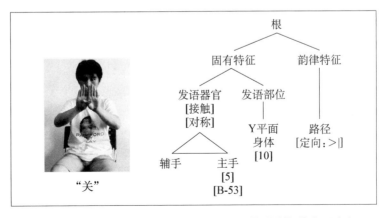

图3-23 带有[对称]特征的上海手语手势"关"的音系表征

第三章 手势中的位置、掌向与运动的音系分析

图3-23手势"关"的主手和辅手的手型和运动都相同。在该手势中，主手和辅手的发语位置[5]（即被选手指靠拇指一侧）在音系上起主导作用。主手[5]与辅手[5]在Y平面的[中性空间]位置接触决定掌心一定朝外，而且主手[5]与辅手[5]彼此相像。因此双手手势"关"带有[对称]特征。

如上所述，[交替]和[对称]两个特征都只出现在双手手势中，用于表征主手和辅手之间的关系。双手手势的音系表征将在下一小节中作详细讨论。

3.5 双手手势的音系表征

手语中双手手势的存在是手语和有声语言之间的重要差别之一。如果手是手语的发语器官，手语中的大量手势涉及主手和辅手两个发语器官，而有声语言从声门到口腔和鼻腔出口只有一套发音器官。因此，从语言的载体形式看，人们在打手势时双手的表现与任何一种有声语言发语器官的表现都不相同，这也是手语的同时性结构非常复杂的原因之一。如何在音系学的框架下处理双手手势引起了许多学者的特别关注（Brentari，1990；Perlmutter，1991；Sandler，1993；van der Hulst，1996）。

人类的双手看似两个完全对称的器官，但研究表明手语中两只手的地位和表现并不相同（Battison，1978）。主手起到明显的主导作用，用于完成绝大多数的单手手势和指拼，并且在双手手势中拥有绝对的自由度；辅手不能单独出现，在双手手势中辅手的手型和运动都受到诸多限制。Battison（1978）提出单语素的双手手势都需要符合两大条件：对称条件和支配条件。

Battison（1978：28—30）根据主手与辅手之间的关系将双手手势分为三种类型。类型Ⅰ：主手和辅手都处于活动状态，辅手手型与主手相同，辅手的运动与主手对称或交替。在上海手语中，这样的双手手势有"朋友"、"关"、"动（作）"等。类型Ⅱ：辅手的手型与主手手型一致，但主手活动，辅手静止。在上海手语中，这样的双手手势有"真"、"共（产党）"、"做"等。类型Ⅲ：辅手的手型与主手手型不同，且主手活动，辅手静止。在上海手语中，这样的双手手势有"加(班)"、"在"、"(血)压"等。在韵律模型中这三种双手手势的音系表征可标识如表3-8。

表3-8　三类双手手势的音系表征

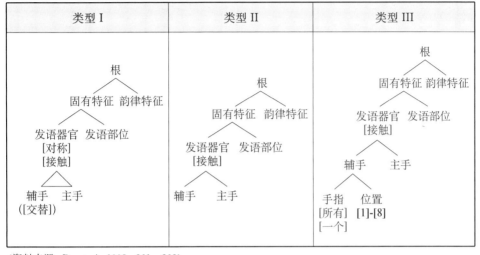

(资料来源：Brentari, 1998：261—262)

表3-8中所出现的特征都已在上一小节中做了介绍，三类不同双手手势有明显的音系区别性，其音系表征说明：1)只要是双手手势必定给"发语器官"赋值[接触]特征；2)相同手型和相同运动无论是否交替进行必定是对称的；3)无论主手和辅手手型是否相同，如只有主手运动，辅手不动，必定是不对称的。对于双手手势的音系表征，除了上述三点特征，还有两点需要说明：

1) 如果辅手节点下没有任何其他节点，则表示辅手与主手手型相同，共享同一套被选手指的音系特征，如类型Ⅰ和类型Ⅱ。如果在辅手节点下赋值了手指和位置，则说明辅手与主手的手型不同，辅手有独立的手型音系表征，如类型Ⅲ。

2) 如果有一条水平的横线将主手和辅手两个节点相连，则表示辅手可以获得主手的韵律特征，即辅手与主手的运动状态相同，如类型Ⅰ。反之，辅手不带有任何韵律特征，即辅手处于静止状态，如类型Ⅱ和类型Ⅲ。三种类型的双手手势举例如下表所示。

表 3-9　上海手语中三类双手手势的韵律模型表征

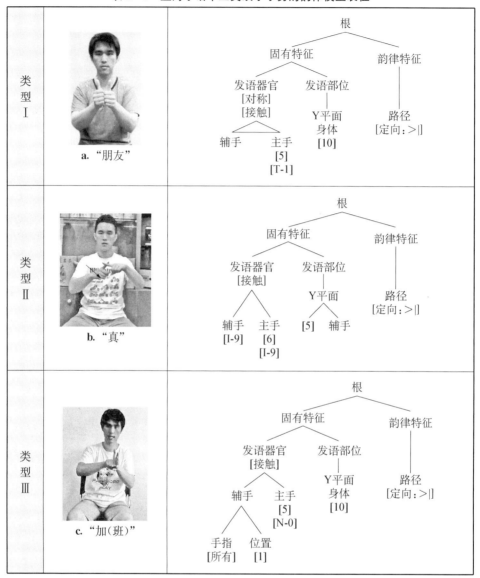

表 3-9-a 上海手语手势"朋友"的音系表征在发语器官下的辅手和主手是连接的，表明辅手和主手享用一套完全相同的特征，双手处在 Y 平面的[中性空间]位置。表 3-9-b 说明，辅手与主手虽手型一样，但接触点不同，且主手动，辅手不动；故既没有[对称]特征，也不相互连接。表 3-9-c 说明主手与辅手不仅手型不同，接触点也不同。

在上海手语中还存在少数比较特殊的类型Ⅲ手势。在这些双手手势中，辅手和主手的手型不同，但是辅手却同主手一起运动，如手势"尊敬"、"重"等。这样的手势表面上看与 Battison(1978)提出的支配条件相违背，但实际上在这种双手手势的辅手没有独立运动的资格，它只是依附于主手运动。这种情况在韵律模型下的音系表征可标识如图 3-24。

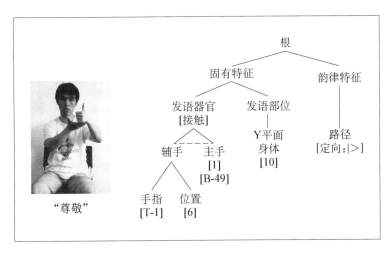

图 3-24　特殊类型Ⅲ手势"尊敬"的音系表征

图 3-24 手势"尊敬"中辅手的运动属于同化现象。主手在运动过程中托住辅手，带动辅手一同向上运动，因此辅手仍然是被动的，虽然主手和辅手手型不同，而运动一致，但并不违背 Battison 提出的支配条件。在韵律模型的表征中，辅手节点与主手节点用横向的虚线连接，表示辅手因为同化现象获得了主手的韵律特征。

3.6　小结

本章讨论了在韵律模型框架下上海手语中构成手势的位置、掌向和运动的音系表征方式及其音系结构。在韵律模型框架内，手势构成四大要素之三的方向、位置和运动的音系表征与手型一样,通过特征赋值和层级结构得到了科学、严谨的展示。在韵律模型中,方向、位置与手型一起都放在固有特征节点下,运动则作为一个独立的分支放在韵律特征节点下,这也正是韵律模型的独到之处。本章3.1小节系统、全面地阐述了上海手语位置音系表征。根据语料,我们认为在上海手语中,X,Y和Z三个平面将手势发生的位置分为三个维度。其中X平面是代表身体部位的平面,可以进一步分为头部、身体、手臂和辅手四大主要区域,其中头部又可以细分为9个发语位置(另有三个Z平面的头部位置),身体可以细分为8个发语位置(另有一个Z平面的"身体一侧"和Y平面的"中性空间"两个部位),手臂和辅手可分别各细分为8个发语位置。本章3.2小节讨论了上海手语手型方向的音系表征。在表达手型方向时,主手也可以分为8个部分,主手的其中一个部分在音系上起主导作用。手的方向由主手的某一部分和发语平面之间的关系来表现。本章3.3小节分析了上海手语运动的音系表征。运动是手势构成四大要素中唯一的动态要素,也是最复杂的要素。运动可以根据所涉及关节的不同分为由设定点改变形成的运动、带有路径特征的运动、由方向改变形成的运动及由开合变化形成的运动。本章3.4小节进一步说明了[接触]、[交替]和[对称]这三个特征在上海手语音系表征中的作用。3.5小节阐述了上海手语双手手势中主手与辅手的关系,合格双手手势的音系规约及双手手势结构的音系表征;举例说明了三种类型的双手手势:双手手型相同,或对称或交替运动;双手手型相同,主手运动,辅手静止;双手手型不同,主手运动,辅手静止或辅手伴随主手运动。

本章通过阐述构成上海手语手势的位置、掌向和运动三大要素的音系表征,充分展现了手语作为人类自然语言的音系结构方式及音系的表达形式,科学、严谨地解析了手语与有声语言一样的语言机理,手语同有声语言一样都有基于特征赋值的、系统的音系层级结构。本研究第二章和第三章对上海手语手势构成要素的音系结构和音系表征是下一步讨论上海手语音节结构的基础,以此为基础,第四章将系统阐述手语音节的理据及其特点。

第四章 手语音节的理据与特点

手语有音节吗？这个问题不仅对一般人群，而且对于许多不专门从事手语语言学研究的语言学者来说都感到困惑，他们中的大多数都认为，手语有词汇，有句法，甚至可以接受手语有音系，但却不能接受手语有音节。许多人认为，手语是通过手势动作及表情体态来表达意义的视觉语言，手语作为无声语言怎么会有音节。普通语言学基于有声语言的事实，认为音节是人类语言的自然属性，人们说话时需要通过音节来突显语流强弱节奏，听者也需要通过音节来切分语流的构成，音节使语言变得动听，使口头交际成为可能。如果我们承认手语也是人类自然语言，是人类语言的另一种形式，作为自然语言的手语也一定有音节这个自然语言的属性。因为手语也需要通过"音节"来突显语流强弱节奏；视者也需要通过"音节"来切分语流中手势的构成。如果手语也有音节，那么手语音节存在的音系理据是什么，手语音节的形式怎么体现，根据什么来界定手语音节，手语音节有什么类型，手语音节的内部结构有什么特点。这些问题一直是手语音系学讨论的重要课题。

从 20 世纪 80 年代开始，有关手语音节的研究就成了手语音系学研究中的一个热门话题(Jantuen & Takkinen，2010)。许多学者对手语的音节展开了调查和研究，如 Wilbur(1991)、Perlmutter(1992)、Sandler(1993b)和 Brentari(1998)等分析了美国手语的音节；van der Kooij(2002)等分析了荷兰手语的音节；Nespor 和 Sandler(1999)等分析了以色列手语的音节；Jantunen(2006)，Jantunen 和 Takkinen(2010)等分析了芬兰手语的音节。这些研究中，对美国手语的音节研究最为深入和系统。国内相关领域的研究，到目前为止，除了杨峰和张吉生

(2011)、张吉生(2016)及杨峰(2016)对上海手语的音节有初步探索之外，还没有任何其他对中国手语音节的系统分析研究。本研究以当代音系理论为依据，结合跨语言的手语语料，通过对上海手语语料的仔细观察和系统分析，并通过对比分析手语语料和有声语言的音节结构，系统阐述手语音节存在的理据及表现形式，手语的音节类型及音节结构特点，深入揭示手语的音系理据及其特点。

4.1 手语音节的理据

在有声语言中，音节是一个十分重要的音系单位，音节是许多音系规则的作用域，也是许多音系制约条件的辖域。如果没有音节这一概念，那么许多语言现象就无法解释。譬如，假使没有音节结构，语言中的许多音段序列限制规则(phonotactics)就失去意义。如我们说，英语中[tm]不能相邻出现，因为英语中不可能有＊[tm-]开头或＊[-tm]结尾的音节。所谓不能相邻出现是指在一个音节单位内。如[t]和[m]不在同一个音节就不受音段序列限制规则的制约，如英语中有 atmosphere 一词。另外，许多语言(如德语、荷兰语、俄语等)有音节末阻塞音清化规则，按照这个规则，一个浊阻塞音在音节末(或韵尾位置)就变清音，但如不在音节末(或韵尾位置)就不会清化，例如荷兰语"蟾蜍"的形态结构是/pɑd/，表层音系结构是[pɑt]，但其复数的表层形式是[pɑdən]，为什么词干末的齿龈塞音有清浊两种变化([d]和[t])，如果没有音节结构，就没法解释语言中的这种阻塞音清化规则。如汉语普通话中，[xian]"先"的读音完全不同于与[xi'an]"西安"①，因为前者是一个音节，后者是两个音节，如没有音节概念，就无法解释两者的区别。

大量跨手语的研究表明(Brentari，1998；Sandler & Lillo-Martin，2006；van der Kooij & Crasborn，2008 等)，音节在手语的音系分析中也是不可或缺的重要单位。跟有声语言一样，手语中的音节也是一些音系制约条件的辖域。

---

① 此处方括号里标注的是汉语拼音，而非国际音标。

如荷兰手语中被选手指制约条件和单一区域制约条件的作用域都为音节。前者表示在同一个音节中被选手指的赋值不可变;后者表示在同一个音节中只能有一个大的发语区域(详细说明见 van der Kooij & Crasborn,2008)。在美国手语和以色列手语中同一个音节内部的手指关节赋值和手的方向赋值最多只有两种(Sandler & Lillo-Martin,2006:222)。Brentari(1998)、Sandler 和 Lillo-Martin(2006)等都认为,美国手语中发生在同一个音节内部的路径运动和本地运动必须是相同的起止边界。所有上述现象都需要音节这个概念才能清晰合理地阐释手势构成的合法性,因此音节这个单位对手语音系学的研究至关重要。

结合上海手语和不同国家手语的对比分析,本研究认为,手语音节作为手语中一些音系制约条件的辖域,表述如下:

(1) 手语音节辖域内音系制约条件

a. 一个音节单位内手型的被选手指不能变;

b. 一个音节单位内手势的起止位置只能各有一个(即只有一个路径运动);

c. 一个音节单位内支配路径运动的关节不能变。

譬如,许多国家的手语都有下列手型(横向的区别是不同的被选手指;纵向变化是不同手指构造)。

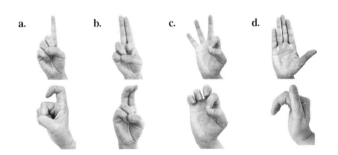

图 4-1 被选手指和手指构造之间的区别

大量跨语言的语料证明,手语中一个单语素手势的手型通常没有如图 4-1 横向之间的变化;但可以有纵向的变化;因为横向之间的变化是被选手指改变,而纵向的变化只是手指构造(finger configuration)的变化。根据(1)a,一个音节内不允许有被选手指的改变,由于手语中的绝大多数手势都是单音节,因此一个手势的被选手指往往不变。但允许手指构造的变化,即被选手指造型的改变,这是音节单位内掌指关节支配的本地运动。如图4-2-a是合法手势,但图4-2-b是不合法手势。

a."白天"(上海)　　　　　　　b.(不合法手势)

图4-2　合法手势与不合法手势

图4-2-a是上海手势"白天",该手势涉及一个由肘关节支配的路径运动改变了手的位置,一个由掌关节支配的本地运动改变了手型(手指构造),但被选手指不变,这是一个单音节手势。van der Kooij和Crasborn(2008)认为,图4-2-b的手势在荷兰手语中是不存在的,因为它在一个起止点运动(即一个音节)的手势中既改变了位置,又改变了被选手指,违反了手语音节辖域内音系制约条件(1)a的规定。类似图4-2-b这样的手势在上海手语中也不存在。当然,手语中也有一些手势会改变被选手指,如上海手语"变化"(见图4-5)是一个复合词手势,这个手势有两个语素构成,"变"的被选手指是中指和食指,"化"的被选手指是五指(如图4-5所示),显然,这是个双语素双音节的手势。一般如果一个手势有两个音节,这往往是一个双语素手势。手语中单语素双音节的手势也有,但极少,如上海手语"东西(物品)",见图4-3。

图4-3　上海手势"东西"

图4-3上海手语"东西(物品)"的手势从开始的小指和食指两个被选手指变为小指、无名指、中指和食指四个被选手指,被选手指变了。但图4-3是一

个双音节手势，它仍没有违反(1)手语音节辖域内音系制约条件。"东西"这个手势有两个相反运动方向，即两个起止位置，构成两个运动：第一个运动，双手(被选手指为食指和小指)从双肩并行处向胸前中心移动碰触；第二个运动，双手(被选手指为五指)从接触点向反方向移动，被选手指的改变发生在不同的运动起点。显然，这是有两个不同起止点运动的双音节手势，第一个音节的被选手指不同于第二个音节的被选手指。因此，图4-3是上海手语中的一个双音节单语素手势。在手语的音系分析中，我们可以用(1)b的音系制约条件来鉴别一个手势是单音节，还是双音；是符合语法的，还是不合法的。

大量语料充分证明：音节在上海手语的语言结构中是不可或缺的结构单位。手语中的音节与有声语言的音节一样，决定着"音段"序列的限制规则，这个结构单位是一些音系规则运用的辖域，如果手语没有音节，我们就无法界定什么是合法手势，什么是不合法手势。

4.2 手语音节的界定

语言学界对有声语言音节的界定尚无统一标准的定义，不同的视角采取不同的方法，有不同的定义。有一种方法是通过一个音的固有响音度来定义音节，Ladefoged(1975)把响音度定义为在时长、重音和音高等因素都相同的情况下，一个音与其他音相比较所得出的相对响度。比如在[i, e, ɑ, o, u]五个元音中，低元音[ɑ]在其他因素相同的情况下响度最大，因此具有最大的响音度。在一个语音串中每出现一个响音峰即代表有一个音节。另一种方法是用一个音的突显性(prominence)来定义音节。突显性是综合了响音度、时长、重音和音高等因素的一个概念，能够弥补仅根据响音度来定义音节的不足，但是突显性没有办法量化，一个音突显性的大小完全是主观的判断，这也是该方法的不足。还有一种方法与前两种完全不同，它放弃了从音的感知属性来定义音节，而变成从发音原理来定义。Stetson(1951)认为，每一个音节都是由胸腔的脉动所发动的，每一次胸腔肌肉的收缩就形成一个音节。但是后续的研究表明

Stetson 的音节定义方法并不具备足够的说服力。第四种方法是将音节看作是言语运动控制的单位。如当口误发生时,在两个音节相同位置的辅音会相互交换,比如人们有时会不小心将"Kiss Clare"误说成"Kliss Care"。像这样的口误现象,在没有音节这一概念的情况下很难解释。但是该方法并没有明确地说明该如何定义一个音节,以及如何确定在一个语音串中共有多少音节。

4.2.1 音节界定的参数

虽然对有声语言音节的界定有不同的理解,但语言学界基本达成共识,认为:"音节是这样一种结构:它具有一个对气流没有或很小阻碍的中心,这个中心的响度相对较大,中心的前后对气流的阻碍越来越大,响度变小。"(Roach,1991:67)也就是说,音节的结构主要是通过响度来体现的,一个合格的音节,其响音度从韵核到边界呈下降趋势,或从边界到韵核呈上升趋势,这一原则称音节的响度序列原则(Sonority Sequencing Principle,以下简称 SSP)。音节的响度通过音段来实现,音段的响音度从弱到强的排序如下(根据 Roca,1994:152):

(2) 音段响度排序(从低到高):塞音<擦音<鼻音<流音<滑音<元音

在一个合格的音节结构内,音段的序列严格受到 SSP 原则的制约。如英语 change/tʃeɪndʒ/只有一个音峰(元音/e/响度最高),因此这是一个单音节词。汉语【变化】bian·hua 有两个音峰(两个元音/a/)构成两个音节,音节的边缘响度最低,从音峰到音节的边缘响度呈下降状。如果把音节的响度通过语图来观察,我们可以清晰看到视觉强弱的表现,如图 4-4 所示。

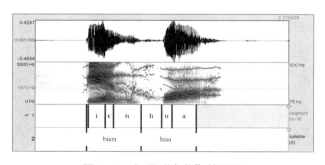

图 4-4 汉语"变化"的语图

图 4-4 说明，汉语"变化"两个音节的音峰在语图里表现为两个视觉强度高峰，从这个意义上讲，音节的核心不仅具有最大响度，同时也具有最强的视觉度，音节的边界视觉强度减弱。手语是无声语言，从传统的角度看手语与响音度没有任何直观的联系，那手语的音节与有声语言的音节界定方法就没有借鉴参考的价值。从上世纪 80 年代开始，一些学者(Ohala & Kawasaki, 1984; Ohala, 1990)开始对响音度进行重新定义，使响音度的概念变得更为宽泛。传统意义上的响音度只跟语音学上的响度(loudness)相关联。重新定义后的响音度指的是与某个音段的感知凸显性(perceptual salience)相关的固有属性，往往响度越高，感知突显性越强。但感知突显可以是听觉的，也可以是视觉的，因此有声语言涉及感知凸显性，手语同样也涉及感知凸显性。如此，重新定义的响音度的感知突显概念，为听觉响音度跨越到视觉响音度搭起了一座桥梁，也为研究手语的音节奠定了理论基础和研究思路。

手语是视觉语言，在手语的语流中我们可以明显感觉到手势的视觉度强弱的变化。普遍认为，手语的基本单位是手势(最小独立意义单位)，手势由四个基本要素构成：手型、掌向、运动和位置。在这四个基本要素中，运动产生的视觉度最强。如上海手语中"变化"的手势表示如图 4-5。

图 4-5 上海手语"变化"的手势

图 4-5 表明，上海手语"变化"的手势涉及两个运动：第一个运动是主手持 U-32 手型( )，掌心朝下，手腕翻转使掌心朝上；第二个运动是主手起始时持 B-61 手型( )(五指并拢，掌心朝上)，小手臂向上抬起，同时五指分开，使 B-61 手型变为 B-57 手型( )。视频中可以清晰看到"变化"手势中两个不同运动所反映的两个不同强度的视觉效果，即不同的视觉强度产生的

两个感知强度。由此可见,手语中由手型、掌向、位置和运动组成的一个手势单位,其视觉度最强的是运动,运动的前后视觉度减弱。手势中的这种视觉强度的变化同有声语言中的响度的变化一样,折射的是感知凸显度。这种感知凸显度的变化及变化模式(弱-强-弱)就是语言接受者(无论是有声语言还是手语)感知音节单位的主要依据。因此,如果从感知凸显度来识别音节,手语与有声语言一样:构建音节和界定音节的认知基础一样;心理感知的结果也一样。两者唯一的区别是不同的物理形式:有声语言采用声波为载体,突显的是音高模式;手语采用视觉通道为载体,突显的是视觉冲击度。这是两种不同语言形式采取不同载体的结果。

对有声语言中响音度的理解,除了可以从感知的角度出发,也可以从发音机制的角度出发。有声语言的响音度与发声通道的张开程度有关,发声通道的扩张程度越大,发出音的响音度就越大。在发元音时发声通道总是张开的,低元音张开得最大,因此低元音响度最大。而在发辅音时,发声通道都有一定程度的闭合或气流受阻;因此元音的响音度要高于辅音。手语中手势的视觉度,即感知凸显度也可以从发语机制的角度进行分析。Brentari(1998)提出,手语的视觉度强弱与运动发生过程中所涉及关节靠近躯干的程度有关。手语中手势运动发生过程涉及五种不同的关节,包括:肩关节、肘关节、腕关节、掌关节及指关节(后两个关节也称基关节和非基关节)。肩关节离躯干最近,而指关节离躯干最远。根据人体的生理构造,运动所涉及的关节离躯干越近,该运动的幅度越大,视觉度就越强;运动涉及的关节离躯干越远,该运动幅度就越小,视觉度就越弱。因此,支配运动的关节与该运动的在手势中的感知度有直接关系。Brentari(1998)根据关节靠近躯干中心线的程度提出了手语视觉度的等级排序,如(3)所示:

(3) 运动视觉强度排序(从大到小):肩关节运动>肘关节运动>腕关节运动>掌指关节运动>指关节运动>颤动

上述手语运动的视觉度对应有声语言的响音度,体现的都是感知突显度。如果音节根据响音度来界定,那么手语中运动的视觉度就相当于手语音节的"响音度"。如果把Brentari(1998)的手语运动的视觉度与有声语言中音段的响音度进行对比,我们可发现,以视觉通道为载体的手语与以发声器官为通道的有声语言,在语言产出的感知突显性的方面有十分相似的结果。这种结果也可统称为"响音度",对比结果如表4-1所示。

表4-1 手语响音度与有声语言的响音度的对应

手语中单个运动的响音度 (Brentari 1998)			有声语言的响音度 (Kenstowiez 1994)	
特征	关节	视觉值	特征	响音值
设定点	肩关节	6	低元音	6
路径	肘关节	5	非低元音	5
方向	腕关节	4	滑音	4
开合	掌关节	3	流音	3
	指关节	2	鼻音	2
颤动	掌指关节	1	阻塞音	1

在表4-1中,Brentari根据关节的生理构造给每一种关节所产生的运动都赋了一个视觉值。掌指关节颤动的视觉度最低为1,因为颤动的幅度一定很有限;根据关节离身体从远到近的距离或不同的运动设定点为2至6。表4-1说明,Brentari提出的手语运动视觉度与有声语言音段响音度完全对应,如果人类语言的音节都必须遵守SSP原则,那么手语手势的音节也一定遵循运动的"响音度"等级排序。

根据Brentari(1998)对跨语言的手语语料的分析,手语中的运动可分为两类:路径运动和本地运动。在(3)中响度最高的肩关节运动和肘关节运动是路径运动,因为由肩关节或肘关节支配的运动会改变手型的位置,如图4-6-a荷兰手语"成长"(肩关节运动)和图4-6-b上海手语"进步"(肘关节运动),图示如下:

a."成长"(荷兰)   b."进步"(上海)

图4-6 带路径运动的手势

图 4-6-a 是荷兰手语中通过肩关节支配的运动表达"成长"的手势；图 4-6-b 是上海手语中通过肘关节支配的运动表达"进步"的手势。两者运动都是路径运动，很明显，（主手）手势通过运动从一个位置移动到另一个位置，就运动的幅度（即视觉强度），肩关节支配的运动比肘关节支配的运动幅度大，视觉强度大，表现了手语音节的"高响音度"。手语响音度等级(3)中的腕关节运动、掌关节运动和指关节运动都是本地运动，本地运动不导致手型位置移动，但引起手型变化，显然"响音度"远不如路径运动，如图 4-7 所示。最后一种颤动既不改变手型位置，也不改变手的形状，只是手指的颤动，"响音度"最低，如图 4-7-c。

a. "翻译"（上海）   b. "伞"（上海）   c. "假"（上海）

图 4-7　带本地运动的手势

图 4-7-a 是上海手语的"翻译"，主手持 U-32 手型（），手心朝外，通过腕关节支配的运动翻转手掌，使手心朝内。图 4-7-b 是上海手语的"伞"，主手通过掌关节支配的运动使闭合的手掌撑开。图 4-7-c 是上海手语"假"，主手持 B-36 手型，四指颤动，不改变手型。上述图 4-7 中三个手势所反映的不同运动说明了 Brentari(1998)提出的手语响音度层级，如(3)所示。

但是，Brentari 以发语机制为基础的响音度层级结构也遭到了一些学者的质疑。如 Sandler 和 Lillo-Martin(2006)反对 Brentari 对手语音节响音度的处理方法，他们认为如果把手语的响音度和运动的幅度相关联会混淆响音度(sonority)和音强度(loudness)两个概念。但是如果参照 Ladefoged(1975)对响音度的定义：响音度是在时长、重音和音高等因素都相同的情况下，一个音与其他音相比较所得出的相对响度，要想把响音度与音强度完全区分成两个不同的概念是不容易的。另有一些学者并不反对从发语机制的角度出发，去阐释手语音节的响音度，但他们（根据 Jantunen，2005，2006，2007）认为，Brentari 提出的手语响音度层级结构不够完整，Brentari 的响音度层级只包含了与手有关的运动，忽略了表情体态等非手控特征的运动。Jantunen(2005)以芬兰手语为例，提出在芬兰手语中有一些手势只包含非手控运动，因此非手控运动也应该放入手语音节响音度的层级结构中。根据 Jantunen(2005：56)，手语响音度层级结构表示如下：

（4）包含手部运动和非手运动的响音度层级结构

上身和头部运动＞肩关节运动＞肘关节运动＞腕关节运动＞掌关节运动＞指关节运动＞口部运动

从(4)可以看出，Jantunen 在 Brentari 的基础上补充了上身和头部运动以及口动。Jantunen(2005)认为上身和头部虽然在生理结构上可以独立运动，但在很多手势中都是作为一个整体运动。上身和头部运动要比所有的手部运动的响音度都大，而口动的响音度要小于所有的手控运动。

Brentari 和 Jantunen 的响音度层级都只反映运动的视觉强度，但 Sandler(1993)认为，手语的响音度还应该包含静态位置，他(1993：254)提出了静态和动态相结合的手语响音度层级，如(5)所示：

（5）美国手语响音度层级（从小到大）

与身体相接触的位置＜单纯的位置＜带有颤动的位置＜带有接触的运动＜本地运动＜路径运动＜路径运动和本地运动同时发生＜路径运动和带有颤动的本地运动同时发生。

综上所述，学界对手语响音度的理解仍存在一定争议和不同界定，但是对运动在手语音节中的核心地位却广泛认同。手语研究学者们(Corina，1990；Permutter，1992；Sandler，1993；Brentari，1998 等)一致认为运动是感知凸显性最大的因素，即运动在手语音节中起到"音峰"的作用，而手语的音节是由其他参数(包括手型、掌向、位置等)围绕着"运动"组成的单位。

4.2.2 静态手势和动态语流中的音节界定

界定一个孤立手势的音节单位或数量相对比较容易，标准一旦确定，无论采用(3)、(4)还是(5)的参数标准,对号入座即可。但如要界定语流中手势串的音节数情况就要复杂得多,因为手语在语流中会发生类似省略、同化、连读等"音变"。这跟有声语言一样,语流中的音节界定比较复杂,如英语"It is"是两个音节,但连读成"It's"就是一个音节。Brentari(1998)基于对美国手语的分析,提出了界定语流中手势音节数量的几条标准,如(6)所示:

(6) 界定音节数量的标准(Brentari,1998:6)

a. 一段手势串中,音节的数量与其包含的一系列音系动态单位的数量相同;

b. 如果几个时长较短的动态单位与一个时长较长的动态单位同时发生,音节数按照时长较长的单位来计算;

c. 当两个或两个以上的动态单位同时发生,只算作一个音节;

d. 如果一个结构是一个独立的词,那么该结构可视作一个合法的音节。

Brentari 提出的上述几条界定语流中连续手势的音节数量标准与前面(1)独立手势的音节界定标准一致,但角度不同。她在(6)中指出:在确定语流中的音节时要关注的是一系列"音系"动态单位。"音系"动态单位指是的词汇运动而不是过渡运动。如上海手语手势"服务"(见图4-8-a),主手沿着辅手手臂由下向上划动两次,这两次运动为"音系"动态单位;而两个词汇运动之间主手从上到下移回原位的运动为过渡运动,不属于"音系"动态单位,因此手势"服务"只含有两个音节。语流中音节数量界定标准(6)b针对的是当颤动与其他运动(本地运动或路径运动)同时发生的情况。颤动为多次发生且时间较短的动态单位,本地运动或路径运动为时间较长的动态单位,在确定音节时以时间较长的动态单位为准。如上海手语手势"鱼"(见图4-8-b),由掌指关节产生的颤动和由肘关节产生的路径运动同时发生,音节的数量以时间更长的路径运动为准,因此"鱼"是一个单音节手势。图4-8-c反映的是本地运动与路径运动同时发生的情况,同时发生的动态元素都算作一个音节。如上海手语手势"白天"(见图4-8-c),在弧形的路径运动发生的同时手由合拢变为张开,虽然"白天"含有两个动态元素,但两种运动的边界一致,因此只有一个音节。(6)d针对的情况不多,在上海手语中发生的几率也较低。类似这种手势在某一个发语部位只发生颤动而没有任何其他本地运动或路径运动,这种没有明显路径运动或本地运动的手势也是一个音节。如上海手语手势"富"（见图4-8-d），双手拇指顶住胸口，其他四指点动，是一个单音节手势。以上不同运动形式的手势如图4-8所示。

a."服务"　　b."鱼"　　c."白天"　　d."富"

图4-8　音节的不同运动方式手势举例

图4-8不同运动方式手势的音节界定还是相对比较容易，因为上述不同运动方式手势都处于独立状态，不是语流中的连续手势。语流中手势串的音节界定就要复杂得多，请看以下上海手语一小段语流片段。

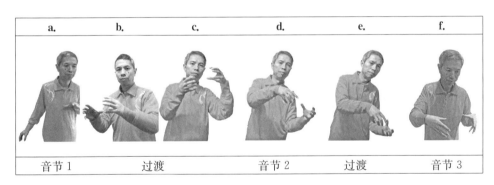

音节1　　过渡　　音节2　　过渡　　音节3

图4-9　上海手语语流中的手势举例①

如图4-9所示，这是一段截取自实际语料的非常简短的语流，该语流表达的意义是："（有一个）保龄球，将这个球从高处往下扔，球（掉进下水道后）滚动下落"。根据(6)中Brentari提出的判定语流中音节数量的标准，图4-9这段

---

① 此处的上海手语语流来源于由动画短片"*Tweetie Bird and Sylvester*（《鸟和猫》）"引导出的上海手语语料。《鸟和猫》视频共6分20秒，根据故事情节分成7个部分。在采集语料时，让参与拍摄的聋人观看视频，每一部分结束时暂停视频，并让聋人用上海手语将所看到的故事表达出来。

语流截图包含三个音节。其中从图4-9-a发展到图4-9-b的过程属于第一个音节。虽然该过程同时涉及肘关节和指关节的运动,但是根据(6)c,两个动态单位同时发生只算作一个音节。从图4-9-b发展到图4-9-c属于过渡运动,过渡运动不属于音系动态单位;因此根据(6)a,从图4-9-b到图4-9-c的过程并不算作音节。从图4-9-c发展到图4-9-d的过程属于第二个音节,此过程只涉及肩关节和肘关节的同时运动,表示球从高处落下。从图4-9-d到图4-9-e也属于过渡运动,不能算作音节。从图4-9-e发展到图4-9-f的过程中,肘关节运动使双手向外伸出同时,双手手腕关节还做了反复的翻转(几个时长较短的动态单位)①,根据(6)c该过程为一个音节单位。手语语流中的动作十分连贯,切分音节比较复杂。关于手语语流中手势串的音节界定还需通过对大量语料的分析作进一步的论证。

4.3 音节的同时性和序列性

在有声语言里,音节的序列性是指音段的序列结构,同时性是指在音段序列的结构单位内同时存在的超音段特征,如重音、声调等。有声语言的音节结构体主要以序列性为主,序列结构复杂,有些语言允许CCCVC,CCVCC或CVCCC结构(如英语有/spred/"spread",/stæmp/"stamp"和/nexst/"next"等),比较极端的像格鲁吉亚语有/prtskvna/(*peeling*)这么复杂的辅音串。凡序列性结构复杂的语言,同时性结构就简单,反之亦然。世界上没有辅音丛的语言往往都是声调语言,如汉语、越南语、非洲语言等,因为没有辅音丛的音节结构简单,所表达的语素数量有限,往往借助声调来表达更多的语义。手语作为单音节语言,音节的序列性结构十分简单(最大结构是PMP)②,但有非常丰富的同时性结构。手语中构成手势的手型、位置、掌向和运动这四

---

① 从图4-9的截图中看不出手腕翻转动作,但看视频很清楚。
② 根据Perlmutter(1992),"P"表示position(位置),"M"表示movement(运动),PMP表示"位置+运动+位置"的音节结构。

大要素中，除了位置和运动不同时发生，其他都可以互相交叉同时发生，如手型、掌向和运动都可以同时发生。有些语言学家（如 Brentari，1998）把手语中的运动看作是超音段成分，因为运动总是伴随着手型音段同时存在，因此她（他）们认为运动不是独立"音段"，而是"超音段"特征。但我们前面已经讲了，这一提法不是很科学，因为：1)位置和掌向也都可以伴随手型同时存在；2)手型音段存在的辖域通常可以跨位置和运动（这一点我们将在 4.4 再作讨论）。另，Jantunen 和 Takkinen(2010)等则认为，手语中的运动就是"元音音段"，具有序列结构中的位置，如一个音节可以是位置＋运动＋位置。

我们认为，手语中的运动分两类：一类是路径运动，即由肩关节或肘关节支配的运动使手型的位置发生变化，使位置与位置之间产生了时间距离和空间距离，如图 4-6-a 和图 4-6-b。这种 PMP 结构的手势，M 的"响度"最大，就是音节的核心，具有序列结构的位置。另一类运动是由腕关节、掌关节或指关节支配的本地运动，本地运动虽不改变手型的位置，但改变手指构造使手形发生变化。这种本地运动在音节中没有序列结构的位置，但它是不同手型之间的快速过渡，这个过渡是动态的，如图 4-7-a，图 4-7-b，图 4-7-c 所示。

如果说，手是手语的主要"发音器官"（Brentari，1998），那么它产出的同时性结构比有声语言口腔发音器官产出的同时性结构要丰富和复杂得多。手语中，不仅仅运动可以伴随手型和掌向同时发生，而且路径运动和路径运动、路径运动和本地运动、本地运动和本地运动都可叠加发生。也就是说，手语中任何一个低一级的关节运动始终可以伴随着一个高一级关节的运动，如芬兰手语"下降"和"文化"，如图 4-10 所示：

a."下降"　　　　b."文化"

图 4-10　芬兰手语举例

在图4-10-a芬兰手语"下降"中,当肩关节运动使竖立双臂向胸前下降时,同时双手的指关节抖动展开手掌的B-56手型(✋)的四指,这是掌指关节颤动伴随肩关节支配的路径运动。图4-10-b是主手的肘关节运动使并拢的Ⅰ-7手型(☝)从前额移开,同时掌指关节活动使拇指和食指展开形成Ⅰ-3手型(👆),这是掌指关节展开运动伴随肘关节支配的路径运动。上述两个手势分别发生了肩关节和肘关节改变手型位置的路径运动,但都同时伴随着掌指关节支配的本地运动。因此,当一个手势中有叠加运动时,下一级关节的运动才是伴随性"超音段特征",既没有序列性位置,也不是韵核,只有上一级关节的运动才是音节序列中的M,即音节的核心,并占有"音段"的序列位置。所以简单地定义运动是"音段"还是"超音段"特征都不够严谨。

然而,正如以序列性为主的有声语的音节具有一定程度的同时性特征一样,以同时性为主的手语音节具有一定程度的序列性特征。如上海手语中"白天"和"晚上"这两个手势都涉及到[缩拢]和[伸展]两个特征,这两个特征先后顺序的不同会直接形成两个不同手型的先后顺序和不同的运动方向,造成语义的对立(见图4-11),可见手语的序列性也是不可忽视的。

a. "白天"　　　　　　　　b. "晚上"

图4-11　上海手语中不同手型和运动序列手势的对比

毫无疑问,手语的音节结构以同时性为主,序列性为辅;同时性复杂、多样,序列性单一、简洁。这是手语音节区别于有声语言音节的主要特点之一。手语音节另一个区别于有声语言音节的特点,是超音段性还是超音节性。

4.4 音节的超音段性与音段的超音节性

在有声语言里,音节作为一个音系的结构单位,它的表现形式是超音段的(suprasegmental),即音节存在的辖域要大于音段。凡音节结构单位才有的一些音系特征都是超音段的,如重音和声调的辖域都要大于音段。在手语中,由于运动始终与某个手型音段同时发生,尤其是路径运动使手型位置发生移动,一个手型可以伴随着运动起始的位置、运动过程到运动结束的位置,即手型音段的辖域可以是整个 PMP,或 PM,或 MP 结构。如果一个 P+M+P(位置+运动+位置)序列是一个音节单位,那么该单位内的手型音段就是一个"超音节"(suprasyllabic)音段,如下列手势中手型的"超音节"性。

a."成长"(上海)

b."遇见"(荷兰)

图 4-12 手型音段的超音节性手势

图 4-12-a 上海手语"成长"的手势是主手持 B-49 手型(),掌心朝下,指尖朝前,通过肩关节支配的运动把手型从胸前抬高过头,在整个运动中手型不变。该手势是一个典型的 PMP 结构,在这个结构中,不变的 B-49 手型音段要跨整个 PMP 音节结构;因此在这个手势中,手型音段是跨音节的。图 4-12-b 荷兰手语"遇见"的双手手势是左右手都持 I-9 手型(),在双肩宽位置两手心相对,指尖朝上,通过肩关节支配的运动使双臂靠近。在整个运动过程中手型不变,该手势也是一个典型的 PMP 结构。因此,在这个手势中,I-9 这个手型也是一个跨整个音节的"音段"。

当然,并非手语中所有手型音段都是跨音节的,有些 PMP 结构的手势中,运动前 P 位置的手型与运动后 P 位置的手型不是同一个手型(即手形构造发生了变化),此时的手型音段就不是跨音节的,如图 4-11-a 上海手语"白天"手势和图 4-11-b"晚上"手势,前者运动前是 B-48 手型处于胸前中性空间位置,肘关节支配的路径运动使主手移动到头部同侧,此时主手持 B-44 手型;后者手势的手型变化和路径运动正好与前者相反。这两个手势在运动前的手型与运动后的手型不一样,因此该手势中的手型音段不是跨音节的。相反,此时的一个路径运动包含了 B-48 手型和 B-44 手型。

上述这种现象具有跨语言的普遍性,在不同国家的手语中,只要路径运动前后的手型不变,该手型就具有跨音节性。大量跨语言语料证明,不同手语中都有大量跨音节的手型音段。因此,有声语言中的音节是超音段的,而手语中的手型音段可以是超音段的,这种音段的跨音节现象正是手语音节复杂的同时性所致的特殊性。

4.5 手语音节的内部结构

在有声语言中,音节是语言的自然单位,是任何语言音段序列限制规则的辖域,也是说话人生理和心理调节语言节奏的需要。在语言系统中,音节这一单位可以让许多音系制约条件和形态制约条件得到最简洁的诠释(Blevins,1995)。许多学者也发现,一些手语中的制约条件也需要以音节为单位进行阐述(如 Corina & Sandler, 1993; Brentari, 1998; Sandler & Lillo-Martin, 2006 等)。譬如,对手语中的双手手势有下列两个制约条件(Battison, 1978):

(7) 双手手势制约条件

a) 对称性条件:在一个两手对称的手势中,双手必须是同样的手型或是主手的镜像手型。

b) 支配性条件:在一个双手手势中,如两手手型不同,只有一只手(主动)运动[①]。

[①] 此处"(主动)"括号是本书作者加上的。根据上海手语语料,双手手势有不同手型,辅手可以依附于主手(非主动)伴随运动。虽然 Battison(1978)没有专门这样解释,但他举例说明的都是双手手型不同,辅手不能主动运动。

"双手手势制约条件"(7)具有跨语言的普遍性,该制约条件之所以能规约跨语言的双手手势结构,首先基于这样的条件:这个双手手势是一个音节结构单位。因此,这个双手手势制约条件,同时也规范了双手手势音节的内部结构。可见,音节这一概念在手语语言学研究中的重要地位。当然,同有声语言一样,人们对手语音节的内部结构也有不同的观点。

对于有声语言音节的内部结构,许多学者都提出了基于不同目的、视角的不同方案。Blevins(1995)总结了有声语言 5 种比较主流的音节结构模型,如(8)所示:

(8) 有声语言音节结构模型(Blevins,1995:212)

a. 平面结构(flat structure)(Anderson,1969 等)

b. 莫拉模型(moraic approaches)(Hayes,1989 等)

c. 体-尾两分法模型(binary branching with body)(McCarthy,1979 等)

d. 三分法模型(ternary branching)(Davis,1985 等)

e. 声-韵两分法模型(binary branching with rime)(Pike & Pike,1947 等)

在大量跨语言的研究文献中,最有影响的主要是(8)e 的"声韵两分模型"和(8)b 的"莫拉模型"。"声韵两分法模型"也称"OR 模型"(onset-rhyme),或"层级模型"(hierarchical model,根据 Selkirk,1982)强调音节内部结构的配置,"莫拉模型"强调音节重量的表现,忽略内部结构的配置。这两个结构模型可用树形图表示如图 4-13。

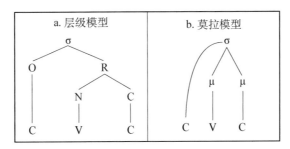

图 4-13 层级模型与莫拉模型的典型图示①

---

① 图 4-13-a 中:O 即 onset(音节首),R 即 rhyme(音节韵),N 即 nucleus(韵核),C 即 coda(韵尾);图 4-13-b 中:μ 即 mora(莫拉);最底层的 C 和 V 表示辅音和元音。

有声语言的这两个音节模型也被广泛用于手语音节结构的分析，如 Wilbur(1990)，Sandler(1993)等用经典层级模型中的 CVC 结构分析手语音节，而 Perlmutter(1992)用莫拉模型分析手语音节的重量配置。当然也有学者(如 Brentari，1998 等)认为手语的音节结构在形式上与有声语言的音节结构完全不同，因为前者是视觉语言，而后者是听觉语言；因此在分析手语音节结构时，不能直接套用有声语言的音节结构模型。

虽然绝大多数手语研究学者对运动在手语音节中具有主导地位这一点已达成共识，但是对于运动是一个怎样的音系单位却存在很大的争议。要合理地阐释手语音节的内部结构，首先要确定运动在手语音节中所扮演的角色。目前主要有两种观点：第一种观点，手语中的运动是因发语器官的位置改变而形成的动态音段(Liddel & Johnson, 1989; Sandler, 1989; Wilbur, 1990; Permutter, 1992)；第二种观点，运动是处于自主音段层的韵律单位，类似有声语言的超音段特征(Brentari, 1998 等)。

这两种观点的最直接的冲突在于：运动是一个序列性单位，还是同时性单位。对运动的不同理解会直接影响到手语音节内部结构建构。如果把运动当作动态音段，那么手语音节就是由一串静态音段和动态音段组成的结构，表现出较强的序列性。如果把运动当作类似声调的自主音段特征，那么手语音节是一个运动和其他参数的聚合体，表现出强烈的同时性。Jantunen 和 Takkinen(2010)将这两种观点分别总结为"以序列性为导向的音节结构分析法"和"以同时性为导向的音节结构分析法"。

4.5.1　以序列性为导向的音节结构分析

最早提出手语音节是由静态元素和动态元素呈序列性排列组合而成的是 Liddell 和 Johnson(1989)。他们认为静态音段相当于有声语言的辅音，而动态音段相当于有声语言的元音。在 Liddell 和 Johnson 提出的音系模型中，静态音段被称之为停顿(holds)，动态音段被称之为运动(movements)。之后，有许多学者在分析手语音节结构时都采用了与 Liddell 和 Johnson 相类似的方法，如 Sandler(1989，1993)，Perlmutter(1992)等；但他们所使用的术语略有差异。

Sandler(1989)将静态音段的位置称 location；Perlmutter(1992)将静态音段的位置称 position[①]。因此在 Liddell 和 Johnson(1989)提出的停顿—运动模型(hold-movement model)中，典型音节的结构为 HMH；在 Sandler(1989)提出的手型层模型(hand tier model)中，典型音节的结构为 LML；在 Perlmutter(1992)提出的莫拉模型(moraic model)中，典型音节的结构为 PMP。这三种手语音节模型表达符号不一样，但基本理念一样，都以音节的序列性为表现形式。

在把运动当作动态音段来处理的学者中，Wilbur(1990)，Corina 和 Sandler(1993)，Sandler(1993)等都运用了有声语言的经典 OR 层级模型来分析手语的音节结构。他们认为手语音节也可以分为音节首(音节初始的静态音段)和韵，而韵又可以分为音节核(动态音段)和音节尾(音节末的静态音段)。

Sander 在其手型层模型中提出手的配置(hand configuration)、位置(location)和运动(movement)是构成手语的三大主要音系范畴(见第一章 1.3.1 小节)。这其中，位置和运动呈线性排列，表现出序列性；而手的配置则如有声语言的声调一样为一个自主音段，表现出同时性。Sandler(1993)提出一个典型的手语音节结构为 LML，其中运动作为响音度最大的元素处于整个结构的中心，该结构和有声语言音节的 CVC 结构类似，其图示见 4-14。

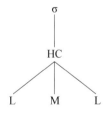

图 4-14 Sandler 的 LML 音节结构

图 4-14 表明，一个手语音节节点下是配置节点(handshape configuration, HC)，管辖一个最大音节结构的三个成分：位置＋运动＋位置。Sandler(1993: 254)进一步提出了确定音节核的方法——音节核投射(nucleus projection)。如

---

① Sandler 所说的 location 和 Perlmutter 所说的 position 在概念上大致相同，但也存在差异，相关讨论见 Sandler(1989，1993)和 Perlmutter(1992)。

果一个音段的根节点有分枝,就给该音段投射音节核,音节核投射结构图如下所示。

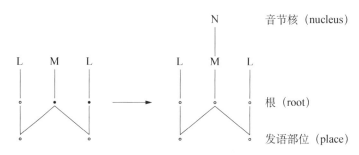

图 4-15 音节核投射的图示[①]

如图 4-15 所示,M 与其两边的 L 共享特征,因此 M 的根节点形成两个分枝。一边与左侧 L 的发语部位相连;另一边与右侧 L 的发语部位相连。因为 M 的根结点有分枝,所以 M 符合音节核投射的条件,M 即成为音节核。根据 Sandler(1989),手语的音节结构必须满足以下两点:

(9) 手语音节结构条件

a. 手语音节是由静态音段和动态音段构成的线性序列。

b. 运动是音节化的必需成分。

Perlmutter(1992)也将运动看作一个动态音段,与 Sandler 等人不同的是 Perlmutter 在分析手语音节时采用了莫拉模型。Perlmutter(1992)认为 M(movement)和 P(position)是美国手语中的两种基本音段。M 指的是由肩关节或肘关节发出的路径运动;P 指的是发语器官停顿的位置。Perlmutter 总结出了美国手语音节的五种类型,即 PMP,MP,PM,M 和 P。Perlmutter 进一步提出,上述五种音节结构可以与有声语言的音节结构作类比。M 的视觉响音度要高于 P;M 相当于有声语言的元音 V;P 相当于有声语言的辅音 C。如此,Perlmutter 提出的手语五种音节类型相当于有声语言的 CVC,VC,CV,V 和 C 音节类型。与有声语言的音节一样,手语音节中响音度最大的音段为音节核。

[①] 此处的音系表征方式运用的是 Sandler 提出的手型层模型(Sandler,1986,1989;Sandler & Lillo-Martin,2006)。

当一个音节中含有 M 时，M 为音节核（如 PMP，MP，PM 和 M）；当一个音节只有 P 时，P 也可以成为音节核，就如同有声语言中的一些自成音节的辅音。对于这五种音节结构类型，我们也可以在上海手语中找到相应的手势，如表 4-2 所示。

表 4-2　上海手语的五种音节类型

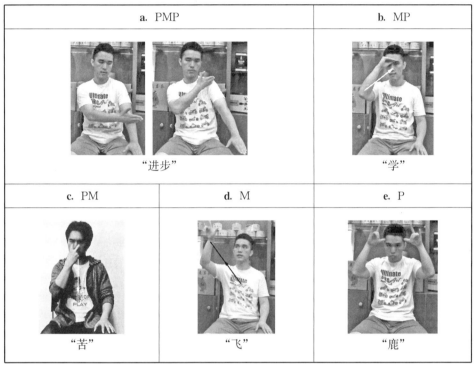

我们从表 4-2 可以看到，上海手语手势"进步"（见表 4-2-a）主手从辅手前臂开始移动至肩膀，为一个 PMP 音节。手势"学"（见表 4-2-b）主手移向额头并与额头接触，但主手从哪一个位置开始移动并不重要；因此"学"为一个 MP 音节。手势"苦"（表 4-2-c）主手从双眼开始往下移动，但具体移到哪一点停止并不明确；因此"苦"为一个 PM 音节。手势"飞"（表 4-2-d）只包含一个运动，至于主手从哪个位置开始移动至哪个位置停止并不明确；因此"飞"为一个 M 音节。手势"鹿"（表 4-2-e）双手拇指抵住太阳穴，不带有任何路径运动；因此"鹿"为一个 P 音节。

但 Perlmutter 的上述这种手语音节分析方式也遭到了很多质疑。如

Jantunen 和 Takkinen(2010)，Brentari(1998)等指出了如下原因：

首先，以序列性为导向的手语音节结构分析法并不具备语音基础。有声语言的音节两分为音节首和韵是具备语音基础的，两分法的合理性可以通过语音实验找到例证；然而将手语的音节结构也用两分法来处理，却很难从语音上找到足够的证据，甚至一些语音学研究得出了与序列性音节结构分析法相矛盾的实验结果，如 Allen，Wilbur 和 Schick(1991)的节拍实验等。

其次，有声语言音节的音节首与音节尾不在同一个层级上，因为它们所涵盖的信息量是不同的。有些辅音或辅音丛能出现在音节头却不能出现在音节尾。比如汉语普通话的音节尾能出现的辅音极其有限，只有两个鼻音可以出现在音节尾。然而有实验表明(Wilbur & Petersen，1997)手语音节的音节首和音节尾所承载的信息量并没有什么差别。如此，初始静态音段、动态音段和末尾静态音段都可以直接与音节节点相连，而没有必要将手语音节按照经典 OR 层级模型分为两层。

最后，如果要把运动看作一个音段，至少所有的运动要共有一个特征，凭着这个共有特征，可以把运动划分成一个自然类。比如，在有声语言中可以成为音节核的音段都共有[音节性]这一特征；然而，在手语中却找不到一个所有运动都共有的特征。

除此以外，我们认为，以序列性为导向的音节结构的最主要问题是没法处理两种运动同时发生的结构，也没法处理手势中的非手控特征。

4.5.2　以同时性为导向的音节结构分析

以序列性为导向和以同时性为导向的两种音节结构分析方法的最大差别在于对手语运动的理解不同，前者将运动处理成一个音段，而后者将运动看作一个如同有声语言中的超音段成分。持同时性为主导观点的主要是 Brentari(1998)。她认为：有声语言的音节表现为序列性，而手语的音节则表现为同时性；因此手语音节和有声语言音节在形式上是不同的。Brentari(1998)认为，在一段手语语流中，一个音系运动即对应一个音节，具体的音节界定可参见(6)。在韵律模型中，运动由韵律特征来表征，而手语的其他参数(手型、发语位置和方向)都由固有特征来表征,详细可参见第二章和第三章的讨论。在整个运动过程中,固有特征从始至终都不发生变化,也不会对韵律结构产生影响,因此除运动以外的其他参数特征无需出现在音节结构中。在手语音节的结构形式上,Brentari(1998)认为一个典型的音节含有两个X空位(timing slots)。X空位是形成链式结构的最小时间单位。在韵律模型中,X空位是由韵律特征生成的,与韵律特征树型结构的末端相连,其规则可归纳为(10):

(10) X空位的生成方式(Brentari,1998:183)

路径特征生成两个X空位;所有其他的韵律特征生成一个X空位。固有特征生成一个空位。

如(10)所述,不同的韵律特征连接的X空位的内容不同。在含有路径特征的结构中,两个X空位都和路径特征相连。在不含有路径特征的结构中(如设定点改变、方向改变或开合改变),其中一个X空位和韵律特征相连,另一个X空位与固有特征相连。手语中的所有音节都含有两个X空位。如上海手语"我"、"聋"、"翻译"、"花"这些手势分别涉及路径、设定点Δ、方向Δ和开合Δ特征,这些韵律特征与X空位的连接方式如图4-16所示。

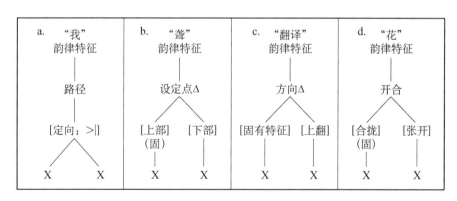

图4-16 韵律特征与X空位的连接

在结构图4-16中,只有手势"我"中的路径运动与单一的路径特征相连,而该路径特征可以同时与两个X空位相连。其他手势中的运动则先与固有特征相连,再与表示变化的韵律特征相连;固有特征和韵律特征分别与一个X空位连接。这两个X空位出现在音段层,与音节的时长相关;而运动则作为一个韵律单位出现在超音段层，如图 4-17 所示(Jantunen & Takkinen, 2010)。

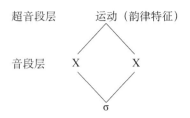

图 4-17 以同时性为导向的典型音节结构

图 4-17 中的 X 空位作为音段是一个抽象的时长单位，不对应于某个具体的手语参数，因此不同于 Sandler(1993)手型层模型中的 L 或 Perlmutter(1992)莫拉模型中的 P。同时 X 空位也不等同于莫拉。莫拉是一个表示重量的韵律单位。在有声语言中，音节的重量与音节的时长紧密相关；但是 Brentari 认为手语音节的重量和时长是两个不同的概念，为了区分这两个概念，Brentari 放弃了使用莫拉这一术语。音节的重量和时长都是决定音节结构的重要因素(关于音节重量和时长与音节结构的关系将在本章下一小节进一步讨论)。

Brentari 提出，一个典型的手语音节包含两个 X 空位，因此该模型可以称作双空位模型(two-slot model)。而之前所提到的 Sandler(1993)的 LML 音节结构或 Perlmutter(1992)的 PMP 音节结构，都把运动当作音段，最多可以包含三个音段；因此可以称作三空位模型(three-slot model)。

把 Brentari 的双空位音段序列与 Perlmutter 提出的 PMP 音段序列作对比分析，我们根据 Perlmutter(1992)的模型总结出的上海手语 PMP，MP，PM，M 和 P 五种音节结构在韵律模型中的对应的结构可表示如下。

表 4-3 莫拉模型与韵律模型的对比

上海手语对应举例	莫拉模型的音段序列	韵律模型的对应特征	韵律模型的音段序列
"声"、"北京"	PMP	设定点改变	2个 X 空位
"员"、"学"	MP	[定向：>|]	2个 X 空位
"给"、"香烟"	PM	[定向：|>]	2个 X 空位

续 表

上海手语对应举例	莫拉模型的音段序列	韵律模型的对应特征	韵律模型的音段序列
"飞机" "身体"	M	[定向] [环形]	2个X空位
"颜色" "翻译" "警察"	P	[颤动] 方向改变 开合改变	2个X空位

资料来源：Brentari，1998.

由表4-3可以看出，韵律模型不再把运动看成一个音段，也不再区分静态音段和动态音段，音系运动是一个位于自主音段层的韵律结构，可以与两个抽象的X空位相连。Brentari(1998：182)提出韵律模型对音段的处理较之莫拉模型有如下三点优势：

第一，韵律模型不再把运动当作音段，这使语法变得更加简洁。

第二，韵律模型使所有的运动都带有两个抽象的时间单位(X空位)，这样更容易描述音系变化发生时运动的始末状态。

第三，韵律模型把运动看作是手势中与静态特征共存的韵律特征，更好地体现了手语重同时性的结构特点。

根据以同时性为导向的手语音节结构分析法，每个音节都与位于超音段层的运动相对应，每一个运动都可以与两个X空位相连。因此，无论一个音节包含怎样的运动，音节的基本结构相同，不再如Perlmutter一样，把音节分为5种不同的类型；同时在手语音节中也不再存在响音度先上升再下降的SSP原则。大量跨语言语料证明，手语的序列结构十分简单，没有类似有声语言那样的辅音丛；因此SSP对手语音节的意义不大。我们认为Brentari(1998)提出的基于韵律模型的音节结构更符合手语音节以同时性为主的语言特点，因此，我们将在第五章以Brentari(1998)的韵律模型音节结构为依据，分析上海手语的音节结构。

4.6 手语音节的时长和重量

在有声语言中,时长和重量是音节的两种不同表现形式,它们既有联系,又有区别;不同的语言对音节的时长和重量会有不同的要求或不同的表现。在手语中,时长和重量也是与手语音节结构相关的重要因素。Brentari(1998)提出,在手语中时长和重量是两个独立的概念。这点和有声语言不同:有声语言的音节重量与时长相关;但是在手语中音节的重量与运动的复杂程度有关,与时长无关。根据运动的复杂程度,可以将运动分为简单运动和复杂运动两种,它们的定义分别如下:

(11) 简单运动和复杂运动(Brentari,1998:237)

a. 简单运动:只含有单个本地运动或路径运动;

b. 复杂运动:两个以上(包括两个)本地运动或路径运动同时发生。

以上海手语为例,"自己"、"翻译"、"警察"等手势中的运动都为简单运动,如图 4-18 所示。

  a. "自己"   b. "翻译"   c. "警察"

图 4-18 上海手语含有简单运动的手势

图 4-18-a 的手势"自己"含有一个带[定向:＞│]特征的路径运动;图 4-18-b 的手势"翻译"含有一个手掌内翻形成的方向改变运动;图 4-18-c 的手势"警察"含有开合变化运动。上述三个手势都只涉及一个关节,分别为肘关节、腕关节或掌关节。而"明天"、"花"、"湖"等手势中的运动都为复杂

运动，见图 4-19。

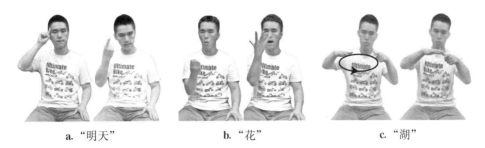

a. "明天"　　　　b. "花"　　　　c. "湖"

图 4-19　上海手语中含有复杂运动的手势

图 4-19-a 的手势"明天"，既含有带[定向：｜＞]特征的路径运动，又含有手掌内翻形成的方向改变运动；图 4-19-b 的手势"花"，既含有带[定向：＞｜]特征的路径运动，又含有手掌的开合变化运动；图 4-19-c 的手势"湖"，既含有带[环形][轨迹]特征的路径运动，又含有手指点动形成的颤动。这三个手势都涉及两处关节："明天"涉及肘关节和腕关节；"花"涉及肘关节和掌关节；"湖"涉及肘关节和掌关节。因此，上述三个手势都是含有复杂运动的手势。

Brentari(1998)通过对美国手语的分析，提出简单运动带有一个重量单位，而复杂运动带有两个或两个以上重量单位。运动所带重量单位的数量与韵律特征分枝下的特征节点数相关。如"今天"只带有路径节点，该运动带一个重量单位；而"明天"既带有路径节点，又带有方向 Δ 节点，该运动带两个重量单位。跨语言的手语语料证明，带有两个重量单位的手势不普遍；上海手语也一样。

Brentari(1998：237)认为，在美国手语中简单运动和复杂运动有不同的语法表现。首先简单运动和复杂运动的分布有很大的不对称性。在 Stoke 等 (1965)编著的美国手语字典(*A Dictionary of American Sign Language on Linguistic Principles*，简称 DASL)中，有 82% 的手势含简单运动，而只有 18% 的手势含有复杂运动。此外，在美国手语中有一部分动词可以通过重叠变成名词；而这部分动词有一个共性，即它们都只含有简单运动。

根据 Brentari(1998)，重量单位也是组成音节的重要成分。Brentari 的韵律模型对音节的定义跟Sandler(1993)的手型层级模型和Perlmutter(1992)的莫拉模型的最大差别在于：手型层(HT)模型和莫拉模型只考虑了音节的横向组合结构；而韵律模型既考虑了音节的横向组合成分，又考虑了音节的纵向聚合成分。在韵律模型中，音节的横向组合结构与时长相关，用X空位来表现；音节的纵向聚合结构与运动的复杂度相关，用重量单位来表现。因此，Brentari的音节结构方案同时照顾到了手语的同时性和序列性。如果将X空位和重量单位都放入韵律模型的框架中，手语音节结构可以表示如图4-20所示。

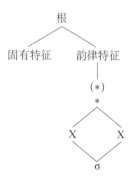

图4-20 韵律模型框架内的音节结构

在图4-20的韵律模型音节结构中，音节节点倒置在下面(有声语言的音节节点往往展现为上位)，上位是"根"节点。与有声语言一样，只有音段才有根节点。图4-20中的"根"也是音段的根，手语中的音段由不变的被选手指构成，因为手语合格音节(1)规定：音节内被选手指不能变，因此，一个音节只有一组被选手指的固有特征；但一个音节内的手型可以发生变化(手形构造的改变)，这是韵律特征下的特征在起作用(相关内容将在第五章讨论)。图4-20中"韵律特征"下两个星点"*"表示音节的重量，一颗星表示一个关节支配的运动；一个音节大部分只有一颗星，也可以有两颗星，甚至三颗星。韵律模型下的合格音节至少含有一个简单运动，运动连接两个时间槽，表示孤立(独立)音节。无论是一个简单运动还是复杂运动的音节，其(抽象)时间长度一样，都是两个时间槽(只有语流中的音节可能会出现一个时间槽的长度)。根据图4-20的韵律模型音节结构，并比较其他音节结构的分析，我们认为，Brentari提出的韵律模型音节结构主要有以下三大优势：

第一，无论是手型层（HT）模型，还是莫拉模型，其中的 M 都只代表路径运动；当出现本地运动时，它们都需要额外的图示去解释。然而，韵律模型则把路径运动和本地运动都放在韵律特征分枝下来处理，用一个图示即可以涵盖所有的运动，不同的运动只是用不同的特征节点表达，简化了语法。

第二，从手语音节的定义来看〔参见(1)和(6)〕，无论是路径运动还是本地运动，都可以成为音节核；因此在分析音节时，无需在结构上将路径运动和本地运动作区别对待。韵律模型做到了把路径运动和本地运动相统一，能从本质上反映运动和音节的关系。

第三，韵律模型既能同时照顾到音节的横向组合结构（序列性）和纵向聚合结构（同时性），又通过引入重量概念，更好地处理复杂运动。即两个（或两个以上）运动同时发生，更充分体现手语音节同时性的复杂。

第五章 上海手语音节结构

我们在第四章详细阐述了手语音节的音系理据,回答了为什么手语也有音节,为什么手语需要音节,手语音节如何界定,手语音节有什么特点,其内部结构如何等问题。我们在这一章将在 Brentari(1998)提出的韵律模型音节结构框架内,系统分析上海手语的手势与音节、音节与语素的关系,阐述上海手语音节的类型及其不同类型的内部结构。

5.1 上海手语中手势、音节与语素的关系

如果音节也是上海手语不可或缺的语言单位,那么在上海手语中,手势与音节、音节与语素是什么关系,这是我们进行上海手语音系研究时首先需要回答的问题。以前人们认为手势是上海手语中有意义的最小语言单位,即相当于一个手势一个词,因此上海手语不需要音节结构。显然这是不了解手语音节的形式与功能。在有声语言中,音节既是音段序列限制规则的辖域和一些音系规则的作用域,也是一种韵律结构单位;语素是形态结构单位,是表达意义的最小单位,是构词的基本成分;词是最小的独立表义单位,是句法结构中的终端成分。词的概念基本相当于手语中的手势,它与音节和语素的关系与有声语言中一样,是不同的结构单位,又是相互联系的单位。一个合法的词也必须是合法的音节,手语也一样。

由于手语采用的是与有声语言不同的载体，即不同的语言通道，手语中的"词"、"音节"[①]与语素不像有声语言那样容易区别。William Stokoe 是最早从普通语言学的角度研究手语的语言学家，他(2005[1960]：20)曾提到，手势作为语素，是意义所附着的最小的语言单位。显然，Stokoe 把手势看作语素不是很准确，手势至少是自由语素。从音系学讲，Sandler(2000)把手势看作是一个"位置＋运动＋位置"的(音节化)序列。显然，Sandler 把手势与音节完全对等起来也不准确，因为上海手语确有双音节手势。Brentari(1998)将手语音节定义为：手从一个位置移动到另一个位置的单一路径运动，包括手内运动(如手的开合)或两者同时发生。无疑，Brentari 对手语音节的定义比较准确、合理，但该定义不是手势的定义。其实，"手势"不是语言学的概念，只是手语表义的一种形，很像汉语中能独立使用的"字"。汉语每个"字"都是一个音节，但"字"本身不是音节的概念。汉语的每个"字"基本都是一个语素(除少数个别例外)，在古汉语中往往都可以是一个自由语素，因此汉语被认为是一种典型的单音节语言。手语中的手势通常也是一个音节、也是一个自由语素，因此手语也被看作是像汉语一样的单音节语言(van der Kooij & Crasborn，2008)。

如果把"词"看作是语言的最小的独立运用的意义单位，我们把"手势"的概念对等于"词"是基本合理的。但并非完全对等，因为有声语言中的"词"包括复合词(compounds)，手语中许多复合词需要用两个或多个手势来表达(具体讨论见后)。另外，有声语言中的词与词组基本有明显的区别，但手语中有时很难区别词与词组。有时一个复合词要两个手势；而有时一个词组可以用一个合成手势表达。如果手语是单音节语言，那么它的主要语言形式就是一个音节构成一个手势代表一个词(自由语素)。这章的研究主要根据所采集的 2400 多个上海手语的词汇〔这些词汇包含单语素词，也包含复合词或词组(有时复合词与词组很难区分)〕。如果把所有的词组都拆分成单个的词，共得 1581 个单语素词，即 1581 个独立的上海手语手势。我们运用 Brentari(1998)的手语韵律模型，系统阐述上海手语中词(手势)、音节和语素的关系。

[①] 此处，我们给"词"和"音节"加了引号，表示手语中的"词"和"音节"与有声语言中的词和音节还是有一定的区别。

5.1.1 单音节单语素手势

van der Kooij 和 Crasborn(2008)通过跨语言的手语分析,认为手语属于像汉语一样的单音节语言,即一个手势就是一个音节,一个自由语素。根据第四章(1)和(6)对手语音节的定义,上海手语中的绝大多数手势确都属于单音节单语素手势,举例如下。

a. "进步"　　　　　　　　　b. "生活"

图 5-1　含路径运动的手势

图 5-1-a 手势的主手持 B-49 手型(），一个由肘关节支配的运动使主手手型从辅手手腕背移至辅手上臂,这是一个含路径运动的音节,表示"进步";图 5-1-b 是一个双手对称手势,双手持 I-3 手型(），一个由肩关节支配的运动使双手呈圆形的手势从左侧移至右侧,表示"生活"。在图 5-1 的两个手势中,"进步"和"生活"分别都是不能再分割的最小意义单位,因此都是一个语素;这两个手势分别都是一种被选手指和一个起止点的路径运动,因此都是一个单音节单语素手势。上海手语中有些手势含有两个运动,如图 5-2 所示。

a. "白天"　　　　　　　　　b. "发明"

图 5-2　含两个运动的手势

图 5-2-a 手势的主手持 B-48 手型，一个由肘关节支配的[肘轴]运动使手型从 Y 平面的胸前移向头部同侧，同时掌关节打开使 B-48 手型变成 B-49 手型，表示"白天"。该手势中的肘关节运动和掌关节运动同时发生，两个运动的边界一致，被选手指不变，因此仍然是一个单音节单语素的复杂运动手势。图 5-2-b 手势的主手持 N-0 手型，一个肘关节运动使位于头部同侧太阳穴[4]位置的手型向同侧移开，同时该手型的掌关节和指关节同时打开使 N-0 手型变成 B-56 手型，表示"发明"。该手势涉及肘关节路径运动和掌指关节打开运动同时作用，边界一致，因此也是一个单音节单语素的复杂运动手势。

van der Hulst 和 van de Kooij(2000：1—19)认为，人类的手语基本都属于单音节语言，我们通过对上海手语语料的分析，发现上海手语中的单音节单语素手势占 75% 以上。除了绝大多数的单音节单语素手势，上海手语中还有一部分单音节双(多)语素、双音节单语素、双音节双(多)语素手势。

5.1.2 单音节双(多)语素手势

有声语言中的单音节多语素现象多出现在综合性语言，且多语素往往除了一个词根，其他多是屈折语素，如拉丁语、希腊语等。分析型语言单音节多语素现象不多。根据句中平均每个词所含语素不超过 1.9 个的标准(Greenberg, 1954)，英汉都属于分析型语言。但由于英语有屈折词缀，因此就有单音节多语素现象，如 books/buks/，worked/wɜːkt/等词都是一个音节两个语素，像 eighths/eɪtθs/一词甚至是一个音节三个语素：/eɪt/表示"八"，/θ/表示"序数"，/s/表示"复数"。汉语没有屈折形态标记，除了极个别融合性音变的结果，其他基本没有单音节多语素现象。这些融合性音变包括北京话的儿化、山西话中的"子"变韵以及其他方言中的一些合音字，如绍兴话【覅】fiɑo 一个音节表示"勿+要"。

手语是单音节语言，无疑少有单音节多语素现象。上海手语中一些单音节双(多)语素手势往往是原来两个单音节单语素手势融合后构成为一个手势，如上海手语中的手势"同学"，如图 5-3 所示。

"同学"

图 5-3　融合手势举例

图 5-3"同学"手势由原来"读(书)"手势和"成长"手势融合而成。"同学"是双手手势,主手持 B-49 手型( ),双手位于 Y 平面小指接触,掌心向内〔"读(书)"〕,然后一个肩关节和肘关节同时运动使该手型从 Y 平面向头前抬起,符合一个音节结构单位。上海手语的"家里有"手势也是由原来手势"家"(图 5-4-a)和"有"(图 5-4-b)融合成一个手势;图 5-4-c 中的辅手保留了"家"的语素,主手做"有"的手势,形成一个单音节手势,表示"家里有"。但此手势有两个语素:"家"和"有",其手势图如下。

a."家"　　　　b."有"　　　　c."家里有"

图 5-4　单音节双语素融合手势举例

上海手语中类似图 5-4 这种融合而成的单音节双语素手势还有如"回家"、"离家"、"下课"等。这种单音节双语素融合性手势的合成规则就像构词法中的"拼缀法"(blending),如英语中的"motel"(motor+hotel)也是一样方法。关于手语中的这种"合音"词手势的音变规则将在第七章作详细讨论。

上海手语中另一种单音节双语素是"黏着语素"+"自由语素",如"周一"、"周六"等表示星期几的手势和"一月"、"六月"等表示月份的手势。其手势图见图5-5。

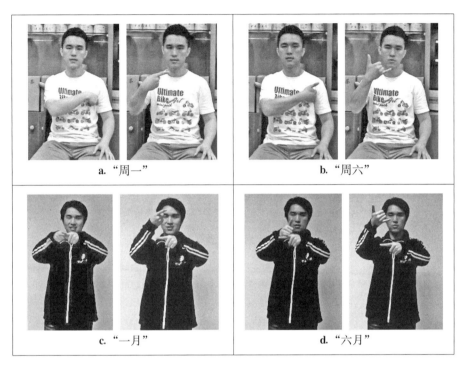

图5-5 黏着语素+自由语素手势

图5-5-a的"周一"和图5-5-b"周六"两个手势都是只包含一次路径运动,即主手从异侧腋下开始移动至胸前。两个手势的差别在于手型不同:"周一"的手型为表示数字"一"的Ⅰ-9手型;"周六"的手型为表示数字"六"的P-19手型。主手表达数字的Ⅰ-9手型和P-19手型是自由语素,可独立表示"一"或"六";但该手势的位置和路径运动不能独立表示"周"或"星期"。因此,表示"星期几"的七个手势都是黏着语素+自由语素的单音节双语素手势。图5-5-c的"一月"和图5-5-d的"六月"都是双手手势,它们的差别与图5-5-a,图5-5-b手势一样,也在于表示数字的主手手型不同。图5-5-c,图5-5-d两个手势的其他参数均相同:辅手保持Ⅰ-3手型,主手手指(手掌)正面接触辅手拇指一侧向上运动,同时掌心内转。这两个手势都既含有路径运动,也含有本地运动;路径运动和本地运动同时发生,边界一

致,因此是一个单音节手势。同表示"星期几"的手势相似,表示"几月"的手势也含有两个语素:表示具体数字的手型为一个自由语素,而其他参数则为表示"月份"的是一个黏着语素。因此,表示"一月"到"十月"的手势也都是黏着语素+自由语素的单音节双语素手势。此外,上海手语中还有其他少量单音节多语素手势,如带方向性的"给",手势图见图5-6。

a. "给"(1→2或3)　　　　　　b. "给"(2或3→1)

图5-6　单音节多语素手势举例

图5-6上海手语的"给"这一手势所包含的运动有明显的方向性,需要与人称相对应。手势图5-6-a中,手从"说话"人移向接受者,表示"说话"人将某物交给第二或第三人称者;而在图5-6-b中,手从施与者移向"说话"人,表示第二或第三人称者将某物交给"说话"人。因此,该手势包含了三个语素:"施予者"、"接受者"、"给"这三个语义。从该手势的运动来看,无论是从"说话"人移向接受人还是从施予者移向"说话"人,都只发生一次路径运动,该手势只含有一个音节。因此,上海手语中的"给"是一个单音节多语素词。

5.1.3　双音节单语素手势

所谓双音节单语素手势,是指在完成一个单语素手势过程中,需要具备:1)要改变被选手指;2)或有两个(或两个以上)关节支配的运动按先后次序发生;3)或一个关节支配了两个不同设定点的运动;4)上述三条中有其中一条。上海手语中符合上述情况的双音节单语素手势有"东西(物品)",其手势图见5-7。

"东西(物品)"

图 5-7 双音节单语素手势举例

图 5-7 手势"东西"是指"物品",是一个语素。这是一个对称性双手手势,起始时是双手持 H-39 手型,一个肘关节运动的双手路径的[定向:>|]为"大拇指一侧";然后被选手指变为 B-44 手型,肘关节运动的相反路径[定向:|>]为"大拇指一侧"。这一手势既改变了被选手指,又涉及两个设定点的路径运动,是一个双音节手势。其他双音节单语素手势还有"碑"、"反复"等,见图 5-8。

a. "碑"

b. "反复"

图 5-8 双音节单语素手势

从图 5-8-a 可以很清晰看出"碑"这个手势含有两个路径运动。第一个运动双手持 I-4 手型(图), 在 Y 平面空间中性位置主手从辅手开始向上移动至头前; 第二个运动主手持 B-51 手型(图), 辅手持 B-49 手型(图), 主手从头前向下移动至辅手, 整个过程不仅改变了被选手指, 而且有两个不同设定点的路径运动, 无疑是两个音节; 这两个音节表达的是一个最小意义单位。因此, 上海手语中的"碑"是一个双音节单语素手势。如图 5-8-b 手势"反复"含有两次肘关节运动: 第一次运动主手掌心向下敲击辅手; 第二次运动主手手背向下敲击辅手。两次运动的主手与辅手的接触点不同, 这两次运动不属于重复运动。该手势表达的"反复"不能再拆分成更小的意义单位, 因此手势"反复"也是一个双音节单语素手势。

5.1.4 双音节双语素手势

通过对上海手语的观察和分析, 我们认为上海手语还有双音节双语素手势, 所谓双音节双语素手势其实就是两个单音节单语素手势的复合词, 相当于有声语言的复合词。但并非用两个手势表达有声语言的一个复合词就是双音节双语素手势。有些有声语言中的复合词, 在手语中就是两个(或三个)单音节单语素手势的组合, 即不是一个手势。我们认为: 双音节双语素手势必须符合这些条件: 1)语义上必须符合复合词特征, 即句法结构中的终端成分; 2)两个单音节手势连接紧密; 3)使用频率较高。上海手语中有些手势符合这些条件, 如"变化", 手势见图 5-9。

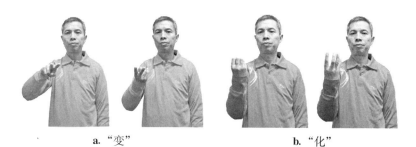

a. "变"　　　　　　b. "化"

图 5-9　上海手语"变化"手势

图 5-9"变化"原由两个单音节单语素手势复合而成, 一个"变"(图 5-

9-a),另一个"化"(图 5-9-b)。手势"变"主手持 U-32 手型,处在 Y 平面的中性空间,手腕朝下,通过腕关节的翻转,手腕朝上;手势"化"主手持 B-61 手型,处在 Y 平面中性空间,肩关节运动使手臂上台,同时掌关节运动使被选手指展开改变手形构造,变成 B-57 手型。两个手势复合在一起表示"变化"。手势"变化"符合双音节双语素手势条件:1)词义"变化"是句法结构中的终端成分;2)"变"和"化"之间连接十分紧密,发语位置一样;3)手势"变化"出现频率很高。

上海手语中有些复合词手势符合句法结构中的终端成分要求,但连接不紧密,这种双手势复合词使用频率不高,如"光盘",手势见图 5-10。

"光"　　　　　　　　　　"盘"

图 5-10　双手势复合词举例

图 5-10"光盘"手势虽是复合词,在句法结构中是终端成分,但"光"和"盘"之间连接不是很紧密,两个手势的发语部位也不同,中间有较长时间的过度,"光盘"一词的使用频率也不高;因此,我们认为上海手语中的"光盘"不是一个双音节双语素的手势,而仍是两个手势的组合。上海手语中的双音节手势十分复杂,有各种不同情况的双音节手势,包括完全重复型的、部分重复型的、双手交替型的等等,本文将在 5.5 小节对上海手语的双音节手势作专门讨论。

综上所述,手势作为手语中最小独立运用的表义单位,可以是单音节单语素、单音节双语素、双音节单语素或双音节双语素。在上海手语中,绝大多数手势都是单音节单语素手势,即一个音节是可以独立使用的最小意义单位。但手势、音节和语素三个概念并不总是重合的。要合理系统地分析上海手语语言系统,就要分清手势、音节和语素三个概念及相互关系。

5.2 上海手语音节结构

我们在第四章已详细分析了手语的内部结构,并通过对比分析 Sandler(1989,1993)的手型层模型、Perlmutter(1992)的莫拉模型和 Brentari(1998)的韵律模型,我们认为 Brentari(1998)的韵律模型更能合理地反映以同时性为主、序列性为辅的手语音节结构。本章节将以 Brentari(1998)提出的韵律模型为理论基础来分析上海手语音节的内部结构。参见第四章图 4-20。

根据图 4-20 的音节结构模型,手语音节结构表现为:1)一个手语音节内被选手指不能改变,因此一个音节只有一个由被选手指决定的音段根,根节点下的固有特征决定这个音节的被选手指;2)手语音节结构主要通过韵律特征来实现;3)手语音节内部结构有时长(X 空位)特征和重量(*)特征;4)音节的重量由运动来实现,一个运动表现为一个重量,也可以有两个重量单位(即两个运动同时产生)。因此,我们分析上海手语音节的内部结构,既要考虑其时长,又要考虑其重量。根据第四章 4.5 小节,韵律模型中音节的时长由横向的 X 空位来表示,表现出序列性;音节的复杂度由纵向的重量单位来表示,表现出同时性。以上海手语手势"白天"为例,其手势见图 5-11。

图 5-11 上海手语"白天"手势

图 5-11 表明,手势"白天"是单手手势,主手的被选手指为五指,手型为 B-48 型( ),手型的大拇指一侧朝向胸前,一个由肘关节支配的肘轴运

动使主手手臂以90度角向上移动把手型从胸前移开，同时手型发生开合运动，使缩拢的基关节展开。在韵律模型框架下，手势"白天"的完整音系结构可表示如图5-12所示：

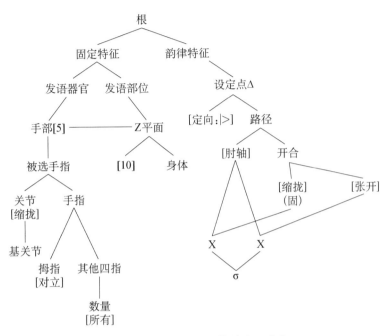

图5-12 "白天"手势的音系表征

结构图5-12展现了"白天"手势的全部音系表征，包括该手势的被选手指、手型、方向、位置、运动的音系特征赋值和音节结构，该音系表征结构包含手型结构的固有特征和运动结构的韵律特征。手势"白天"的音系结构告诉我们：该手势的所有固有特征贯穿于手势的始末，不发生变化，表示被选手指不变，韵律特征下只有一个设定点，表示只有一个路径运动，一个本地运动（手掌开合）伴随路径运动同时发生。这些特征说明，该手势是一个单音节手势。该音节有两个时间槽，这两个时间槽（X）同时由肘关节运动和手掌打开这个过程来实现；该音节有两个重量单位，一个是肘轴运动重量，另一个是掌关节运动重量。因此，上海手语手势"白天"是带有两个重量单位和两个X空位时间槽的单音节手势。

在以下的讨论中，我们不再关注韵律模型中"固有特征"下的音系表征，我们只关注决定手语音节结构的"韵律特征"下的音系表征。我们在第四章已经阐述，根据 Perlmutter(1992)的手语音节结构模型，上海手语有 PMP，PM，MP，M，P 全部五种音节类型，但这种音节结构类型是基于类比有声语言 CVC 这种以序列性为主导的音节结构分析。综上所述，手语音节与有声语言音节的最大区别是前者以同时性为主导，通过多种韵律特征来体现复杂的同时性结构。图 4-20 韵律模型音节结构的最大优势就是能充分展现手语音节内部结构同时性的构造。

以同时性为主导的手语音节结构分析主要关注手势中的运动，因为运动是韵律模型中"韵律特征"节点下的全部内容。本研究根据对 1581 个上海手语手势的分析，发现其中包含简单运动的手势有 1250 个，占 79%；包含复杂运动的手势有 332 个，占 21%。上海手语中的音节也可以根据运动的复杂度分为由简单运动形成的音节和由复杂运动形成的音节。每一种音节可以用由不同运动形式构成。

5.2.1 由简单运动构成的音节

所谓简单运动构成的音节就是指该音节只含有一种运动形式，即只有一个重量单位的音节。根据运动方式的不同，上海手语有四种类型的简单运动构成的音节：

（1）简单运动音节类型

1）由路径运动构成的音节

2）由方向改变构成的音节

3）由开合改变构成的音节

4）由非手运动构成的音节

本小节将根据实际上海手语语料，逐个分析说明以上由简单运动构成的四种音节结构。

5.2.1.1 由路径运动构成的音节

路径运动是由肩关节或肘关节支配的运动，路径运动的视觉度或感知度强烈，由单一的路径运动构成的音节仍然是一种简单运动音节。如果把运动的视觉强度看作音节中的元音,一个路径运动构成的音节犹如一个低元音构成的音节,"响度"最大,但仍是一个"元音"构成的音节,即一个重量单位的音节。

由单一路径运动构成的音节在上海手语中最普遍,根据我们的语料统计共有 925 个,占到所收集语料中全部手势的 58%,如前面提到的图 5-1-a"进步"、图 5-1-b"生活"、图 5-2-a"白天"、图 5-2-b"发明"、图 5-5-a 与图 5-5-b"星期几"、图 5-6"给"等等手势都是含有单一路径运动的手势。单一路径运动构成的音节结构可表示如图 5-13 所示(以手势"给"为例)。

图 5-13 由单一路径运动构成的音节(以"给"为例)

图 5-13 表明,在韵律模型的框架下,每一个路径特征都可以对应两个 X 空位。上海手势"给"是个双手手势,手型为 B-48 型(☜),双手对称置于胸前,由近身处移动至远身处。该手势在路径节点上带有一个重量单位(由 * 表示)。该手势所带有的韵律特征为[定向:|>],可以与两个 X 空位相连。其音节内部结构表现为一个重量单位和两个 X 空位。

5.2.1.2 由方向改变构成的音节

手势中手的方向也称掌向。本来掌向是"固定特征"节点下的特征,但如果掌向在手势中发生变化,就涉及到腕关节的运动。因此,手的方向改变是"韵律特征"节点下某个特征的作用。由单一的掌向改变构成的音节在上海手语中也比较常见,共有 190 个,占到所收集语料中全部手势的 12%,如"改"、"翻译"、"错误"、"伤(害)"、"单(价)"等手势都含有一次单一的方向改变。以手势

"改"为例,这是一个单手手势,主手呈 U-32 手型(Y),置于胸前。在整个手势产出过程中,手型和发语部位均不变,在动作起始时掌心朝外,继而通过腕关节运动手腕向内翻转变为掌心朝内。其图示和韵律模型音节结构如图 5-14 所示。

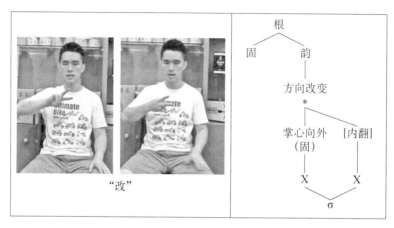

图 5-14 由方向改变构成的音节(以"改"为例)

如结构图 5-14 所示,该手势在方向改变结点下带一个重量单位。掌心向外是该手势的固有特征,表现出运动前的方向状态;[内翻]是该手势的韵律特征,表现出掌向的变化。这两个特征分别与一个 X 空位相连。手势"改"含有一个重量单位和两个 X 空位的简单运动音节。

5.2.1.3 由开合改变构成的音节

在本地运动中,比腕关节运动再低一级的是掌关节运动,掌关节支配的运动往往引起手掌的开合变化。由手掌开合变化构成的音节数量相对要少得多,在我们所采集的上海手语语料中共有 95 个,占到手势总数的 6%,此种类型的手势有"伞"、"基(础)"、"(大)炮"、"惊讶"等。以手势"伞"为例:辅手为主手的发语位置,辅手持 I-9 手型,指尖朝上。主手持 B-61 手型,掌心接触辅手指尖;通过掌关节运动打开手掌,发生手形构造的变化,主手手型变为 B-56 型,在手势发生过程中,发语位置、方向及被选手指均保持不变,属于固有特征的范畴。该手势所包含的唯一运动为主手手型由合拢变为张开,该变化过程通过韵律特征[张开]来实现。该手势的音节内部结构如图 5-15 所示。

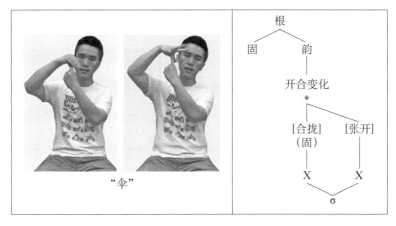

图 5-15 由手型开合变化构成的音节(以"伞"为例)

在图 5-15 手势"伞"的音节结构中,固有特征[合拢]与第一个 X 空位相连,韵律特征[张开]与第二个 X 空位相连,这个从[合拢]到[张开]的一个掌关节运动在"开合变化"这一节点下构成一个重量单位。因此,这个由开合变化构成的音节也同样含有一个重量单位和两个 X 空位。

我们在第二章讨论上海手语的手型变化时已经阐述了手型的张合有五种类型:完全展开、弧形合拢、平伸合拢、爪形合拢和完全合拢。"伞"的手型变化为平伸合拢与完全展开,只涉及基关节(即掌关节)的运动。平伸合拢与爪形合拢的区别在于不同的关节运动,爪型合拢涉及非基关节,如上海手语"下午"手势涉及非基关节的弯曲,如图 5-16 所示。

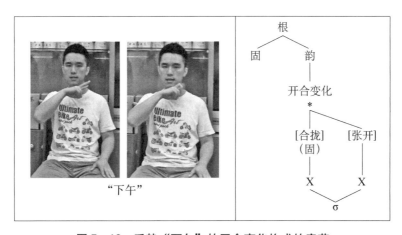

图 5-16 手势"下午"的开合变化构成的音节

第五章 上海手语音节结构

如图 5-16 所示，手势"下午"主手持 U-32 手型(), 置于 X 平面异侧脸颊下部，被选手指背部接触脸颊下部，非基关节缩拢使手形呈 U-31 型()。在手势发生过程中，发语位置、方向及被选手指均保持不变。固有特征[张开]与第一个 X 空位相连，韵律特征[合拢]与第二个 X 空位相连，这个从[张开]到[合拢]的一个指关节运动在"开合变化"这一节点下构成一个重量单位。手势"下午"也是含有一个重量单位和两个 X 空位的简单运动结构音节。

还有一种手形构造的变化是完全合拢与完全张开，用音系的最简方案处理这种手型变化，不赋值[基关节]和[非基关节]，只涉及特征[缩拢]，如上海手语中的手势"基(础)"。虽然"基(础)"是一个双手手势，但也是只有一个手掌开合运动的简单音节手势，其手势及音节结构图见图 5-17。

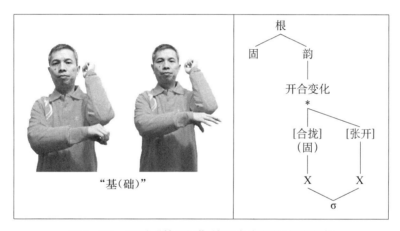

图 5-17　手型"基(础)"的开合变化构成的音节

图 5-17"基(础)"手势以辅手为主手的发语位置，主手抵住辅手肘部，掌心下，主手的底层手型为 N-0 手型(A)。在手势发生过程中，发语位置和方向不变，唯一变化就是手形从完全合拢变为完全展开，该变化过程也是通过韵律特征[张开]来实现。从图 5-15、图 5-16、图 5-17 看，"伞"、"下午"和"基(础)"三个不同手势的音节结构，它们的韵律特征基本一样，都是一个重量单位和两个 X 时间槽简单运动音系结构。尤其图 5-15 和图 5-17 两个手势的音节韵律特征完全一样，不同的只是手型固有特征的区别(参见第二、三章对固有特征的讨论)。这说明：决定手形构造变化的，无论是一个基关节或非

基关节,还是这两个关节同时作用,都只是一个重量单位的简单运动音节结构。只有当一个本地运动伴随着一个路径运动,或两个不同关节的路径运动同时发生时才是两个重量单位的复杂运动音节。

5.2.1.4 由非手运动构成的音节

以上阐述的是由单一运动构成的音节,包括肩关节运动、肘关节运动、腕关节运动、掌或(和)指关节运动。除此以外,手语中还有一种简单运动音节是由非手运动构成。所谓非手运动是指手语中的表情体态。多数时候,表情体态对于手语而言,更像是有声语言中的语调,大多并不是构成词汇的必要成分。但是,在上海手中有小部分手势含有的非手运动具有词汇区别性意义。如上海手语中手势"旧"和"脏"的手控特征完全一样,都是主手持Ⅰ-3手型(),在Y平面的中性空间位置指尖朝上,掌心朝外,固有特征完全一样。区别这两个手势不同语义只有非手运动的面部表情和嘴型不同,手势"旧"的嘴呈[y]圆唇元音口型;手势"脏"的嘴呈[ʌ]音口型,且面部表情呈痛苦状,其手势见图5-18。

　　　　　"旧"　　　　　　　"脏"

图5-18　非手运动构成的音节举例

图5-18是两个不同语义的手势,也是两个简单运动的音节,但这个音节没有某个关节支配的运动,音节的重量由非手运动(即表情体态)构成。其实,上海手语有大量没有手控运动的手势,如"鹿"、"(花)生"、"裁(判)"、"你"、"我"、"他"等等①。这些手势不含任何由某个关节支配的运动,在Perlmutter(1992)的音节理论中,这些手势属于不含运动的P型音节〔参考杨峰和张吉生

---

① 因篇幅所限,有些手势图不在正文一一列举,可参见附录。

(2011)〕。韵律音系学认为，一个表层结构的独立表义单位必须属于某个韵律结构单位，韵律层级中的最小结构单位是音节，每个音节都有重量（Nespor & Vogel，2007），而手语音节的核心是运动，运动是手语音节的重量（Brentari，1998）。因此，一个没有手控运动的手语音节的重量可以通过非手运动（主要包括表情体态）来实现。以上海手语手势"鹿"为例，双手呈 H-38 手型置于太阳穴两侧，双手拇指与太阳穴相抵（见图 5-19-a），这是一个含非手运动简单音节手势。因此，所有不含手控运动，但有表情体态非手运动的手势都是一个简单运动的单音节手势，其音节重量都由非手运动（表情体态）构成，即任何一个无手控运动的手势都可以是一个合法韵律结构单位——音节，如图 5-19-b 所示。

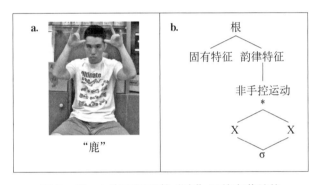

图 5-19　上海手语手势"鹿"及其音节结构

图 5-19-b 是上海手语所有无手控运动手势的音节结构模型，不同无手控运动手势的区别性表现在不同的固有特征（包括是手控和非手控的固有特征）和不同表情体态的韵律特征。关于表情体态的音系表征将在第六章讨论。综合分析由各种简单运动构成的音节，它们都带有一个重量单位和两个 X 空位，因此一个由简单运动构成的音节结构模型可表示如下。

图 5-20　由简单运动构成的音节结构模型

图 5-20 表示的是上海手语中所有由一个简单运动构成的音节,这个简单运动不仅指任何一种关节支配的路径运动或本地运动,还包括由非手运动的表情体态构成的简单运动,甚至底层没有任何运动,只在表层语音层面的一种手势持续性(hold)"动作",说明"运动"是手语音节的必须成分,运动承载音节的重量(由 * 表示)。

5.2.2 由复杂运动构成的音节

复杂运动是指一个以上本地运动或路径运动同时发生的运动,因为只有同时发生的两种或两种以上运动的才是一个复杂音节。根据对所得语料的统计,含有复杂运动的手势共有 332 个,占到所有手势的 21%。复杂运动可以由各种不同类型的运动组合而成。绝大多数的复杂运动都只含有两个重量单位,即两个运动同时发生。含有三个重量单位的手势极为有限,在本文所掌握的语料中,只有"包括"(见图 5-27-a)、"枪毙"(见图 5-27-b)、"蛇"(见附录Ⅰ-23)等极少数手势含有三个重量单位。本文把含有两个重量单位的称为复杂运动,含有三个(或以上)重量单位的称为超复杂运动。由复杂运动构成的音节根据其所含运动的不同可以分为如下几种类型。

表 5-1 含有两个重量单位的音节类型

	非手	路径	方向	开合
路径	9			
方向	2	84		
开合	0	219	15	

如表 5-1 所示,非手控运动、路径运动、方向改变和开合变化四种运动方式可以组合成六种不同的复杂运动。在六种由复杂运动形成的音节中,数量最多的是由路径运动和开合变化同时发生形成的音节,有 219 个,占到所有由复杂运动形成手势的 66%,占到所有手势数量的 14%。

5.2.2.1 非手控运动伴随路径运动的音节

所谓非手控运动＋路径运动，表示某个非手控运动具有明显的时间性，如嘴张一张、头摇一摇、肩耸一耸、腰弯一弯等。在我们的语料中，上海手语由非手控运动和路径运动组合形成的手势数量比较有限，只有9个，如"投降"（见图5-21）、"辣"（见附录Ⅰ-19）、"手榴弹"（见附录Ⅰ-20）等。手势"投降"包含的非手控运动为低头；"辣"包含的非手控运动为张嘴；"手榴弹"包含的非手控运动为咬（导火线）。这些非手控运动具有明显的时间性，并且和路径运动都有相同的边界，即非手控运动伴随路径运动发生。以手势"投降"为例，该手势双手持B-49型，通过肘关节的路径运动，双手从腰部抬至头两侧，掌心向外，同时作低头状，其手势图和韵律模型音节结构见图5-21。

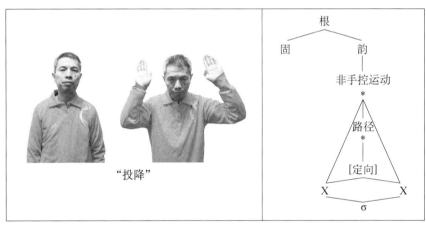

图5-21　由非手控运动＋路径运动形成的音节举例

手势"投降"含有的音节在非手控运动节点上带有一个重量单位，在路径运动节点上带有另一个重量单位。非手控运动和两个X空位相连，路径特征[定向]也和这两个X空位相连，表明非手控运动和路径运动的起点和终点有相同的边界。此类复杂运动音节带有两个重量单位和两个X时间槽。

5.2.2.2 非手控运动伴随本地运动的音节

本地运动通常包括改变方向的腕关节运动、改变手形构造的掌或（和）指关节运动。在上海手语中，由非手控运动和本地运动同时发生（没有路径运动）形成的手势比由非手控运动和路径运动同时发生的手势要少得多。在本研究所收集的语料中,有手势"甜"(非手控运动+掌指关节点动,见图5-22)和"惊讶"(非手控运动+掌指关节运动,见附录Ⅰ-16)等符合这种结构。以手势"甜"为例,主手持Ⅰ-9手型(B)位于同侧脸颊近处,手势发生过程中,舌尖从口腔内部顶住脸颊一侧形成一个突起(非手控运动),主手通过掌指关节收缩在同侧脸颊的突起上点一下。该手势的图示和音节结构如图5-22所示。

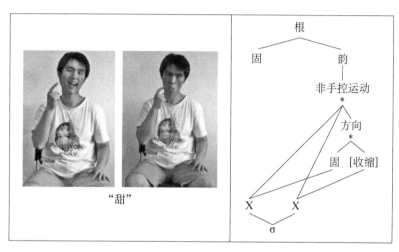

图 5-22 由非手控运动+方向改变形成的音节举例

图5-22表明,该手势在非手控运动结点和方向改变结点上分别带有一个重量单位。非手控运动与两个X空位相连。方向改变节点下带有一个固有特征和一个韵律特征,固有特征与第一个X空位相连,韵律特征[收缩]与第二个X空位相连。虽然上海手势"甜"没有路径运动,视觉的感知强度不是很大,但从结构上看该手势也同样含有两个重量单位的复杂运动音节。这种现象犹如有声语言中有关音节重量的"位置决定重量"(weight-by-position)原则[①]:响度最小的清塞音(p,t,k)在韵尾位置也可以有重量,但响度很大的半元音(j,w)在音节首位(onset)时也没重量。

---

① "位置决定重量"(weight-by-position)是分析音节中的辅音是否构成莫拉(重量单位)的一种理论,参见 Hayes(1989)。

5.2.2.3 腕关节运动伴随路径运动的音节

所谓腕关节运动伴随路径运动，就是指腕关节运动与肩关节或肘关节支配的运动(本地运动与路径运动)同时发生的手势。在上海手语中这类手势不少，如"讨厌"(见图 5-23)、"注意"(见附录Ⅰ-22)、"报纸"(见附录Ⅰ-24)等。经统计，在本研究收集的语料中含有肩关节或肘关节运动与腕关节运动同时发生的手势有 84 个[①]，占所有含复杂运动手势的 25%。以手势"讨厌"为例，该手势的主手持 P-22 手型，腕关节内收，被选小指指尖接触下巴，手势过程中一个由肘关节支配的运动使主手从下巴处移向胸前的中性空间，与此同时主手的腕关节外翻。因此，该手势含有一个路径运动加方向改变的复杂运动音节，如图 5-23 所示。

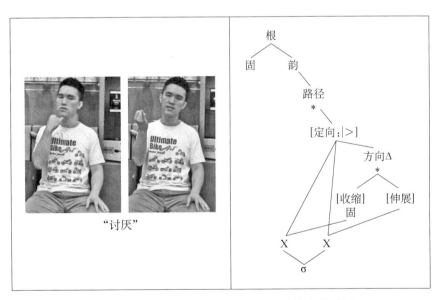

图 5-23　由路径运动＋方向改变形成的音节举例

图 5-23 表示，在"讨厌"的手势过程中，腕关节支配的本地运动伴随肘关节支配的路径运动同时发生，这是一个复杂运动的音节。该音节在路径节点

---

① 当然，在实际上海手语中，这类手势要多得多。在以下出现的统计数据中，都只是有限语料统计中的数据，并非指全部上海手语。但统计出的百分比一定程度上反映了某种手势在上海属于中所占的比例。

和方向改变节点上分别带有一个重量单位。路径特征［定向：｜＞］与两个 X 空位相连。方向 Δ 节点下带有［收缩］和［伸展］两个特征，其中［收缩］为固有特征，与第一个 X 空位相连；［伸展］为韵律特征，与第二个 X 空位相连。第一个 X 空位是路径运动和方向改变的起点，第二个 X 空位是路径运动和方向改变运动的终点，路径运动和方向改变有相同的边界是一个音节域的重要标志。

5.2.2.4 掌指关节运动伴随路径运动的音节

在复杂运动构成的手势中，由路径运动和掌指关节运动引起的手形开合变化同时发生构成的音节，分布最为广泛，在我们收集的上海手语语料中总共有 219 个手势含有此类音节，占所统计语料的 66%，如手势"发明"（见图 5－24）、"影响"（见附录Ⅰ-2）、"榜样"（附录Ⅰ-3）、"再"（附录Ⅰ-25）、"白"（附录Ⅰ-26）、"瘦"（附录Ⅰ-29）等。以手势"发明"为例，该手势的初始状态为主手握拳，置于身体同侧太阳穴。在主手从太阳穴移开的过程中，主手由握拳变为五指张开。主手从太阳穴移开是由肘关节支配的路径运动，五指张开是由掌指关节作用引起的手形开合改变。这两种运动具有相同的起始边界，因此是一个复杂运动的音节结构。其手势图和音节结构如图 5－24 所示。

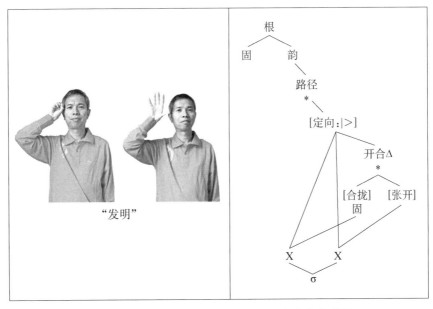

图 5－24　由路径运动＋开合变化构成的音节举例

图 5-24 表明，手势"发明"所包含的音节在路径节点和开合 Δ 节点分别各带有一个重量单位。路径特征[定向：|＞]与两个 X 空位相连，表明路径运动的起始点。开合 Δ 节点下带有[合拢]和[张开]两个特征，其中[合拢]属于固有特征，[张开]属于韵律特征。这两个特征分别与前后两个 X 空位相连，表明主手含合拢到张开的过程。该结构说明，手势"发明"是一个带两个重量单位和两个 X 空位的复杂运动音节。

5.2.2.5 掌指关节运动伴随腕关节运动的音节

掌指关节运动改变手形构造，腕关节运动改变手的方向，这两种运动都属于本地运动。在上海手语中，由手的方向改变和手形开合变化两种本地运动同时发生构成的音节分布较少。在我们统计的上海手语语料中，带有此种类型音节的手势只有 15 个，占所统计语料中含有复杂运动手势的 4.5%，如手势"(指示)灯"（见图 5-25）、"(情)况"（见附录 I-27）、"新疆"（见附录 I-28）等。以手势"(指示)灯"为例，该手势的初始状态为主手持 N-0 手型，置于头部侧前方，手势发生时腕部缩拢的同时掌指关节展开。腕部缩拢属于方向改变运动，掌指关节展开属于手形的开合变化。这两种运动同时开始，同时结束，即有相同的起始边界。其图示与音节结构见图 5-25。

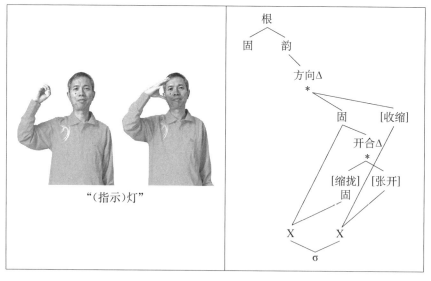

图 5-25　由方向改变＋开合变化同时发生构成的音节举例

图5-25表明，手势"(指示)灯"的音节在方向△节点和开合△节点上分别带有一个重量单位。方向节点下带有两个特征：第一个特征为固有特征；第二个特征为韵律特征。它们分别与前后两个X空位相连。该音节的开合△节点下也带有一个固有特征[缩拢]和一个韵律特征[张开]，它们也分别与这两个X空位相连。因此，"(指示)灯"是一个含两个重量单位的复杂运动单音节手势。

综上所述，由复杂运动形成的音节都带两个重量单位和两个X空位，因此它们的音节结构可以归纳成如下结构模型。

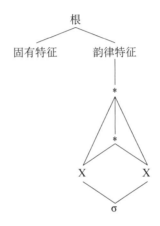

图5-26　由复杂运动构成的音节结构模型

结构图5-26表示，一个由复杂运动构成的音节含有两个重量单位，分别在两个不同运动的节点下，两个运动同时连接起止两个X时间槽，表示两个运动的边界一致。所有这些动态成分都在韵律特征节点下，和固有特征一起在一个（音段）根的节点下，即含有这个音节手型的被选手指不变。

5.2.3　由超级复杂运动构成的音节

本研究把含有三个（及三个以上）重量单位的运动称作超复杂运动。含极复杂运动构成音节的手势极少，在本研究所收集的上海手语语料中，含有超复杂运动的手势如"包括"(见图 5-27-a)、"枪毙"(见图 5-27-b)、"蛇"(见附录Ⅰ-23)、"瘦"(见附录Ⅰ-29)、"瘪"(见附录Ⅰ-30)、"铅球"(见附录Ⅰ-31)和"烫"(见附录Ⅰ-32)。目前,本研究尚无发现含四个运动同时发生的手势,理论上讲可能存在,如一个路径运动、一个腕关节运动和一个掌指关节运动同时发生,并伴随着某个非手运动(表情体态)。含三个重量单位的超复杂运动归纳如(2)。

(2) 复杂运动音节类型

1) 非手运动+方向改变+开合变化,如"蛇";
2) 路径运动+方向改变+开合变化,如"包括"和"枪毙";
3) 非手运动+路径运动+开合变化,如"瘦"、"瘪"和"铅球";
4) 非手运动+路径运动+方向改变,如"烫"。

在上例四种形式中,除"包括"和"枪毙"不含非手运动之外,其他三种形式(包括五个手势)都含有非手运动。"包括"和"枪毙"的视频截图如图 5-27 所示。

a. "包括"　　　　　　　　b. "枪毙"

图 5-27　由超复杂运动(路径+方向 Δ+开合 Δ)构成的音节举例

如图 5-27-a 所示,手势"包括"有三种运动同时发生。第一种是由肘关节发出的路径运动使主手在辅手上方做一次环形轨迹运动后回到原处;第二种是腕关节同时转动;第三种掌关节缩拢使手形由张开变为合拢。这三种运动同时开始、同时结束,即它们具有相同的边界,因此是一个音节,其结构图可表示如下。

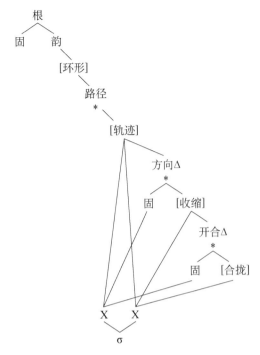

图 5-28 手势"包括"所含音节的韵律模型结构

结构图 5-28 表明,手势"包括"在一个"根"(被选手指不变)节点下有复杂的韵律特征,包括三个重量单位和两个 X 空位,三个重量单位分别在路径节点、方向 Δ 节点和开合 Δ 节点下各带有一个重量单位(*)。路径节点下的特征[轨迹]与两个 X 空位相连;方向节点下的固有特征与第一个 X 空位相连。韵律特征[收缩]与第二个 X 空位相连;开合节点下的固有特征与第一个 X 空位相连;韵律特征[合拢]与第二个 X 空位相连。这表示三个运动的边界一致。这是一个典型的含超复杂运动音节的手势。

手势"枪毙"的视频截图如图 5-27-b 所示。该手势同样涉及三种不同的运动:第一种运动是主手〔持 I-3 手型(☝)〕肘关节收缩,使主手由远身处移向近身处,这是一种带有特征[肘轴](该特征可参见第三章 3.3.2 小节)的路径运动;第二种运动是腕关节向拇指一侧转动,这是一种带有特征[外转](该特征可参见第三章 3.3.3 小节)的方向改变;第三种运动是主手食指由伸展变为缩

第五章 上海手语音节结构 173

拢，这是由非基关节(指关节)收缩形成的开合变化。手势"枪毙"的音节结构如图 5-29 所示。

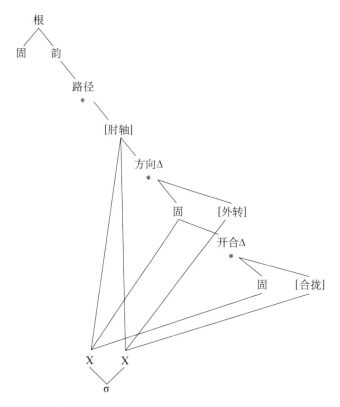

图 5-29　手势"枪毙"所含音节的韵律模型结构

从图 5-29 可以看到，手势"枪毙"含有一个音节(σ表示音节节点)，该音节在路径节点、方向 Δ 节点和开合 Δ 节点下分别各带有一个重量单位。路径节点下的特征[肘轴]与两个 X 空位相连。方向 Δ 节点下的固有特征与第一个 X 空位相连；韵律特征[外转]与第二个 X 空位相连。开合 Δ 节点下的固有特征与第一个 X 空位相连；韵律特征[合拢]与第二个 X 空位相连。三种运动的边界一致。因此，上海手语"枪毙"是一个含三个重量单位超复杂运动的单音节手势。

比较图 5-28 和图 5-29 可以看出，除了涉及的具体特征有所不同，手势"包括"和"枪毙"所含音节的韵律模型音节结构基本相同。它们所含的音节都带有三个重量单位和两个 X 空位。因此，超复杂运动构成的音节结构可以归纳如下图所示。

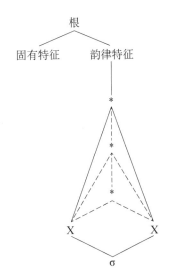

图 5-30　上海手语的音节结构模型

图 5-30 表示上海手语的超复杂运动音节由两个 X 空位和 3 个重量单位（由星号 * 表示）构成。一般而言，三个重量单位的音节结构，其中至少有两个重量单位是手控运动，有一个重量单位可以是非手控，包括摇头、头倾、身倾或面部表情等，每个运动同时连接两个时间槽。这样的音节模型既考虑了音节的时长，也考虑了音节同时性的复杂度。我们可以运用这一模型有效地解释上海手语中音节间产生的一些音系变化，包括同化、简化、省略等。这些音系变化将在第七章中作详细讨论。

5.3　韵律模型中上海手语的音节类型

综合上海手语中由简单运动构成的音节（见结构图 5-20）、复杂运动构成的音节（见结构图 5-26）和超复杂运动构成的音节（见结构图 5-30），我们一共可以得出 15 种不同的音节类型，如表 5-2 所示。

表 5-2 在韵律模型框架下上海手语的音节类型

音节类型	对应英文	缩写
1. 非手	Non-manual	N
2. 设定点 △	Setting△	S
3. 路径	Path	P
4. 方向 △	Orientation△	O
5. 开合 △	Aperture△	A
6. 非手＋路径	Non-manual＋Path	NP
7. 非手＋方向 △	Non-manual＋Orientation△	NO
8. 非手＋开合 △	Non-manual＋Aperture△	NA
9. 路径＋方向 △	Path＋Orientation△	PO
10. 路径＋开合 △	Path＋Aperture△	PA
11. 方向 △＋开合 △	Orientation△＋Aperture△	OA
12. 非手＋路径＋方向 △	Non-manual＋Path＋Orientation△	NPO
13. 非手＋路径＋开合 △	Non-manual＋Path＋Aperture△	NPA
14. 非手＋方向 △＋开合 △	Non-manual＋Orientation△＋Aperture△	NOA
15. 路径＋方向 △＋开合 △	Path＋Orientation△＋Aperture△	POA

表 5-2 归纳了上海手语中全部 15 种音节类型,在韵律模型框架内,手语音节类型从内部结构的简单运动到复杂运动以及超级复杂运动的差异,能清晰地体现这一类型的音节如何形成、核心结构运动由哪个关节发出。在表 5-2 的 15 种音节类型中,涉及路径运动的音节类型有 P,PO,PA 和 POA 四种。P 表示仅含路径运动;PO 表示路径运动和方向改变同时发生;PA 表示路径运动和开合变化同时发生;POA 表示路径运动、方向改变和开合变化同时发生。含有一个字母表示该音节由简单运动构成;含有两个字母的表示该音节由复杂运动构成;含有三个字母的表示该音节由超复杂运动构成。

从表 5-2 的音节类型归纳中可以看出,以韵律模型为框架的音节结构在表现音节同时性结构上有明显优势。上述上海手语 15 种音节类型的分类不仅充分阐述了手语音节内部复杂同时性的不同运动之间的关系,也清晰展现了序列性的位置与不同运动之间的复杂关系。这种关系在韵律模型中由路径特征[定向：｜＞]、[定向：＞｜]、[环形]准确地进行赋值,表示位置与运动或运动与位置的关系。上海手语中涉及各种运动的音节类型可举例说明如下表。

表5-3 韵律模型中上海手语音节类型举例及说明

音节类型	举例	注释
P-[定向：∣＞]	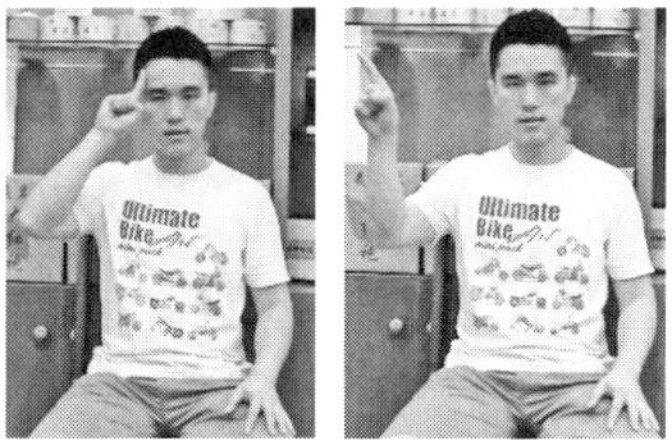 "一天"	该手势有明确的起点，即主手同侧太阳穴。
P-[定向：∣＞] | O	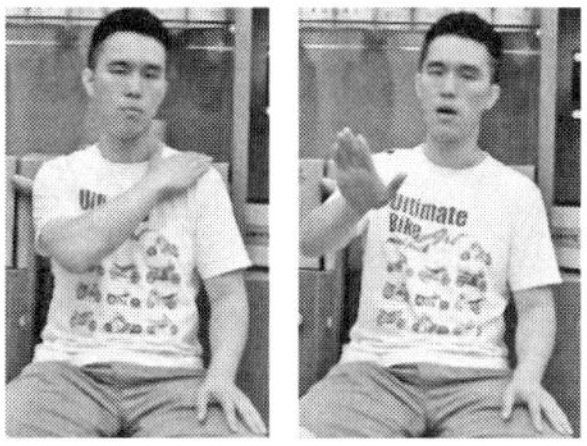 "不管"	该手势的起点为主手异侧肩部，在路径运动发生的同时，手掌外翻。
P-[定向：∣＞] | A	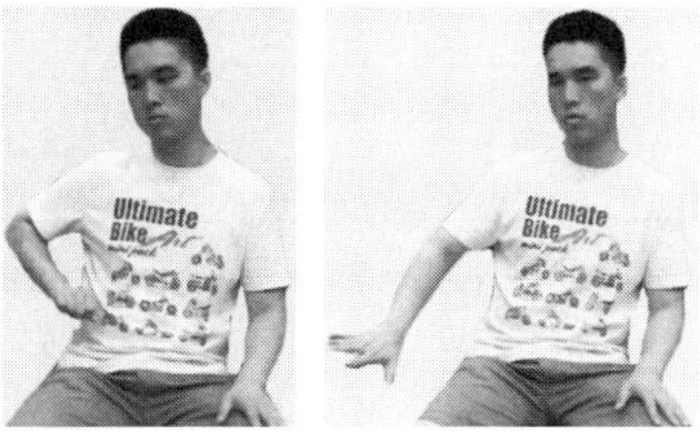 "丢"	该手势的起点为主手同侧腰部，在路径运动发生的同时，手型由合拢变为张开。
P-[定向：∣＞] | O | A	—	
P-[定向：＞∣]	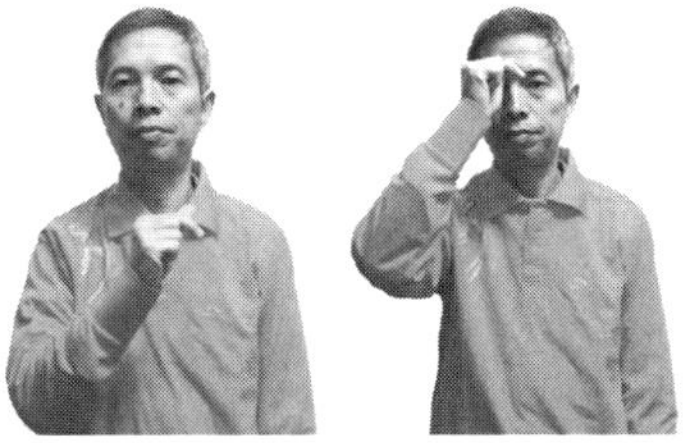 "医"	该手势的起点不明确，终点为额头。

第五章 上海手语音节结构

续 表

音节类型	举 例	注释
P-[定向：＞｜] ｜ O	"失败"	该手势的起点不明确，终点为辅手掌心，在路径运动发生的同时主手手掌外翻。
P-[定向：＞｜] ｜ A	"学"	该手势的起点不明确，终点为额头，在路径运动发生的同时手型由张合变为合拢。
P-[定向：＞｜] ｜ O ｜ A	—	
P-[定向]	"出租车"	手势"出租车"没有明确的起点和终点。
P-[环形]	"天"	主手在头顶上方划一个圈，没有明确的起点和终点。

续　表

音节类型	举　例	注释
P-[定向] ｜ O	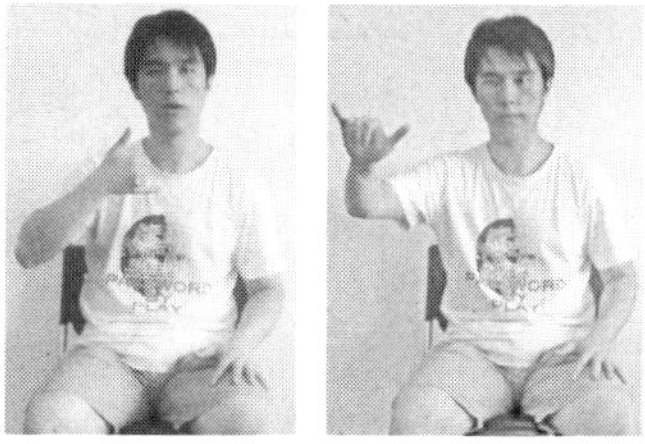 "去"	该手势没有明确的起点和终点，在路径运动发生的同时手掌外翻。
P-[环形] ｜ A	—	
P-[定向] ｜ A	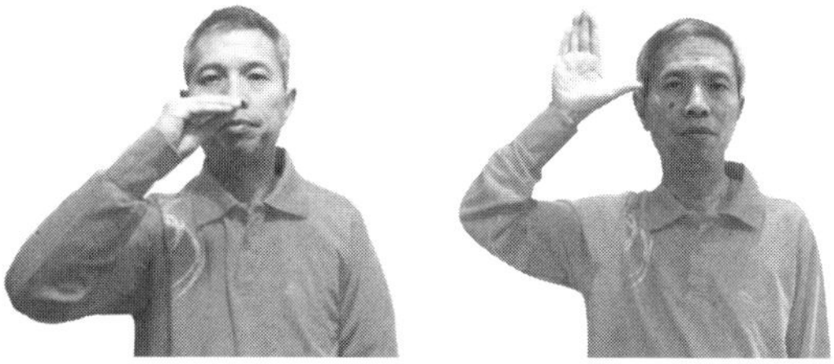 "白天"	该手势没有明确的起点和终点，在路径运动发生的同时手型由合拢变为张开。
P-[环形] ｜ A	—	
P-[定向] ｜ O ｜ A	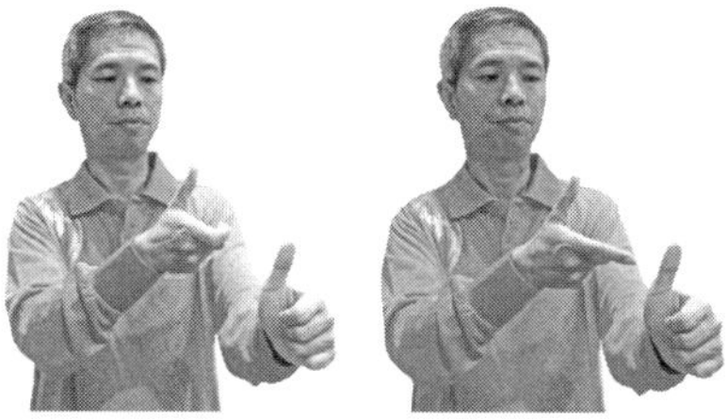 "枪毙"	该手势没有明确的起点和终点，路径运动发生的同时，腕部内偏，主手食指由伸展变为弯曲。
P-[环形] ｜ O ｜ A	 "包括"	该手势没有明确的起点和终点，路径运动发生的同时，腕部由伸展变为缩拢，主手手型由张开变为合拢。

第五章　上海手语音节结构

在韵律模型中，与 P 型音节相对应的音节可以分为 O 型音节、A 型音节和 OA 型音节三种。如此，韵律模型可以区分该音节由简单运动形成，还是由复杂运动形成。含有一个字母的为简单运动；含有两个字母的为复杂运动。并且韵律模型可以清晰地表明该音节是由哪个关节的运动形成的：O 为由方向改变形成的本地运动；A 为手型变化形成的本地运动；OA 为方向改变和手型变化同时发生。在表 5-3 中有些音节结构类型的手势"未发现"，这并不表示上海手语中没有这类结构的手势，只是在我们分析的语料中尚无发现。在韵律模型框架内，对上海手语的音节分类，充分反映了上海手语手势结构的特征与特点；并且以最简洁明了的方法表征了手语音节的结构体系。这种音节结构体系既诠释了手语结构同时性复杂的特点，又体现了手语结构序列性的表达形式。

5.4 上海手语中带有颤动的音节

手语中的颤动是指在手势发生过程中动作幅度小且速度快的重复性运动，颤动又被称为微运动(Friedman，1977)、次级运动(Perlmutter，1992)或手型内部运动(Sandler，1989)。由于颤动往往由腕关节或掌关节产生的重复运动，因此 Sandler 和 Lillo-Martin(2006)也把颤动作为本地运动。但语料证明，有些颤动(重复运动)也可以由肘关节和肩关节运动产生。Padden 和 Perlmutter(1987)认为，只要是小幅度重复性运动就都可以看作颤动。在上海手语中，带有颤动的音节非常普遍。在本研究采集的 1581 个上海手语词汇中，有 265 个带有颤动，比例高达 16.8%。颤动和重复的差别在于尽管颤动所包含的重复性运动的次数是可数的，但是重复的次数无论在音系上还是形态上都无关紧要。从这个角度讲，手语中的颤动和有声语言中的颤音非常类似，如意大利语和西班牙语中的大舌颤音[r]。颤动发生的次数的多少或时间的长度往往无音系区别意义，与音节发生的次数也不相关。

从语音层面讲，上海手语中的颤动包括：划圈、抖动、捻动、弯钩、平钩、点动、释放、点头、转动、轴动、剪动和舌颤等。

5.4.1 划圈颤动

划圈是整个手做出的小幅度的重复圆周运动。划圈可以由肩关节、肘关节或腕关节驱动发生。这样的手势在上海手语中并不少见,在本研究所掌握的语料中有 31 个手势都含有划圈颤动。如手势"玩"、"(豆)浆"等所含的划圈颤动是由肩关节和肘关节协作运动形成的[①];手势"(运)动"、"科(学)"等所含的划圈颤动是由肘关节运动形成的;手势"狐狸"、"空(气)"等所含的划圈颤动是由腕关节运动形成的。这些手势图示分别举例如下图。

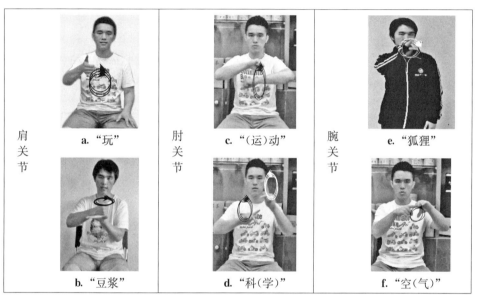

图 5-31 上海手语中含有划圈颤动的手势举例

如图 5-31-a 手势"玩"所示,主手手型为 P-19( )置于胸前中性空间,主手在肩关节和肘关节的驱动下,在 Y 平面多次重复做划圈运动。手势"(豆)浆",如图 5-31-b 所示,主手握拳贴住辅手手掌,主手在肩关节和肘关节的驱动下,在 Y 平面多次重复做划圈运动。手势"(运)动",如图 5-31-c 所示,双手握拳置于胸前中性空间,在肘关节的驱动下,双手交替在 Z 平面多次重复划圈。手势"科(学)",如图 5-31-d 所示,双手持 U-34 手型( )

---

① 在本研究所掌握的语料中,未发现只由肩关节运动形成的划圈颤动。

置于胸前中性空间,在肘关节的驱动下,双手交替在Y平面多次重复划圈。手势"狐狸",如图5-31-e所示,主手呈H-39手型()置于嘴前,主手在腕关节的驱动下,在X平面多次重复划圈。手势"空(气)",如图5-31-f所示,主手为I-9手型(),辅手为B-45手型(),主手食指伸入辅手拇食和其他四指形成的∩形空间,在腕关节的带动下,作多次反复的划圈运动。根据第四章对音节的定义,上述带有划圈颤动的手势都为单音节手势。

5.4.2 抖动

抖动是以同一个发语位置为中心的小幅度快速来回往复运动。同划圈一样,抖动也可以由肩关节、肘关节或腕关节驱动发生。含有抖动的手势在上海手语中也比较常见,在本章所分析的语料中有39个手势都含有抖动。如手势"猴"、"(雨)林"等所含的抖动是由肩关节运动形成的;手势"忙"、"考试"等所含的抖动是由肘关节运动形成的;手势"什么"、"铃"等所含的抖动是由腕关节运动形成的。这些手势分别举例如下图。

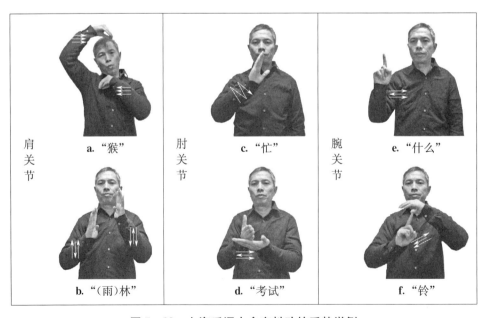

图5-32 上海手语中含有抖动的手势举例

在图 5-32 中，手势"猴"（如图 5-32-a 所示），双手手型为 B-52（），主手和辅手分别置于额前和下巴前；双手在肩关节的驱动下，做多次左右来回短直线运动。手势"（雨）林"（如图 5-32-b 所示），双手都为 B-56 手型（），双手在肩关节的驱动下，在垂直方向交替做短直线运动。手势"忙"（如图 5-32-c 所示），主手手型为 B-49（）置于头前，主手在肘关节的驱动下，快速来回做短直线运动。手势"考试"（如图 5-32-d 所示），双手均为 B-49 手型，主手小指一侧贴于辅手手掌，主手在肘关节的驱动下，快速来回扫过辅手手掌。手势"什么"（如图 5-32-e 所示），主手呈 I-9（）手型置于胸前中性空间，主手在腕关节的驱动下，快速左右来回晃动。手势"铃"（如图 5-32-f 所示），主手为 I-9 手型，辅手手型为 B-57（）手型，主手食指伸入辅手拇食和其他四指形成的罩形空间内，在腕关节的驱动下，快速左右来回晃动。上述带有抖动的手势都为单音节手势。

如上所述，划圈和抖动可以发生在肩关节、肘关节和腕关节。然而，其他的颤动类型都只能发生在一种关节上。如点动、转动和轴动都是由腕关节驱动发生的；捻动、弯钩、平钩、点动、释放和剪动都是由掌指关节驱动发生的。

5.4.3 由腕关节发出的颤动

由腕关节驱动发生的颤动有点动、转动和轴动三种。腕关节的运动根据其本身的生理结构可以分为三种方式：翻转、伸缩和偏转（参见第三章 3.3.3）。腕关节小幅度的快速重复运动形成腕关节的颤动，其中翻转形成转动，如"（结）果"（见表 5-4-a）、"妹妹"（见附录Ⅰ-33）、"钥匙"（见附录Ⅰ-34）等手势都含有转动型颤动；伸缩形成点头，如"扫墓"（见表 5-4-b）、"吃饭"（见附录Ⅰ-35）、"简单"（见附录Ⅰ-36）等手势都含有点头型颤动；偏转形成轴动①，如"什么"（见表 5-4-c）、"危（害）"（见附录Ⅰ-37）、"咸"（见附录

---

① 如果将中指指尖与腕关节的中心连成一条直线即为偏转的中心线（参见第三章图 3-17），该直线就是轴动的"轴"。

I-21)等手势都含有轴动。上海手语中含腕关节驱动的颤动手势及音系表征举例如下表。

表5-4 上海手语中含有腕关节颤动的手势及其音系表征

颤动类型	举例	音系表征
转动	a."(结)果"	根—固(发语器官、发语位置)—韵(方向Δ[颤动]);手[1]—方向—X平面 固[内转]
点头	b."扫墓"	根—固(发语器官、发语位置)—韵(方向Δ[颤动]);手[7]—方向—X平面 固[缩拢] [6]辅手
轴动	c."什么"	根—固(发语器官、发语位置)—韵(方向Δ[颤动]);手[5]—方向—X平面 固[外偏]

手势"果"是带有转动的手势,如表5-4-a所示,主手握拳贴住下巴,掌心朝向X平面,腕关节反复内转和外转形成转动型颤动。在该过程中,内转为词汇运动而外转为过渡运动(词汇运动和过渡运动的定义参见第三章3.3)。

手势"果"的音系表征如表 5-4-a 所示，手[1]表示主手的掌心，从其音系表征图可以看出，手势"果"底层的方向是由其主手掌心和 X 平面之间的相互关系确定的。特征[颤动]直接放在韵律特征的方向 Δ 节点下，并且方向节点下带有一个固有特征和一个韵律特征。腕关节的转动型颤动是自由特征[颤动]与韵律特征[内转]相互作用的结果。

上海手语中手势"扫墓"含有点动颤动，如表 5-4-b 所示，主手为 B-49 手型( )，辅手为 P-19 手型( )，主手置于辅手上方，主手腕关节由伸展变为收缩并多次反复形成点动颤动。"扫墓"的音系表征图如表 5-4-b 所示，其中手[7]表示主手被选手指指尖与方向相关。该手势的发语位置为辅手，掌心朝 X 平面。辅手[6]表示辅手的小指一侧与该手势的方向相关。从该手势的音系表征图可以看出，手势"扫墓"的固有方向是由主手指尖和辅手的小指一侧之间的相互关系确定的，即在腕部运动发生前，主手的指尖要对准辅手的小指。[颤动]直接放在方向 Δ 节点下，该节点下带有固有特征和韵律特征[缩拢]。在手腕缩拢发生后，主手指尖由指向辅手小指变为指向辅手拇指，如此反复形成点动颤动。点动颤动是特征[颤动]和韵律特征[缩拢]相互作用的结果。

上海手语中手势"什么"含有轴动，如表 5-4-c 所示。主手手型为 I-9 手型( )，主手以中心线为轴反复内偏和外偏形成轴动。其中内偏属于过渡运动；外偏为词汇运动。手势"什么"的音系表征如表 5-4-c 所示，其中手[5]代表主手食指靠近拇指一侧与方向相关。手[5]与 X 平面之间的关系，确定了该手势的固有方向。特征[颤动]直接放在方向节点下。从该音系表征图可以看出，轴动是由特征[颤动]和韵律特征[外偏]相互作用形成的。通过比较图 5-32 和表 5-4 可以发现，轴动与抖动有重叠之处。如上文所述，抖动可以发生在肩关节、肘关节和腕关节；因此抖动的范畴要大于轴动。轴动是一种发生在腕部的抖动。

5.4.4 由掌指关节发出的颤动

掌关节是基关节；指关节是非基关节。它们在生理上是不同的关节，在音系上有不同的赋值;但手指的颤动往往涉及掌关节和指关节。在上海手语中,捻动、弯钩、平钩、点动、释放和剪动都可以是由掌和(或)指关节驱动发生的颤动,表现为手形的反复变化。捻动表现为拇指快速地来回摩擦被选手指,如上海手语中"钱"(见表5-5-a)、"味道"(见附录Ⅰ-40)、"沙漠"(见附录Ⅰ-38)等手势都含有捻动;弯钩表现为被选手指非基关节的快速伸屈,如上海手语中"懒"(见表5-5-b)、"城(市)"(见附录Ⅰ-41)、"(雕)塑"(见附录Ⅰ-42)等手势都带有勾动。平钩表现为被选手指基关节的快速伸屈,如"旧"(见表5-5-c)、"猪"(见附录Ⅰ-43)、"(江)苏"(见附录Ⅰ-44)等手势都带有平钩;点动表现其他四指基关节交替缩拢形成点动,如"颜色"(见表5-5-d)、"假"(见附录Ⅰ-45)、"富"(见附录Ⅰ-46)等手势都带有点动;释放表现为拇指先抵住被选手指然后快速释放并多次重复,包含释放的手势有"自私"(见表5-5-e)和"意思"①(见附录Ⅰ-47)等;散开表现为被选手指由并拢变为散开并多次重复,含有散开的手势有"剪"(见表5-5-f)、"理发"(见附录Ⅰ-48)等。上述与手型变化相关的颤动举例如下表。

表5-5 上海手语中与手型变化相关的颤动及其音系表征

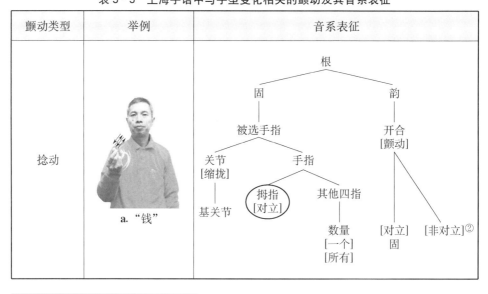

① 在上海手语中"意思"是一个由两个手势构成的词组。"意思2"表示构成该词组的第二个手势。
② 在Brentari(1998)的韵律模型中,开合结点下的韵律特征只有[合拢]和[张开]两个。此处为了表征拇指关节的变化,作者把[非对立]也作为一个韵律特征来使用。

续 表

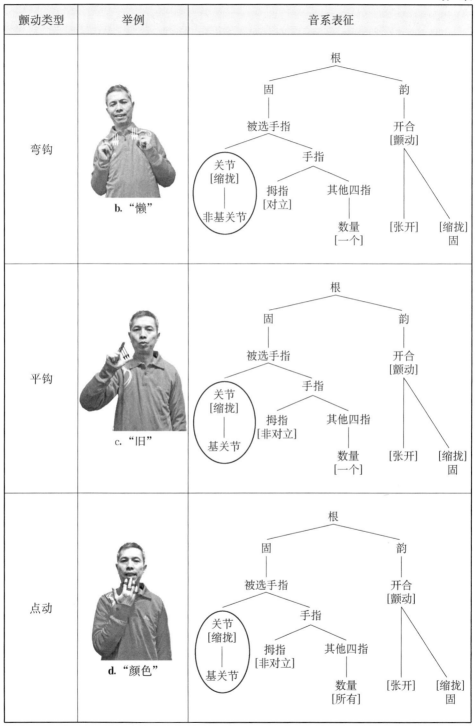

颤动类型	举例	音系表征
弯钩	b. "懒"	根—固(被选手指—关节[缩拢]—非基关节；手指—拇指[对立]；其他四指—数量[一个])；韵—开合[颤动]([张开]—[缩拢]固)
平钩	c. "旧"	根—固(被选手指—关节[缩拢]—基关节；手指—拇指[非对立]；其他四指—数量[一个])；韵—开合[颤动]([张开]—[缩拢]固)
点动	d. "颜色"	根—固(被选手指—关节[缩拢]—基关节；手指—拇指[非对立]；其他四指—数量[所有])；韵—开合[颤动]([张开]—[缩拢]固)

第五章　上海手语音节结构　187

续 表

颤动类型	举例	音系表征
释放	e. "自私"	（树形图：根—固—被选手指，分出关节[缩拢]（基关节、非基关节）与手指（拇指[对立]、其他四指：数量[一个]、参照点[食指]、缩拢固[所有]、[张开]）；韵—开合[颤动]）
散开	f. "剪"	（树形图：根—固—被选手指，分出关节[散开]与手指—其他四指—数量[一个][所有]；韵—开合[颤动]—[散开]固、[并拢]）

在表 5-5 中，手势"钱"含有捻动，如表 5-5-a 所示，主手拇指与食中指相捏并与其来回摩擦。从手势"钱"的音系表征可以看出，与捻动相关的特征是拇指的[对立]，该特征已用圆圈标出。捻动的过程从音系的角度看是拇指的关节赋值在[对立]与[非对立]之间反复变化的过程。手势"懒"（见表 5-5-b）含有弯钩颤动，双手手型为 I-4（），双手拇指抵住胸口两侧，双手食指的非基关节反复缩拢形成弯钩颤动。从"懒"的音系表征图可以看出，与弯钩颤动相关的特征是非基关节的[缩拢]，该特征已由圆圈标出。弯钩颤动的过程是非基关节的赋值反复由张开变为缩拢的过程。手势"旧"含有平钩颤动，如

表 5-5-c 所示，主手手型为 I-8( )，主手食指基关节反复收缩形成平钩颤动。从手势"旧"的音系表征图可以看出，与平钩颤动相关的特征是基关节的[缩拢]，该特征已由圆圈标出。弯钩颤动与平钩颤动的唯一差别在于前者发生在非基关节，而后者发生在基关节。如表 5-5-d 所示，手势"颜色"包含的颤动为点动，主手手型为 B-56( )，置于下巴前方，拇指不动，其他四指在基关节处随机轮流发生弯曲形成点动。从"颜色"的音系表征可以看出，与点动相关的关节赋值也是基关节的[缩拢]，该特征已由圆圈标出，但是点动与平钩颤动的不同之处在于：点动的被选手指是全部其他四指。手势"自私"所包含的颤动形式为释放，如表 5-5-e 所示，主手手型为 H-39( )，食指为被选手指，主手拇指先抵住食指指尖然后将其释放，食指关节在被释放后由缩拢变为伸展。从"自私"的音系表征图可以看出，释放同时涉及基关节和非基关节，基关节和非基关节同时由缩拢变为张开并多次反复形成释放，该特征已由圆圈标出。手势"剪"所包含的颤动形式为剪动，如表 5-5-f 所示，主手手型为 U-32(Y)，食指和中指为被选手指，食指和中指从分开到并拢并多次反复形成剪动。从"剪"的音系表征图可以看出，与剪动相关的特征是直接与关节节点相连的特征[散开]，该特征已由圆圈圈出。带有[散开]特征则食中指分开；不带[散开]特征则食中指并拢。

在本章研究所掌握的语料中，舌颤只发生在"蛇"一个手势中，但手势"蛇"除了舌颤还涉及腕部划圈和点动(该手势参见附录 I-23)。

综上所述，我们已提到了上海手语中的 12 种颤动，这些颤动普遍地存在于各种手语中，如美国手语(Brentari, 1996; Perlmutter, 1992)、英国手语(Sutton-Spence & Woll, 1999)、以色列手语(Meir & Sandler, 2013)、荷兰手语(Crasborn, 2001)、中国香港地区手语(Mak & Tang, 2011)等。上海手语中还有一种特殊的颤动形式无法归类到以上任何一种颤动的类型，如"每"、"义(务)"和"插(座)"等手势含有多个设定点，且设定点的个数并不重要。在韵律模型的框架下，此类手势可以理解为[颤动]特征直接与设定点节点相连，如图 5-33 所示。

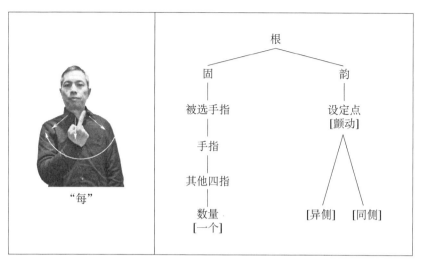

图 5-33　上海手语中的设定点颤动手势举例

上海手语中带有设定点颤动的手势，在表层表现为一个路径运动和肘关节抖动的叠加。以手势"每"为例，该手势含有一个弧形的路径运动和与之同时发生的肘关节抖动。按照 Brentari(1998)判定音节数量的标准(参见第四章 4.2 节)，在统计音节数量时要以更大幅度的运动为准。在带有设定点颤动的手势中，路径运动是比肘关节抖动幅度更大的运动，因此此类手势也只计为一个音节。

5.4.5　上海手语中颤动的分布

通过对手语中颤动的分析可以看出，颤动可以发生在各个关节，特征[颤动]在韵律模型中可以放在各个节点下，因此可以把[颤动]称为自由(articulator-free)特征。我们已在前面根据手势中的运动所表达的重量单位不同，总结出了 15 种上海手语的音节类型。颤动虽是一种运动形式，但不会改变音节所含重量单位的类型，也不会增加音节所含重量单位的数量。如不考虑非手运动的重量结构，基于手控运动的重量结构，上海手语的音节类型有 8 种。通过对语料的观察，颤动在以下 7 种音节类型中的分布如表 5-6 所示。

表 5-6 颤动在 7 种音节类型中的分布

音节类型①	颤动	数量	举 例
S	S-[T]	3	"每"（见图 5-33） "义(务)"（见附录Ⅰ-49） "插座"（见附录Ⅰ-50）
P	P-[T]	98	"忙"（见图 5-32-c） "考试"（见图 5-32-d） "科学"（见图 5-31-d）
O	O-[T]	76	"(结)果"（见表 5-4-a） "什么"（见图 5-32-e） "狐狸"（见图 5-31-e）
A	A-[T]	45	"颜色"（见表 5-5-d） "懒"（见表 5-5-b） "旧"（见图 5-5-c）
P | O	P | O-[T]	14	"多"（见图 3-15） "(生)命"（见附录Ⅰ-51） "下落"（见附录Ⅰ-52）
P | A	P | A-[T]	23	"(蛋)糕"（见附录Ⅰ-53） "城(市)"（见附录Ⅰ-41） "湖"（见图 4-19-c）
O | A	O-[T] | A-[T]	2	"(情)况"（见附录Ⅰ-27） "蛇"（见附录Ⅰ-23）

从表 5-6 可以看出在上海手语中[颤动]特征与不同音节类型的关系具有以下四个特点：

(3) [颤动]与音节的关系

a. 由简单运动形成的音节带[颤动]特征。

b. 由超复杂运动形成的音节不带[颤动]特征。

c. 在路径运动和本地运动同时发生的音节中，只有本地运动带[颤动]。

d. 在两种本地运动同时发生的音节中，这两种本地运动对[颤动]的赋值相同。

---

① 此处音节类型的标识已在前面表 5-2 中列出，S(setting)为设定点；P(path)为路径，O(orientation)为方向，A(aperture)为开合度。另，T(tremble)表示颤动。

Perlmutter(1992)讨论了颤动在美国手语中的分布方式,他提出颤动只能与一个音节的音节核相连。在 Perlmutter 的 PMP 模型中,响音度最大的音段为该音节的音节核,也就是手势中的运动,只有运动可以成为该音节的音节核,因此颤动只能和 M 相连,不能跟位置(P)相连。而在 P 型音节中,没有比位置 P 响音度更大的音段,因此 P 可以成为音节核,颤动可以在此种音节中与位置 P 相连。Perlmutter 指出,在美国手语中任何与 M 相邻的 P 都不能带有颤动。但在本研究所收集的上海手语的语料中却可以找到此类手势。如上海手语手势"热"就都是由一个路径运动紧接着一个颤动构成,手势见左图。

"热"

图 5-34 路径运动后跟颤抖构成的音节举例

如图 5-34 所示,上海手语手势"热"由一个弧形的路径运动结束后跟腕部转动(颤动的一种,见本章 5.5.3 小节)构成。在该手势中,路径运动和颤动是先后紧接着发生的,此时的颤抖并未发生在"响度"最大的路径运动过程中,而是路径运动结束时的位置状态,可见 Perlmutter 用响音度来解释颤动分布的方法并不适用于上海手语。

本研究是在韵律模型的框架下分析上海手语的音节结构,根据 Brentari (1998:6)判定音节的标准(参见第四章(6)),一段手势串中音节的数量与其包含的一系列音系动态单位的数量相同。构成手势"热"的路径运动和颤动属于先后毗邻发生的两个音系动态单位,因此它们应该分属于不同的音节,即双音节手势。在韵律模型的框架下,手势"热"的双音节结构可以表示如图 5-35 所示。

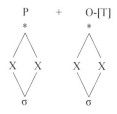

图 5-35 手势"热"的双音节结构

注:此处 P 表示路径,O 表示手掌方向,T 表示颤动

如图 5-35 所示，手势"热"的第一个音节由在路径(P)节点上的重量单位和两个 X 空位构成；手势"热"的第二个音节由在方向(O)节点上的重量单位和两个 X 空位构成，并且在方向结点上带有[颤动]。本文在 5.5 小节中将具体讨论上海手语双音节手势的结构及相关制约条件。

5.5　上海手语的双音节手势

尽管各国手语主要以单音节手势为主，但双音节手势仍普遍存在。本文在 5.1.3 和 5.1.4 两小节已分别讨论了上海手语中双音节单语素和双音节双语素手势，但手势中的音节不只是与语素的关系，更重要的是如何界定一个双音节手势与两个单音节手势组合的区别。在本章研究所收集的上海手语语料中，一共有 1581 个手势，其中单音节手势 1220 个，双音节手势 304 个。虽然双音节手势只占到所有手势数量的 19.2%，但是双音节手势反映了手语中音节的边界以及音节与音节之间的关系。上海手语中的双音节手势根据其形成方式的不同可以分为：完全重复形成的双音节手势、部分重复形成的双音节手势、双手先后交替运动形成的双音节手势及两个相对独立的音节形成的双音节手势。

5.5.1　完全重复形成的双音节手势

完全重复形成的双音节手势是在上海手语中最普遍的双音节手势。根据音节类型的不同，重复可以分为 P 型音节的重复（即重复两个路径运动），如"厉害"（见表 5-7-a）、"困难"（见附录Ⅰ-54）、"一样"（见附录Ⅰ-55）等；O 型音节的重复（即重复两个手掌方向改变的运动），如"价值"（见表 5-7-b）、"容易"（见附录Ⅰ-56）、"高兴"（见附录Ⅰ-57）等；A 型音节的重复（即重复两个手形开合的动作），如"下午"（见表 5-7-c）、"警察"（见附录Ⅰ-58）、"光荣"（见附录Ⅰ-59）等；PO 型音节的重复（即重复两个腕关节运动伴随路径运动），如"幻灯"（见表 5-7-d）、"节约"（见附录Ⅰ-39）、"讽刺"（见附录

Ⅰ-60)等。上述相关手势举例说明如下表①。

表5-7 重复运动构成的双音节手势举例

音节类型	手 势 截 图
P+P	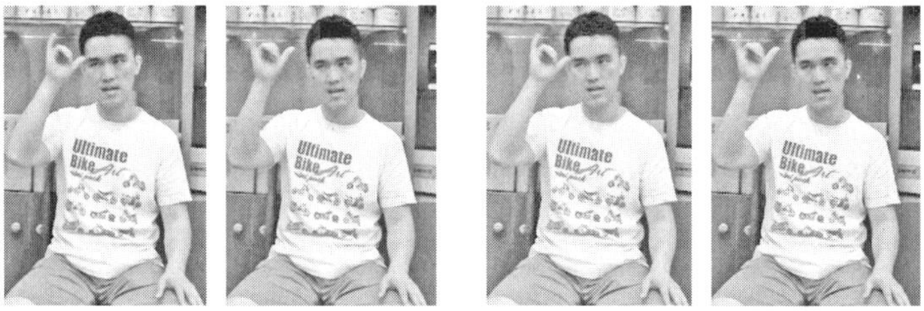 a. "厉害"
O+O	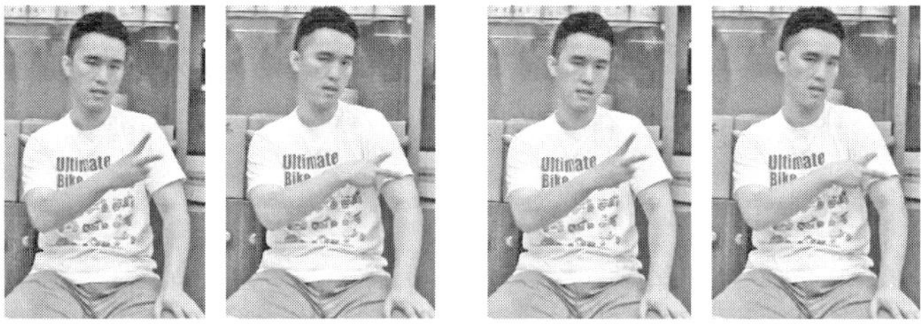 b. "价值"
A+A	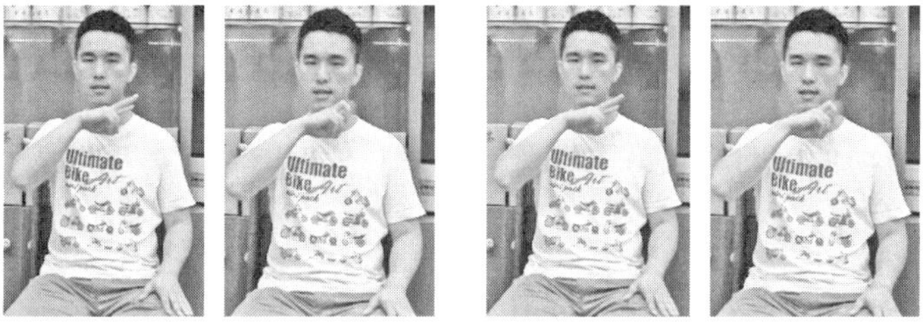 c. "下午"
P P ｜+｜ O O	 d. "幻灯"

---

① 在下列各手势图、表中,左边两图为第一个音节,右边两图为第二个音节。

表5-7-a手势"厉害",主手为P-19手型(⚡)。主手拇指先抵住身体同侧太阳穴,然后移开,形成路径运动。该路径运动发生两次,形成P+P型的双音节手势。表5-7-b手势"价值",主手为U-32手型(✋)。主手腕部由伸展变为缩拢,缩拢后被选手指指尖触碰身体异侧手臂,这样的方向改变运动发生两次,形成O+O型双音节手势。表5-7-c手势"下午",主手初始手型是U-32,手掌背贴住下巴;被选手指非基关节由伸展变为缩拢。这样的手型开合变化发生两次,形成A+A型双音节手势。表5-7-d手势"幻灯"的双手都为B-49手型(✋),主手先与辅手相贴,主手从辅手移开的同时,主手掌向由向外变为向内,路径运动和掌向改变同时发生并重复一次,形成由复杂运动构成的PO+PO型双音节手势。此外,还有PA型音节的重复(即手形开合变化伴随路径运动),如"爷爷"(见表5-8-a)、"影响"(见附录Ⅰ-2)、"辐射"(见附录Ⅰ-61)等;OA型音节的重复(即手形开合变化伴随手腕翻转运动)在本研究的语料中只发现"新疆"(见表5-8-b)一个手势,相关手势图说明如下。

表5-8 重复型PA和OA双音节手势举例

音节类型	手势截图
P P |+| A A	a. "爷爷"
O O |+| A A	b. "新疆"

表5-8-a手势"爷爷",主手持B-44手型( ),托住下巴,主手向下移动的同时手形由展开变为合拢,路径运动和手形开合变化同时发生并重复一次,形成由复杂运动构成的PA+PA型双音节手势。表5-8-b手势"新疆"为双手手势,手型为M-15( ),拇指与中指相捏。在手掌外转的同时拇指与中指由合拢变为分开,在该手势中方向改变与开合变化同时发生并重复一次,形成由复杂运动构成的OA+OA型双音节手势。此类手势在上海手语中分布极少,在本章研究的语料中只有"新疆"一个手势属于这种类型。

完全重复构成的双音节手势,第一个音节与第二个音节带有的固有特征和韵律特征完全相同,在第一个音节和第二个音节之间都有一个过渡运动;过渡运动是为了让手型、掌向或位置复位,不是构成音节的运动成分。

5.5.2　部分重复形成的双音节手势

部分重复形成的双音节手势是指前后两个音节的音节类型相同并共享大部分的特征,只有其中一对或几对特征不同的手势。根据音节的类型,可以分为P型音节的部分重复,如"反复"、"打卡"、"相互"等;O型音节的部分重复,如"电扇"、"味精"等。在本研究收集的上海手语语料中未发现A型音节的部分重复;PO型音节的部分重复,在本研究的语料中只找到"周围"一个手势符合此种类型;PA型音节的部分重复有"投资"、"螃蟹"、"习惯"等手势;OA型音节的部分重复,在本研究的上海手语语料中未发现。以下我们简单举例说明部分重复形成的双音节手势,见图5-36。

在图5-36-a手势"反复"的第一个音节中,主手的掌心与辅手掌心相对;在其第二个音节中,主手的掌背和辅手的掌心向对。前后两个音节的方向赋值正好相反,这两个音节有一对相反的固有特征,其他特征赋值都相同。在两个音节之间,手掌的翻转运动属于过渡运动。在图5-36-b手势"相互"的第一个音节中,双手掌心相外,双手由贴进胸口处移向远离胸口处;第二个音节中,双手掌心向内,双手由远离胸口处移回到贴近胸口处。前后两个音节的方向赋值正好相反,并含有一对相反的韵律特征;前者含有[定向：｜>],而

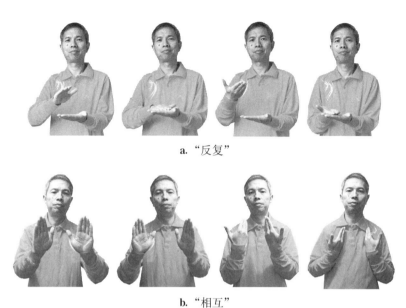

a. "反复"

b. "相互"

图 5-36　P+P 型双音节手势举例

后者含有[定向：>|]。上述"反复"和"相互"都是各含两个路径运动的双音节手势。含两个掌向运动的双音节手势如图 5-37 所示。

"电扇"

图 5-37　O+O 型双音节手势举例

图 5-37 手势"电扇"是由方向改变形成的双音节手势。第一个音节腕关节外转；第二个音节腕关节内转。两个方向相反的手腕翻转的本地运动构成两个音节，前后两个音节含有一对相反的韵律特征；因此，上海手语"电扇"是一个含两个本地运动的双音节手势。

"周围"

图 5-38　PO＋PO 型双音节手势举例

图 5-38 手势"周围"是由路径运动和方向改变运动同时发生形成的双音节手势。第一个音节，主手绕着辅手食指作弧形路径运动，同时主手腕部逐渐内转；第二个音节，主手绕着辅手食指作反方向的弧形路径运动，同时主手腕部逐渐外转。前后两个音节含有一对相反的路径运动和一对相反的方向改变运动，其他参数都相同。手势"周围"含两个复杂运动的双音节结构。

"投资"

图 5-39　PA＋PA 型双音节手势举例

图 5-39 手势"投资"是由路径运动和手形变化同时发生形成的双音节手势。在第一个音节中，主手由腰部移至胸前，同时主手手型由张开变为合拢；在第二个音节中，主手由靠近胸口处移向远离胸口处，同时主手手型由合拢变为张开。第二个音节路径运动的起点与第一个音节路径运动的终点相重合。第一个音节在开合节点带有特征［合拢］；第二个音节在开合节点带有特征［张开］。这是一对相反的韵律特征。上海手语"投资"是含有两个路径运动＋手型变化同时发生的复杂结构的双音节手势。

以上我们分析说明了完全重复形成的双音节手势和不完全重复形成的双音

节手势，比较这两种双音节手势的分布，我们发现后者的数量比前者要少得很多。上述分析表明，完全重复形成的双音节手势是由两个相同的单音节手势叠加而成的，类似的叠音现象在汉语普通话中也相当普遍。往往这样的手势都有其对应的单音节形式，而且以单音节形式出现的时候并不会影响其意义，如上海手语手势"爸爸"（见附录Ⅰ-62）、"高兴"（见附录Ⅰ-57）等，都可以用单音节来表示。部分重复形成的双音节手势没有相对应的单音节手势，如果把其中的某一个音节去掉，就会影响到整个手势的意义。

5.5.3 双手先后交替运动形成的双音节手势

在分析音节时，一般都以主手的运动为准。但是，在带有双手先后交替运动的手势中，辅手和主手一样也可以带有韵律特征从而形成音节。在上海手语中，"手套"、"呕吐"、"冲锋"等手势都属于由双手先后交替运动形成的双音节手势。这些手势有一个共同特点，它们都带有路径运动。相关手势举例说明如图 5-40 所示。

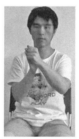

"手套"

图 5-40 双手先后交替 P+P 型双音节手势举例

在图 5-40 手势"手套"的第一个音节中，主手握拳辅手张开，主手与辅手手掌相贴，主手从辅手指尖移动到辅手掌根，该路径运动形成一个 P 型音节；在其第二个音节中，辅手握拳主手张开，辅手与主手手掌相贴，辅手从主手指尖移动到主手掌根，该路径运动形成一个 P 型音节。在该手势中，主手和辅手先后交替运动，形成两个 P 型音节。这种双手先后交替运动形成的双音节还有 PO+PO 复杂运动结构，如图 5-41 所示。

"呕吐"

图 5-41　双手先后交替 PO+PO 型双音节手势举例

在图 5-41 手势"呕吐"的第一个音节中，主手从胸口出发做一个弧形路径运动移向远离胸口处，同时主手腕关节下翻，路径运动和方向改变同时发生，形成一个 PO 型音节；在其第二个音节中，辅手完全重复了第一个音节中主手的运动过程，也形成一个 PO 型音节。需要注意的是，在该手势中，其中一只手在运动的时候，另一只手并不是完全静止的。如在第一个音节中，主手运动时，辅手由自然下垂变为移至胸前，此处辅手的运动属于过渡运动，目的是为下一个音节的运动做好准备，过渡运动不影响音节的结构。类似的双手交替还有 PA+PA 双音节手势，如图 5-42 所示。

"冲锋"

图 5-42　双手先后交替 PA+PA 型双音节手势举例

在图 5-42 手势"冲锋"的第一个音节中，主手拇食指分开，主手从辅手食指的指根部出发，顺着食指方向移动，同时主手拇食指由分开变为合拢，形成一个路径运动与开合改变同时发生的 PA 型复杂音节；在其第二个音节中，主手和辅手的角色互换，辅手完全重复了刚才主手的运动过程，也形成一个 PA 型复杂音节。由双手先后交替形成的双音节手势，可以看作是一种特殊的部分重复运动形成的双音节手势。观察图 5-40 至图 5-42 中的手势可以看出，第一个音节和第二个音节的唯一差别在于发语器官的不同，而除此之外的其他固有特征和韵律特征都一样。

5.5.4 两个相对独立的音节形成的双音节手势

由两个相对独立的音节形成的双音节手势是指前后两个音节类型不同，或音节类型相同但含有完全不同的特征。在上海手语中，这样的双音节手势数量非常有限，有"热"、"拿"、"薄"、"争取"、"忘记"、"卸"、"贡献"、"凝聚"、"主义"、"蒙古"、"射箭"、"东西"等。根据前后两个音节的音节类型，这些双音节手势类型包括：P+P、A+P、P+A、PA+P、P+O［颤动］、PO+P、PA+PA、PO+PA，相关手势举例说明如图5-43所示。

a."主义"

b."蒙古"

图5-43　P+P型双音节手势举例

图5-43-a手势"主义"由两个P型音节构成。第一个音节，主手手型为N-0，敲击异侧胸口；第二个音节，主手手型变为I-9，从胸口左上方移动到右下方。前后两个音节的手型赋值完全不同，因而，"主义"是由两个相对独立的音节形成的双音节手势。这样的手势还有"出现"（见附录I-63）：第一个音节主手手型为T-1；第二个音节主手主型为P-19。"碑"（见图5-8-a）：第一个音节双手手型都是I-4；第二个音节主手手型是B-51。图5-43-b手

势"蒙古",前后两个音节的手型相同但运动轨迹不同。第一个音节主手绕着头部做一个弧形运动；第二个音节主手在头部右侧做一个从上往下的直线运动。该手势的前后两个音节都是 P 型音节，但是所含路径运动的轨迹不同："蒙古"也是由两个相对独立的音节构成的双音节手势。类似的手势还有"立交桥"(见附录Ⅰ-64)和"距离"(见附录Ⅰ-65)。它们的第一个音节含有一个弧形的路径运动；而第二个音节含有一个直线型路径运动。在手势"蒙古"中，第二个音节的起点和第一个音节的终点相重合，衔接紧密，这是一个双音节手势。两个相对独立音节形成的双音节手势还有 A+P 型结构(即一个手形开合变化加一个路径运动)，如图 5-44 所示。

"拿"

图 5-44　A+P 型双音节手势举例

在图 5-44 手势"拿"的第一个音节中，主手手型由张开变为合拢；这是一个由手型开合变化形成的 A 型音节。在第二个音节中，主手握拳手型保持不变，主手在胸前做一个直线型路径运动，形成 P 型音节。在该双音节手势中第二个音节的起点和第一个音节的终点相重合，衔接也十分紧密。类似的还有 P+A 型双音节手势，如图 5-45 所示。

"射箭"

图 5-45　P+A 型双音节手势举例

在图 5-45 手势"射箭"的第一个音节中,主手从靠近辅手变为远离辅手;这是一个由路径运动形成的 P 型音节。在第二个音节中,辅手不动,主手中指和无名指由缩拢变为张开,此时的手指开合变化不是伴随第一个路径运动,是先后发生,边界不一致;这是由开合变化独立形成的 A 型音节。也有 PA+P 型双音节手势,如"东西"(见图 5-7)。该手势的第一个音节中,双手手型为 H-39,当主手和辅手相互靠近时,中指和无名指由缩拢变为张开,主手和辅手相互接触时形成一个含路径运动和手型变化的 PA 型音节。在第二个音节中,主手和辅手呈 B-44 手型从接触点向反方向分离;这是一个只含路径运动的音节,因此"东西"是一个 PA+P 型双音节手势。还有手势"传(真)"(见附录 I-66)、"贡献"(见附录 I-67)、"争取"(见图 5-46)也属于此类型的双音节手势。

"争取"

图 5-46　PA+P 型双音节手势举例

在图 5-46 手势"争取"的第一个音节中,主手肘关节向前伸展的同时,手型由张开变为缩拢;这是一个由路径运动和开合变化同时发生形成的 PA 型音节。在第二个音节中,辅手由自然下垂变为平伸,主手肘关节缩拢;这是一个由路径运动形成的 P 型音节。因此,手势"争取"是 PA+P 型双音节结构。上海手语"热"手势属于 P+O-[T]型双音节结构(音节结构见图 5-35),手势见图 5-34。手势"凝聚"属于 PO+P 型双音节结构,如图 5-47 所示。

"凝聚"

图 5-47　PO+P 型双音节手势举例

第五章　上海手语音节结构　203

图 5-47 "凝聚"是一个双手对称的双音节手势。在其第一个音节中，双手先相距一定距离，双手同时做一个弧形运动后双手掌根互相接触，与此同时双手腕关节都进一步伸展；这是一个由弧形路径运动和腕关节运动同时发生形成的 PO 形音节。在其第二个音节中，双手从躯干中部移动到躯干上部；此运动为路径运动，形成 P 型音节。因此，"凝聚"是一个 PO+P 型的双音节手势。

两个相对独立音节构成一个双音节手势的还有 PA+PA 型或 PO+PA 型，它们是由两个复杂运动形成的双音节手势，如上海手语中的"卸"和"忘记"，其手势分别见图 5-48 和图 5-49。

"卸"

图 5-48　PA+PA 型双音节手势举例

图 5-48 手势"卸"的第一个音节中，主手贴着辅手做横向直线运动的同时，手型由张开变为合拢；这是一个由路径运动和开合变化同时发生形成的 PA 型复杂音节。在第二个音节中，主手从躯干上部向下做纵向直线运动，同时手型由合拢变为张开构成另一个 PA 复杂音节。因此，"卸"手势是由两个 PA 型音节构成的双音节手势。

"忘记"

图 5-49　PO+PA 型双音节手势举例

如图 5-49 所示，手势"忘记"的前后两个音节也都是由复杂运动构成。在其第一个音节中，主手作弧形的路径运动的同时腕关节缩拢；这属于 PO 型音节。在其第二个音节中，主手作直线路径运动的同时，手型由缩拢变为张开；这属于 PA 型音节。因此，"忘记"双音节手势是由一个 PO 型复杂音节和一个 PA 型复杂音节构成。

上述手势图举例说明了上海手语语料中由两个完全独立的音节构成的双音节手势。这样的手势数量虽然非常有限，但对于手语音节的划分以及手势的音节类型分析有重要的参考意义。根据 Brentari(1998)划分音节的标准(参见第四章 4.2 小节)，结合本研究对上海手语音节的观察和分析，我们可以把上海手语音节的划分方式更具体地概括为以下 10 点：

(4) 判定上海手语音节数量的具体标准

a. 在一段手势串中，音节的数量等同于(序列性)词汇运动的数量；

b. 如果路径运动和本地运动同时发生，且起止边界相同，为一个音节；

c. 如果路径运动和颤动同时发生，且起止边界相同，为一个音节；

d. 只含有颤动的手势，无论颤动的次数多少都算作一个音节；

e. 完全重复的划圈运动算作一个音节；

f. 如果路径运动和本地运动先后发生(边界不一致)，即使两种运动之间没有任何过渡运动，算作两个独立的音节；

g. 如果路径运动和颤动先后发生(不是伴随)，即使两种运动之间没有任何过渡运动，算作两个独立音节；

h. 如果一个路径运动发生的过程中，先后出现两种不同的本地运动与其同时发生，第一个本地运动的起点和第二个本地运动的终点与所伴随的路径运动的起止点一致，算作一个音节；

i. 对于双手手势，如果双手同时运动，计算音节时以主手为准；

j. 对于双手手势，如果主手和辅手先后交替运动，那么每个手的运动都各算音节。

5.6 上海手语中的多音节手势

所谓多音节手势是指由三个或三个以上音节形成的手势。许多手语语言学研究都认为真正的多音节手势是不存在的，如 Meier 和 Cormier(2002)提到在美国手语中存在的多音节手势不是重复形式就是复合词；Johnston 和 Schembri (2007)认为，在澳大利亚手语的核心词汇中，并不存在超过两个音节的手势。上海手语中是否存在多音节手势也是个值得探讨的问题。有些貌似多音节手势基本都是纯模仿性动作，如上海手语的"散步"，手势图见下。

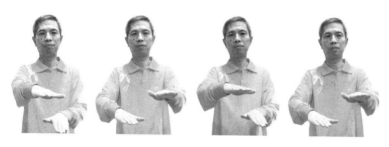

图 5-50　手势"散步"图示

图 5-50"散步"是通过双手交替运动模仿走路的脚步形成的四个运动手势。这种模仿性动作可以模仿一次（两个音节），也可以模仿两次，甚至三次。这种模仿性动作是重复性的，次数也较任意，缺乏音系的系统性，不能以此来论证这是上海手语多音节手势。如仔细观察语料，所谓的多音节手势通常属于那些强象似性的重复性动作，类似的还有如"梳头"（见图 5-51-a）、"橡皮"（见图 5-51-b)等等。

如图 5-51 所示，手势"梳头"和"橡皮"属于象似性很强的重复性动作，这些手势和日常生活中的动作很接近，有较强的透明度，即便是不懂手语的健听人也可以识别其意。手势"橡皮"还属于类属词结构，其主手手型为 I-7，模仿握一块橡皮，主手每做一次路径运动即表示用橡皮擦一次，运动的次数是不确定的。象似性很强的手势不属于手语的核心词汇，音系上也缺乏系统性和严密性，不能算真正意义的多音节手势。在上海手语中，还有一些看起来

a. "梳头"

b. "橡皮"

图 5-51 强象似性重复性手势举例

类似的多音节手势是由交替运动和重复运动形成的，如手势"方法"，见下图。

"方法"

图 5-52 手势"方法"图示

如图 5-52 所示，手势"方法"双手持 I-8 手型，左右手食指与拇指相碰，通过腕关节转动，更换左右手接触的拇指与食指。手势"方法"这种交替性的重复动作虽不属于强象似性，但这种手势的运动次数没有严格的限制，次数的多少不影响表意，也不能算多音节手势。类似的手势还有"海"、"模糊"等。因此，由交替运动和重复运动（运动次数没有严格规定的）构成的手势也不属于真正的多音节手势。

5.7 上海手语中双手手势的音节结构

手语中的手势几乎单双手各占一半。在本章研究所收集的上海手语语料中，有1038个双手手势，占到全部手势(共1581个)的66%，可见上海手语中双手手势的分布相当广泛。我们在第二、三、四章讨论手语音系时，基本都着眼于单手(主手)的音系特征赋值。我们在这一章里讨论手势的双音节时，看到了大量的双手手势，基本上双音节手势绝大多数是双手手势。在这小节我们将专门讨论双手手势的音节结构，主要阐述主手与辅手的音系关系。

Battison(1978)根据大量跨语言的手语语料，提出了双手手势的两个音系制约条件："对称条件"（symmetry condition）和"支配条件"（dominance condition）。"对称条件"要求对称的双手手型必须有一样或镜像配置；"支配条件"要求如果双手手型不同，只有主手运动。根据这两个双手手势的制约条件，Brentari(1998：261—262)又总结出双手手势的三种类型。

类型Ⅰ：主手和辅手都处于活动状态，辅手手型与主手相同，辅手与主手同时运动或交替运动。

类型Ⅱ：主手活动辅手静止，辅手的手型与主手手型一致。

类型Ⅲ：主手活动辅手静止，辅手的手型与主手手型不同。

在上海手语中，上述三类双手手势都有，其中类型Ⅰ有两种手势：一种是辅手与主手呈对称状同时运动，如"朋友"（见图5-53-a）；另一种是辅手与主手交替运动，如"呕吐"（见图5-53-b），手势图见下。

a. "朋友"　　　　　　　　　b. "呕吐"

图5-53　类型Ⅰ双手手势举例

图5-53中的上海手语"朋友"和"呕吐"都属于类型Ⅰ双手手势。两者的

共同点是双手运动,手型相同;不同点是前者是同时镜像运动、双手对称,后者是交叉运动。这两个双手手势的音系表征分别如图 5-54-a 和图 5-54-b 所示。

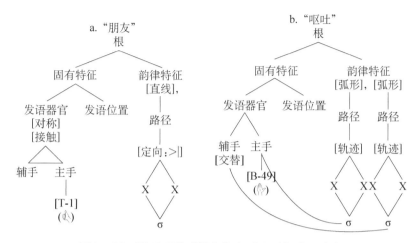

图 5-54 双手手势"朋友"和"呕吐"音系表征

图 5-54-a 的音系结构图说明,双手手势"朋友"是一个单音节手势,虽然该手势两只手都有一个直线路径运动(双手以镜像对称形式在胸前相互靠拢),但双手同时运动的双手势在韵律特征节点下只有一个音节结构,表示辅手和主手共享一个音节。图 5-54-b 的音系结构图说明,"呕吐"这个双手手势是双音节,两个音节结构一样,但这两个音节是辅手和主手各占一个音节,两个音节交替出现。图 5-54 说明,类型 I 是双手运动,同时运动是单音节,交替运动是双音节。但类型 II、III 双手手势都只有主手运动,音节界定根据主手运动形式,一般是单音节,如类型 II 手势"真"和类型 III 手势"加(班)",示意图分别见图 5-55-a 和图 5-55-b。

a."真"　　　　　　　b."加(班)"

图 5-55 类型 II 和 III 手势举例

如图 5-55 所示，类型 II 和类型 III 的双手手势，在手势发生的过程中辅手都是静止的，因此在计算这两类双手手势的音节数量时只需考虑主手的运动形式。也就是说，此类双手手势的音节分析方法与单手手势的音节分析方法相同。此时的辅手只是主手的发语部位或路径设定点。

5.8 小结

本章系统地阐述了上海手语的音节结构，分析了上海手语中手势、音节和语素之间的关系。研究认为，上海手语的手势基本以单音节单语素为主，因此上海手语属于单音节语言。但上海手语也有单音节双语素手势、双音节单语素手势和双音节双语素手势。这一章详细讨论了上海手语的音节内部结构，音节结构的复杂度以手势运动的形式（包括手控运动和非手控运动）为参数。研究认为上海手语有简单运动（即一种单一运动）的音节结构、复杂运动（两种运动同时发生）的音节结构和超复杂运动（三种不同运动形式同时发生）的音节结构。音节结构中的复杂运动还可以是不同形式的伴随性颤动。

本章专门系统分析了上海手语中的双音节手势。上海手语双音节手势主要有四种形式：完全重复构成的双音节手势，部分重复构成的双音节手势，双手交替运动构成的双音节手势和两个独立音节构成的双音节手势。上海手语有大量的双手手势。这一章的最后部分系统阐述了上海手语中的双手手势的类型和音系结构。上海手语包含全部三种类型的双手势结构：主手和辅手手型相同，同时一样或镜像运动；主手和辅手手型相同，但主手运动，辅手不动；主手和辅手手型不同，主手运动，辅手不动。上海手语的双手手势也有单音节手势和双音节手势。这一章系统、全面、科学地阐述了上海手语音节性质、音节结构类型及音系特点，为进一步分析上海手语音系结构奠定了基础。

第六章 上海手语表情体态的超音段功能

手语中最小独立表义单位的手势由两大类特征要素构成：一类是手控特征，包括手型、掌向、位置和运动；另一大类是非手控特征，包括面部表情和身体姿态（简称表情体态）。我们在前面几章已经详细阐述了手控特征要素的音系表征和音系结构。这一章我们将系统阐述上海手语中表情体态的语言功能、音系表征与音系结构。手语中表情体态的形式繁多，包括面部表情的眨眼、眯眼、眼睛睁大、扬眉、皱眉、口动以及口型，头部运动的头左倾、头右倾、头前倾、头后倾、头左转、头右转、点头、摇头、仰头和低头，身体运动的身体前倾、后倾、左倾、右倾、左转、右转等（详细见表6-1）。这些表情体态都会伴随着手控特征出现在手势中。当然，并非手语中出现的所有这些表情体态都具有语言学意义，有些没有语言学意义，有些在手语表义中起着十分重要的作用，甚至不可或缺。大量跨语言的手语语料证明，聋人在交流中，如果只用手表达，不用表情体态，聋人会觉得很不自然，有时甚至觉得交流困难。根据Siple(1978)和Swisher等(1989)的研究，聋人在交流时，主要注意力不在对方的手上，而在脸上；因为关键语法信息通过表情体态传递（通常手控特征主要表达词汇信息和句子结构，非手控特征的表情体态传达屈折信息）。因此表情体态是手语表达不可或缺的要素。

根据Pfau和Quer(2010)的研究，手语中的表情体态特征相当于有声语言的超音段特征，具有诸多超音段语言功能：包括音位区别意义，充当形容词和副词的形态功能，标记不同句子类型的语法功能，标记韵律层级单位的韵律功能。但分析手语中表情体态超音段特征的语言功能远比有声语言中的超音段特征的语言功能要困难得多，复杂得多。有声语言中的超音段特征主要包括声调、重音、音高重音(pitch accent)和语调，其声学特征主要表现为三个维度：音高(pitch)、音强(loudness)和音长(duration)。但手语中表情体态特征如上所列丰富繁多。再则，有声语言使用者在交际中也会伴有上述各种不同的表情体态，但在有声语言中的副语言性表情体态并没有语言学意义(McNeill，1992：37)。对手语中表情体态特征的音系分析只关注具有语言学意义的表情体态特征，因此，最重要、最难的是判断手语中哪些表情体态具有语言学意义，哪些没有。Deuchar(1984)通过跨语言手语的分析，提出了判断手语表情体态是否具有语言学功能的三条标准：

(1) Deuchar 表情体态语言功能的三大标准

a. 一个本身没有意义的表情体态如果能区分意义，并且如果替换表情体态可以构成最小配对，那么这个表情体态就是音系结构的一部分。

b. 本身没有意义的表情体态标记必须是一个单独手势固有的、强制性的因素，这样的表情体态才具有语言学意义。

c. 使用同一种手语的手势者，在表达同一个意思时，表情体态标记的变化必须在一定范围内，必须具备可识别性。

根据上述三条标准，如果某个表情体态特征是该手势表达不可或缺的因素，缺少该表情体态特征会影响手势的表达，我们就认为该表情体态特征是强制性的，具有语言学意义；如果某个表情体态特征是区分某个手势与其他手势(该手势的手型、运动、方向以及位置都保持一致)的唯一特征，那么这个表情体态特征就可以判断为具有语言学意义。本章根据所收集语料，采用 ELAN 软件对所有语料进行全面、系统的分析。首先，通过定量分析，统计出各种表情体态出现在语篇中的频次；其次，参照(1)的三条标准一一比对，通过定量和定性两种方法，界定上海手语中哪些表情体态特征具有什么语言学功能(包括音位功能、形态功能、句法功能)；最后，运用 Brentari(1998)的韵律模型对这些具有语言学意义的表情体态进行音系分析，阐述这些作为超音段特征的表情体态的音系表征。上海手语表情体态特征作为韵律层级的标记功能将在第八章作单独讨论。

6.1 上海手语表情体态的音位功能

有声语言中,超音段特征具有音位功能,可以构成最小配对区分意义。例如汉语中的声调就具有区别词义的音位功能。不同语义的音节拥有完全相同的声母和韵母,依靠不同的声调区别意义,如普通话的[pa^{55}](巴),[pa^{35}](拔),[pa^{214}](把)和[pa^{51}](爸)这四个字的声母、韵母一样,唯一不同的是声调。因此汉语中这种具有区别性意义的声调具有音位功能,被称为声调音位(tone phoneme),也有称为"调位"(toneme)。如果说,手是手语的"发音器官",手型是"音段",所有手控特征都是"音段特征"(segmental features),那么手语中的表情体态就是"超音段特征"(suprasegmental features)(根据Brentari,1998;Sandler,2010等)。跟有声语言的超音段特征一样,手语中,除了手型、位置、方向以及运动的不同,可以区分意义之外,通常手势者的表情体态特征也具有区分意义的功能,有时是手势表达中一个不可或缺的强制性因素。我们在与上海地区聋人交流时发现,在他们的日常交流中,如果只用手势表达,没有表情体态的参与,有时会导致对方看不懂或误解意思,导致交流失败。这表明上海手语中表情体态特征确实是具有区分意义的作用。

本小节分析的语料主要是以《现代汉语常用词手势图解》(上下两册)5912个词的视频为参考,同时基于这些视频,再和多名聋人(均为上海手语的母语使用者)仔细讨论,确认之后进行数据统计。该统计数据表明:在同一社区中,表情体态特征的变化是在一定范围内,并具有可识别性。这进一步证实这些表情体态特征具有语言学研究意义。

我们采用 ELAN 软件对《现代汉语常用词手势图解》(上、下两册)5912个词进行表情体态标注。具体的标注内容和附码如下表6-1。

表 6-1 上海手语表情体态特征音位功能的标注及附码方案

层级名称	标注内容和附码
脸部表情	表达情感或心理状态的词汇时，脸部的表情特征。
上半脸	闭眼、眯眼、瞪眼、眼睛注视。
下半脸	口型、口动、腮帮鼓起、腮帮内吸、嘟嘴、抿嘴、mm 口型、舌头伸出、其他、没有。
头部运动	左倾、右倾、前倾、后倾、低头、点头、摇头。
身体运动	左倾、右倾、前倾、后倾。

通过 ELAN 软件分层标注 5912 个手语词汇，释义了具有脸部表情的词语 563 个，约占总数的 10%；口动为 246 个，约占 4%；口型为 3099 个，约占 52%；眼睛为 73 个，约占 1%；头部运动为 141，约占 2%；身体运动为 35 个，约占 1%。采用图表表示如下：

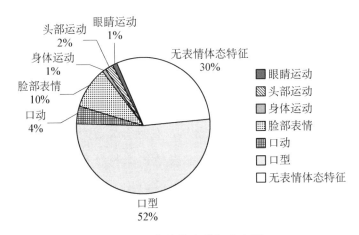

图 6-1 表情体态特征分布图

如图 6-1 所示，5912 个手势中只有 30% 的手势没有任何表情体态特征，70% 的都伴随有某种表情体态特征。其中口型、脸部表情以及口动占 66%；上半脸（眼睛运动）和身体运动各占 1%；头部运动也仅有 2%。这表明在上海手语中，表情体态特征主要集中在下半脸，这也证实了 Wilbur(2002) 对美国手语表情体态特征的语言学功能的研究。她对表情体态特征进行了分类，例如：上半脸包括眼睛的运动（例如：眨眼、眯眼以及眼睛注视等）和眉毛的运动（例如：

皱眉及扬眉等);下半脸指的是口部的动作(包括:口型以及口动)、头部运动以及身体运动。她认为口型和口动主要具有音位功能和形态功能,可以区分意义,构成最小配对。而上半脸、头部以及身体的运动主要标记句法结构、语用结构和韵律结构。然而对于伴随词汇手势的口型是否具有区别性意义,这一点手语学界并没有完全统一。同时我们跟上海地区的聋人讨论,他们的意见也不一致,有的认为口型在上海手语中并不一定是不可或缺的强制性因素,只有在两个手势的手型、运动、位置及方向一样时,只能依靠口型区分时才具有区别意义的音位功能。有的则认为口型已经是手势表达的强制性因素。这一点我们将在 6.1.1.2 小节中专题讨论。ELAN 标注有各种表情体态特征的部分词汇示例如表 6-2。

表 6-2 表情体态特征的部分词语示例

表情体态	编号	词汇手势示例
脸部表情	1	高兴、生气、激动、痛、疼、酸、伤心、痛苦、苦恼等。
口型	2	北、阿姨、满意、保护、保存、博士、渤海、成功等。
口动	3	水、吹、打鼾、吵、抽烟、裁判、喘气、打嗝、喝汤等。
腮帮鼓起	4	甜、糖、胖、台湾、蜜蜂。
腮帮内吸	5	瘦。
舌头伸出	6	咸、盐、辣、辣椒、蛇、蟒蛇等。
眼睛运动	7	瞟、瞥、瞧、轻视、射击、探测、探察、白眼、花眼等。
头部运动	8	哀悼、哀求、上、下、巴望、睡觉、对不起、上帝、西瓜等。
身体运动	9	跳舞、跑、哈腰、仰泳、掷、自由泳、蛙泳、抽筋等。

根据上表中的表情体态特征,我们将从面部表情、头部运动和身体运动三方面详细阐述上海手语中表情体态特征的音位功能。

6.1.1 面部表情的音位功能

面部表情是面部肌肉的一个或多个动作或状态的结果。人的面部表情主要表现为眼、眉、鼻、面部肌肉的变化。面部表情在手语中具有非常重要的作用,有时是词汇表达的一部分。如:表示感情的词语(伤心、高兴等)和表示感知的词(酸、甜、苦、辣等)都是由手控特征和面部表情一起表达。在这些词中,如果只有手控特征,没有面部表情,词意表达会不清晰,聋人也会看不明白。基于 Wilbur(2002),我们将从脸部表情、口部动作以及眼睛的运动分析面部表情的音位功能。

6.1.1.1 脸部的表情体态特征

根据 Deuchar(1984)判断表情体态特征是否具有语言学意义的标准(1)b,我们对语料中的词语进行一一辨别,发现在上海手语中,有 563 个手势的词汇意义表达时,脸部的表情是不可或缺的强制性因素。没有这个脸部表情,手势表达的意思就不完整,甚至可能造成聋人之间交流的障碍。根据标准(1)b,这些脸部表情具有语言学意义。例如:表示情感色彩的词语"高兴"、"生气"、"惊讶"以及"伤心"等,这些词的手势表达除了其手控特征之外,必须要有相应的脸部表情。同时表达味觉或触觉等感官的词如:"酸"、"甜"、"苦"、"辣",以及"痛/疼"等也必须有脸部的表情,否则意思表达不完整。如图 6-2 所示。

a. "高兴"

b. "生气"

c. "痛"

图 6-2　手势中的脸部表情特征

如图 6-2-a 所示,"高兴"手势为双手横伸且五指并拢,往肩膀方向进行手腕翻转运动,且面部必须呈现出开心的表情。图 6-2-b 中,"生气"的主手为五指被选,手指关节弯曲,从外往胸前运动,且面部呈现生气的表情。从图 6-2-c 可以看出,"痛"的手势为主手的拇指和食指为被选手指,拇指关节弯曲,食指伸出,由上往下在 Z 平面运动,且面部表情为"痛苦"表情(眉毛紧皱、眯眼)。图 6-2 中的三个手势,面部表情都是强制性的因素,在手势的固有特征节点下获取其面部表情的底层特征。

在上海手语中脸部表情是手势表达不可或缺的强制性因素的词有很多,比较常见的手势如表6-3。

表6-3 伴随有脸部表情的部分手势示例

暧昧	绷脸	愁	害怕
肮脏	苦闷	蠢	饿
懊丧	悲壮	粗暴	腐败
霸气	惭愧	醋	高傲
抱歉	诧异	呆子	毒辣
懊悔	嘲笑	懒惰	得意

在上海手语中,两个手势的手控特征相同,脸部表情的不同可以区分意义,构成最小配对,区别词义。例如:上海手语中的"旧"和"脏"手势完全一样,都是主手的食指和大拇指为备选手指,其他三指闭合,食指向下划动几次,与拇指成十字形。而区分这两个手势的词义主要依靠脸部表情,表示"旧"这个手势时,脸部表情比较平淡(没有眼睛或面部的变化),但嘴型圆唇(持"旧"的读音口型);而表达"脏"手势时,脸部明显带有厌恶、讨厌的神情(眼睛微眯、眉毛下压、上唇上升和嘴角下拉)。如图6-3-a和图6-3-b所示。

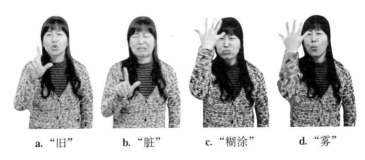

a. "旧"　　b. "脏"　　c. "糊涂"　　d. "雾"

图6-3 不同脸部表情的手势对比

上海手语中有不少手势都是采用类似上述面部表情的不同来区别意义,如图6-3-c和图6-3-d中的"糊涂"和"雾"的手势都以主手为五指张开,在面部前呈圆周运动。但"糊涂"手势的表达中,眉毛紧皱、眼睛微眯且嘴巴持"糊"的发音口型;而在手势"雾"表达时,没有明显的脸部表情,只有嘴巴呈"雾"的发音口型。虽然在这些手势中,都会伴随跟有声语言相关的音节口型,但这个口型并不是该手势的强制性因素。缺少这个口型对整个手势的意义表达不造成影响。根据 Deuchar(1984)的三条标准,"糊涂"和"雾"这两个手势中的[wu]口型没有语言学意义,不能作为区分这些手势的关键因素。只有"糊涂"手势中的"眉毛紧皱,眼睛微眯"具有区别"雾"手势的意义,因为如缺少这些脸部表情,整个手势的意思就不会完整,且无法区别"糊涂"与"雾"两个不同的手势。因此我们判断这些脸部表情是该手势的强制性因素,具有语言学意义。这一脸部表情是区分这两个手势的唯一因素,因此可以判断为具有区别意义的音位功能。

6.1.1.2 口部动作

人体的口部运动主要有咀、嚼、吞、咽、抿、撅、嘟、咬、闭、张、含、圆唇等。在手语中,口部运动具有非常重要的作用。国外很多学者对手语中的口部运动进行研究,并做了详细的分类。Sutton-Spence 和 Day(2001:69—85)对英国手语的口部运动进行研究,认为手语中的口部运动一般分为两类:一类是与有声语言无关的口动,我们称为口部动作(mouth gesture),简称为口动;另一类是与有声语言相关的口型变动,称为口型(mouthing)。上海手语中的口型一般指的是模仿有声语言的声母、韵母或者整个音节,但是在手语交流中,是无声的。只是嘴巴呈现出其相对应的有声语言的发音口型。Crasborn 等(2008)提出口部运动主要可以分为五种类型:

(2) Crasborn 口部运动的五种类型

a. 空语义范畴型口动(E-type),指的是语义上空范畴的口部动作,具体是说伴随手控特征出现的口部动作,但是本身是无意义的。

b. 副词型口动(A-type),指的是除了通过手控特征表达意义的形容词和副词,还会通过口部动作来表达或者加强形容词和副词的意义。

c. 面部表情型口动(W-type, whole face-mouth actions),指口部动作是整个面部表情的一部分,常常表达情感的意义。

d. 现实动作型口动(F-type, mouth-for-mouth),指的是模仿现实生活中动词的动作表达的嘴部运动,常常伴随表达相同意思的手控特征。例如:咀嚼、咬或者尖叫等。

e. 口型(M-type,mouthings)指的是嘴唇或者嘴巴的运动,一般是模仿有声语言的音节首音或者整个音节,伴随该手势的手控特征同时出现。

Johnston 等(2015)基于 Crasborn 等(2008)对口部动作的分类,对澳大利亚手语(Auslan)中的口部动作进行了更加细致的划分。其中他把口动分为副词型或形容词型修饰性口动和韵律功能型口动(prosodic mouth gesture)。副词型口动或形容词型修饰性口动相当于 Crasborn 等的副词型口动;而韵律功能型口动指的是口部肌肉处于紧绷状态,相当于有声语言中的重音。面部表情型口动(W-type)也被分为五小类:1)自发性面部表情型口动(spontaneous W-type),指的是手势者表达某种情感状态(如:开心、迷惑或专注等)时做出的一些无意识的、自发的口部动作;2)评价型面部表情型口动(editorial W-type),是指对手势者所表达的内容进行评价时(打手势者的态度以及观点)所发出的口部动作;3)共建活动性面部表情型口动(constructed action W-type),是指在某种语境中反复出现的口部动作;4)一致面部表情型口动(congruent W-type),指的是基于词汇手势的语义而产生的口部动作,例如:表达"笑"、"葬礼"等时发出的口部动作;5)副词表达性面部表情型口动(adverbial expressive W-type),是指用来修饰手势并且增添语义特征的口部动作,例如:伴随"跳舞"手势的面部表情中的口部动作。

根据上海手语的特点,本章研究主要依据 Crasborn 等(2008)的分类以及结合实际的语料,探讨上海手语口部运动的语言功能。根据 Crasborn 等的观点,我们把 ELAN 软件标注层级中的口部动作层扩展为五个层级,如下表所示。

表6-4 上海手语口部动作 ELAN 标注图层以及附码内容

空语义范畴型口动(E-type)	伴随词汇手势内部的口部动作,本身是无意义的。
副词型口动(A-type)	舌头伸出;腮帮鼓起;腮帮内吸;抿嘴。
现实动作型口动(F-type)	模仿现实生活中动词的动作表达的嘴部运动,常常伴随表达相同意思的手控特征。
面部表情型口动(W-type)	伴随整个面部表情产生的口部动作,常表达情感的意义。
口型(Mouthing)	模仿有声语言中词汇的发音,为声母或整个音节。

除了上述已经标注完的 5912 个词汇手势之外，我们采用扩充的 ELAN 层级对语流中出现的口部动作也进行了标注分析。对一个口部动作的标注方法为：

1) 如果口部从前一个动作或中立的位置开始变化为目标口部动作，这一帧标记为口部动作的开始。

2) 如果口部开始结束这一动作变化，向下一个动作变化或保持中立位置，那么标记为口部运动的结束。

根据这个标注方法对语篇中的口部动作进行标记，统计结果如表 6-5。表 6-5 是每份 ELAN＊.eaf(目前共有 28 份已标注完的文档)手语视频文件中的释义词项、口型、空语义范畴型口动、面部表情型口动、现实动作型口动、副词型口动的出现频次统计。

表 6-5　上海手语的口部动作使用频次

序号	释义	口型	空语义范畴型口型	面部表情型口型	现实动作型口型	副词型口型
1	743	431	15	38	4	4
2	26	20				5
3	70	29	5	5		6
4	33	28	2	1		1
5	109	30	7	30	2	4
6	58	41	3	9		2
7	83	50	3	9	1	3
8	75	49	3	2	3	1
9	77	56	6	3		1
10	56	44	3	1	1	1
11	70	57			1	
12	621	198	5	70		3
13	478	174	17	58		10
14	129	83	1	5		2
15	195	78	13	33	4	8
16	481	242	13	25	3	14
17	80	45		5		2

续 表

序号	释义	口型	空语义范畴型口型	面部表情型口型	现实动作型口型	副词型口型
18	135	90	3	3		8
19	129	90	9	2	1	2
20	230	166	4	10	2	2
21	105	35	5	11	2	7
22	70	41	3	5	2	2
23	90	37	2	18		7
24	68	17	2	13	3	12
25	145	131	1	2		
26	36	33	1	2		
27	49	11	5	2		
28	335	273	9	3		7
总数	4776	2579	140	365	29	114

从表6-5中，我们可以得出28份文档中共释义了4776个词汇手势。其中2579个手势伴随有口型的动作，约占了总数的54%；空语义范畴型口动出现了140次，约占3%；面部表情型口动出现365次，约占8%；现实动作型口动为29次，约占1%；副词型口动为114次，约占2%。基于ELAN标注结果，对语流中口部动作的分布可表示如下图。

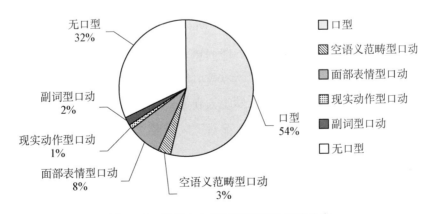

图6-4 语篇中上海手语口部动作的分布

从上图6-4中，可以看出语流中口部动作出现频率高达68%，仅有32%的词汇手势没有伴随口部动作。结合上图6-1单个词汇手势中口部动作56%（口型52%和口动4%）的出现频率，表明口部动作在上海手语中有着非常重要的作用。下面我们将分析口型、口动（包括：空语义范畴型口动以及现实动作型口动）的音位功能。而副词型口动一般为形态功能的表情体态标记，充当副词修饰动词或形容词，或者伴随形容词和副词加强形容词和副词的表达意义。这一类型的口动标记我们将在6.2节中详细阐述。W-type的口动是整个面部表情的一部分，它本身并不具有语言学意义。因此在本研究中，我们不展开讨论。

6.1.1.2.1 口型

如上所述，口型指的是跟有声语言相关的口部动作，是模仿相对应的有声语言中发音口型，所以关于口型是否具有语言学功能，目前手语学界还存在很大争议；很多研究者（如Schermer，1990；Boyes Braem & Sutton-Spence，2001；Crasborn et al.，2008）认为，口型虽然是从有声语言中借入，但是已经内在语法化，是手势表达不可或缺的部分，与手势的其他参数（例如：手型、位置、运动以及方向）一样是强制性因素，具有音位功能，区分意义。而Hohenberger和Happ(2001)、Vinson等(2010)和Johnston等(2015)则认为，口型只是在线语码的混用，是打手势者在交流中随意地混合使用口型和手控特征；口型和手控特征是两个独立的心理表征，缺了口型，对整个手势不造成任何的影响。而且他们认为手语中口型的使用主要是受到社会语言学因素的影响，尤其取决于接受口语教育的程度。Boyes Braem(2001)、Crasborn(2006)、Crasborn等(2008)则不赞同这一点，他们认为口型是词汇手势表达的一部分，具有语言学的意义。理据如下：1) Crasborn(2006)对荷兰手语的研究表明口型是词库表达的一部分，无论有没有健听人在场，聋人在交流时都会使用口型。2) 在荷兰手语中，口型可以构成最小配对，区分意义。例如："BROER"（兄弟）和"ZUS"（姐妹）手势的手控特征都一样，只有依靠口型才能区分意义。"VERSCHIL"（不同）的口型会伴随"PLAATSEN"（地方）的手势，表示"不同的地方"的意思。3) van der Hulst(1996)认为口型也是和手势的手控特征一样具有时长，并且时长的起点和终点基本和手控特征的起点以及终点保持一致。根据 Liddell(1980)，时长是判断表情体态是否具有语言学意义的重要因素，如果某个表情体态的时长起始点和终结点和其同时出现的手控特征的时长基本一致，这个时长具有语言学意义。4) Crasborn 等 (2008) 以及 Sandler (2010)发现，并不是所有口型的时长都会和其伴随的手控特征保持一致。在一定的韵律单位辖域内，口型也会发生口型延伸的音系变化。他们认为口型延伸是界定韵律层级单位的重要表情体态标记。那么上海手语中的口型是否具有语言学意义而作为手势表达的一部分呢？我们借鉴上述 Crasborn 等的观点，从口型是否具有区别意义的特征、口型时长、口型是否能延伸以及语篇中口型的出现频次等四方面来探讨上海手语中口型是否是词汇表达的强制性因素。

我们采用 Deuchar(1983)的三条判断标准对语料中伴随有口型的 3099 个手势进行分析，结果表明上海手语中有的口型是区分具有相同手控特征的手势表义的唯一要素，可以构成最小配对。这和 Crasborn 等(2008)对口型的研究结果相同，当口型作为区分两个手势的唯一因素时，是手势表达强制性要素。因此上海手语中这一类型的口型已经成为词汇表达的一部分，是手势的内在特征，具有语言学意义。例如：上海手语中"服务"和"阿姨"的手势都为主手五指伸出，在辅手上臂外侧抚摸两下。区分二者主要靠口型，"阿姨"的口型模仿"阿"的音节，表现为嘴巴完全打开呈"a"状；而"服务"的口型模仿"服"的音节，表现为上齿咬住下唇，气流从齿缝间留出，呈"fu"状，不同的口型构成最小配对，区分意义。如图 6-5 所示。

图 6-5 口型区别意义的手势举例

像这样具有区别性意义的口型手势，在我们的语料中共出现 11 次，部分统计如表 6-6。

表6-6 上海手语"口型"构成的最小配对部分示例

手 势	词汇	口 型
"5"手型在辅手手臂上从下往上划动两次	服务	复制整个词
	阿姨	复制整个词
"I"手型掌心向外，食指颤抖运动	什么	复制整个词
	哪里	复制整个词
摊手动作	没有	复制整个词或第一个音节
	吗/啊	复制整个词
"L"手型在脸颊周围前后交替运动	样子	不明
	怎么	复制整个词
"I"手型在胸前前后交替运动	任性	复制整个词
	自由	复制整个词

在对语料中口型的标注时，我们发现上海手语中口型的表现形式不一，主要表现为三种方式。1) 手势的口型完整地从有声语言中借入整个词的发音，如："爸爸"口型表现为"baba"；2) 手势的口型只是借入有声语言中该词的第一个音节，如："喜欢"口型表现为[i]；3) 手势的口型在借入有声语言的发音时，发生弱化变化，如："没"口型表现为[m]。目前的数据表明这三种类型的口型表现并没有规律性，只是根据手势者的个人习惯而定。

关于口型的时长，我们对 28 份*eaf 文档中释义的 4776 个手势进行了口型标注，其中有 2579 个(约为 54%)的手势伴随有口型如上图 6-4 所示。根据 Liddell(1980)以及 van der Hulst(1999)对表情体态特征的时长判断标准，我们对语篇中 2579 个口型以及词汇手势中 3099 个口型的时长和相对应的手势的时长进行比较，发现大部分口型的时长和手势的时长起始和终止的时间基本一致；而且口型也是经历一个起始(onset)、高峰(apex)、结束(offset)的过程。我们抽取 10 份 ELAN*eaf 文档示例如下表 6-7。

表6-7 上海手语手势时长和其伴随的口型时长对比

*.eaf 文档		最小时长	最大时长	平均时长
1	口型	0.250	0.870	0.465
	时长	0.250	0.870	0.465
2	口型	0.597	1.410	0.903
	时长	0.597	1.410	0.903
3	口型	0.125	1.810	0.627
	时长	0.115	1.810	0.619
4	口型	0.180	1.490	0.525
	时长	0.180	1.490	0.525
5	口型	0.310	1.470	0.672
	时长	0.310	1.470	0.663
6	口型	0.003	1.540	0.646
	时长	0.180	1.540	0.656
7	口型	0.210	0.970	0.530
	时长	0.210	0.970	0.530
8	口型	0.210	1.030	0.504
	时长	0.210	1.030	0.540
9	口型	0.250	1.590	0.613
	时长	0.250	1.590	0.648
10	口型	0.135	1.610	0.617
	时长	0.135	1.610	0.610

从表6-7可以看出，口型和其相对应的手控特征时长基本保持一致，其平均时长差控制在0.03秒之内。根据Liddell(1980)如果表情体态特征的时长和手控特征的时长相同的话，那么这个表情体态特征具备了语言学意义的条件之一。因此，可以推断上海手语中有些口型是具有语言学意义，是手势表达的一部分。

根据Crasborn等(2008)的研究，英国手语、瑞典手语以及荷兰手语中存在口部动作延伸的现象。口部动作延伸指的是口部的动作会顺向或是逆向延伸至其相邻的手势上,包括口型延伸和口动延伸。在对语篇中的口型进行标注时,我们观察到上海手语中也有口型延伸和口动延伸的现象。在所标注的28份文档中,有21份*eaf文档中有口型延伸现象,共出现80次。详细ELAN标记数据提取如以下表6-8。

表6-8 上海手语口型延伸的分布

*eaf	1	4	5	6	7	12	13	14	15	16	17
口型	4	4	2	1	2	3	9	4	4	7	1
*eaf	19	20	21	22	23	24	25	26	27	28	
口型	3	5	4	1	3	5	3	1	2	12	
口型总数	80										

从表6-8中可以看出,上海手语中口型和口动一样都会发生延伸的音系变化。例如:在第13份*eaf(视频演讲)中,有这样的句子:

(3) 句子:　<u>汉语的"聋"口型</u>

　　　　聋 / 全部 / 聋 / 结束 / 评论

　　(译文:所有聋人讨论完了。)

句(3)中,"聋"手势伴随有"聋"整个音节的口型,而且这个口型顺向延伸至相邻的手势"全部"。"全部"获得了"聋"的口型。从语料中,我们观察到所有的这些口型延伸都发生在一个特定的辖域内,如句子(3)中的名词短语"聋全部"(关于韵律辖域将在第八章中详细讨论)。

同样,在语料中我们也发现口动也会发生延伸的现象;而且口动延伸比口型延伸出现频率低。在手语学界,大家都认为口动是手势表达的不可或缺的强制性因素。我们认为上海手语中口型不是在线语码的混用,而是和口动一样是手势词汇表达的一部分,是语言学的符号。

为了进一步探讨上海手语中口型是否为手势表达的强制性因素,我们从28份ELAN*eaf文档中抽取了出现频次比较高的20个手势,观察这些手势是否都伴随有相同口型的表情体态特征。统计结果如下表。

表6-9 上海手语口型频次分布

手势	手势频次	口型频次	百分比(%)	手势	手势频次	口型频次	百分比(%)
不	177	149	84	钱	31	19	61
我	84	62	74	自己	29	21	72
没有/没	83	75	90	工作	27	23	85
好	76	62	82	家	25	22	88
那	66	42	67	可以	23	16	70
人	48	42	88	帮忙	22	19	86
什么	46	40	87	孩子	22	18	82
去	44	35	80	知道	19	13	68
老	42	38	90	爸爸	16	15	94
给	33	26	79	朋友	16	16	100
总数					999	817	82

根据表6-9，可以看出抽取的频次频繁的20个手势中，有一半以上的手势的口型出现频次超过80%；而且这些手势的口型出现频次平均达到82%。而且有些手势自身内在的口型特征是由于环境的影响而发生变化。如上所述，有些手势在一定的辖域内会受到相邻手势的影响，自身内在的特征（口型）会丢失，从相邻手势获得新的口型特征；这样的手势也在语料中占了一小部分。例如：在词汇语料视频中，表达"好"这个语义时，手势动作会伴随有相对应的口型（复制有声语言中"好"的整个音节发音）如图6-6-a。而在视频故事《旅游》中，有这样一句话［为什么/吃/好］（意思为"为什么好吃？"）。在这句话中

"好"口型   "吃"口动

a. "好"（基本形式）　　b. "好"（"好吃"中的）

图6-6 口型延伸手势举例

"好"由于受到相邻手势的影响,丢失了自身的口型,从而获得了"吃"的口动特征。如图6-6-b所示。

因此,从这一角度出发,可以判定口型是这些手势表达的一部分,具有语言学意义的符号。当然我们选取的语料不够多,还需今后更多的例子来证实。

在语篇标注时,我们也观察到口型的出现频率跟文体相关,所标注的28份ELAN*eaf文档中包含有独白(如:复述视频故事、自由演讲)、对话、诱发性材料(包括句子、看图复述故事)等。对这些不同的语篇中的口型统计如图6-7所示。

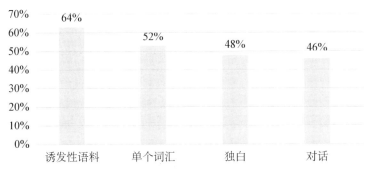

图6-7 不同文体中口型的分布

图6-7显示,口型在各种文体中都是频繁出现的。口型的出现频次也会受到文体的影响:在诱发性语料文体中,口型的使用频率最高,为64%;其次是单个词汇语料,为52%;独白和对话中使用相对较少,分别为48%和46%。我们认为这种出现频率的高低主要是受到受试的说话方式以及情景场合影响。受试在表达诱发性材料(看图片讲故事、看图片讲词语)时,表达方式相对而言更加正式,更倾向于使用口型;而在自我演讲以及对话这种比较轻松的情景下,口型的使用相对减少。这也和Sutton-Spence和Day(2001)对英国手语的口型研究结果相似。他们的结果表明:即使是同一个打手势者进行表达,口型出现的频率也会有所差异。这种差异性由语体(指的是说话的方式,跟情景以及文体有关系)决定。如果是通知类的语体,使用口型的频率为77%;如果是叙述类语体,使用口型的频率为50%。但无论哪种文体,口型出现的频次都是非常频繁;而且这些独白、对话以及部分诱发性语料都是由聋人助手独立拍摄,健听人并没有出现在拍摄场景。这也就是说,无论有没有健听人在场,聋

人都会使用口型。这进一步表明口型在上海手语中具有重要的作用,是具有语言学意义的符号系统。通过平时和聋人的交流,我们发现聋人在和健听人交流时,口型的使用会更加频繁。

以上,我们从口型是否具有区分意义,是否具有音系变化特征,是否和手控特征时长保持一致,以及语篇中口型的表现等四方面对上海手语的口型进行了分析。结果表明:上海手语中口型可以构成最小配对,区分意义;在语流中口型会发生口型延伸的音系变化;口型的时长和其伴随的手控特征时长基本保持一致,时长差控制在一帧为 0.03 秒以内;口型伴随一个手势在不同文体中出现非常频繁,平均频次高达 82%。基于 Sutton-Spence 和 Day(2001)对英国手语、Boyes Braem(2001)对瑞士手语、Crasborn 等(2008)对荷兰手语的研究,根据目前上海手语的数据来看,我们初步认为上海手语中有的口型已是手势表达的一部分,是具有语言学意义的符号;而不是在线语码的混用。但是我们的语料数量有限,还需今后更多的数据来佐证。

6.1.1.2.2 口动

口动不同于口型,是跟有声语言无关的一种口部运动方式。跟口型比较而言,有关口动争议比较少,Sutton-spence 和 Daye(2001)、Boyes Braem(2001)、Crasborn 等(2008)、Woll(2014)等都认为口动在自然手语中占有很大的比例,通常是手语手势表达中不可或缺的因素,是语言学符号。其中 Crasborn 等(2008)和 Johnston 等(2015)对口动进行了详细的分类(如本小节开头所述),其中面部表情型口动不具有语言学意义,而副词型口动会给其伴随的手势增添新的语义;只有现实动作型口动和空语义范畴型口动是词汇强制性口动。Woll(2014)更是从生理学角度对口动进行研究,她对口型和口动的口部运动的性质以及手语中的作用进行对比,发现二者的不同之处在于口型的大脑活动区域是在大脑颞叶,而口动则比口型的活动区域更加靠后。但 Johnston 等(2015)则认为口动和口型一样也是从有声语言中借入,是象似性、非规约性的符号,并不一定是手语的强制性因素。只是随着手语的发展,部分口动会逐步过渡到规约性的语言符号。

根据 Crasborn 等(2008)的口动分类(包括空语义范畴型口动、现实动作型口动、面部表情型口动以及副词型口动),我们对 256 个伴随有口动特征的手势重新进行了标注。标注的结果初步表明256个词汇手势中有75个口动属于面部表情型口动(如:"懒惰"、"冷"、"跌价"等),不具有语言学的意义;181个口动为空语义范畴型口动和现实动作型口动,是语言学符号。在这一小节我们进一步探讨这两类词汇强制性口动。基于目前上海手语语料数据,根据口部的运动方式、口动呈现的形状及舌头和腮帮的运动,我们把空语义范畴型口动分为8类:舌头运动(其中包括舌头伸出嘴外、舌头颤动以及舌头卷起等)、腮帮鼓起(包含两腮鼓起、舌头抵住一侧腮帮呈鼓起状态)、腮帮内吸、嘴巴张开(在手控特征表达过程中,嘴巴一直保持张开的状态)、ü型口动(指的是模仿自然界"水"流的声音,且口部一直有气流出)、u型口动(腮帮微微鼓起,不同于腮帮鼓起的双唇紧闭,这里的双唇之间保留有缝隙,让气流通过,口部形状相似u型)、mm口动(双唇保持张开、闭合的重复运动)以及回声口动(是指口部运动的方式和手控特征的运动方式一致,也就是说口部张开和闭合取决于手的张开和闭合),同时把模仿现实生活中动词动作的口动归结为现实动作型口动。根据这9类口动特征,我们对所获得的181个手势进行统计归纳,结果如表6-10。

表6-10 上海手语中9种不同口动特征频次统计

序号	口动特征	次数	示例	释义
1	现实动作型口动	41	唱、喘气、嘲笑、打嗝、嚼、舔、喝汤等。	模仿现实生活中动词的动作表达的口部运动。
2	回声口动	31	爆裂、炸弹、爆炸、决裂、脑溢血、松、告等。	跟随手势动作的张开和闭合变化而变化的口动。
3	口部张开	24	炽烈、愕、虚惊、狼等。	嘴巴一直呈张开状态的口动。
4	ü型口动	22	水、血、池、湖、流、涝、海啸等。	模仿"水"的声音,嘴巴呈[ü]型的口部运动。
5	u型口动	21	吹、开车、打呼噜、打盹、腹泻、汽笛等。	两腮微微鼓起,双唇之间保留缝隙,气流不断流出。
6	mm口动	15	读、纠纷、口角、吩咐、吵闹等。	类似[m]的发音方式,保持紧闭一张开的口动重复。
7	腮帮鼓起	12	胖、开车、丰满、饱、糖、甜、蜜、蜜蜂等。	包括两腮鼓起、舌头抵住一侧腮帮呈鼓起状。
8	舌头运动	9	咸、辣、盐、蛇、馋等。	包括舌头伸出、舌头颤动等。
9	腮帮内吸	6	瘦、猩猩、毒、孙等。	指的是两腮内吸。

为仔细观察口动的形式和功能，我们从模仿现实动作和手控特征运动方式及口部的变化（包括腮帮、舌头以及口部）三方面对这九类口动来进行举例分析。

如上所述，现实动作型口动指的是模仿现实生活中动词所表达的动作，意思和现实动作所表达的意思一致；既可以伴随手控特征，也可以单独表示该手势意义，如：嚼、咬、喊及笑等。根据 Deuchar(1983)的标准(1a)，这一类型的口动是手势内在的强制性因素，缺了这一口动，手势意思表达不完整；因此具有语言学意义。例如：受试在表达"嚼"、"笑"以及"喊"等词时，均为模仿现实的动作，如图6-8所示。

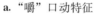

a. "嚼"口动特征　　b. "憨笑"口动特征　　c. "喊"口动特征

图6-8　不同口动特征的手势举例

回声口动这一词借自 Woll(2001)，她认为手其实可以比拟成口部的大脑；口部的动作其实是手的运动反映和体现。Woll(2014)从生理学角度对口动进行了大脑运动实验，表明口动时跟手势运动时大脑的活动区域相同，这更进一步地证实了手是口部的大脑一说。她把这种口动形式称为回声音系学(echo phonology)，并且指出：它是手势的强制性因素，跟有声语言无关；且并不是象似性的手势，而是具有任意性的语言性符号。因此我们借入这一观点来描述上海手语中跟随手控特征运动变化而变化的口动特征。但是不同于现实动作型口动，回声口动没有任何语义内涵，只是手势动作的体现。例如：上海手语中，"爆炸"和"废除"等手势中，口动都是随着手控特征的变化而变化，而且口动的时长和手控特征运动的时长保持一致。如图6-9-a所示，我们可以看出"爆炸"手势表达以双手五指为被选手指，指关节弯曲，指尖相对，然后用力张开五指；同时口部也伴随这个手控特征发生闭合到张开的变化。"废除"这个词的手型是主手的食指为被选手指，辅手持 B-56 手型，主手食指从辅手掌心往外划出。同时口型也会伴随手控特征的运动变化发生变化，从闭合到张开的过程，如图 6-9-b 所示。

a. "爆炸"　　　　　　　　b. "废除"

图 6-9　口型变化的手势举例

除了上述的两大类口动，还有六类包含口部动作变化的口动。这些口动既不是模仿现实动作动词的运动，也不伴随手控特征的运动变化而变化，而是有着各种不同的运动表现。具体举例如下。

1) ü 型口动：之所以命名为 ü 型是因为在模仿"水"流声等时，口部的动作呈现类似/ü/的发音口型。这类词语主要是含有"水"的手势或者具有液体流动的声音，都会伴随有该口动。以"水"为例，手势表现为主手横伸，手指颤抖，呈路径运动方式往左前方运动，伴随有口动（口部为模仿水流的声音）；同时也观察到在语篇中"水"的口动形式也和单个手势表达一样，所以我们认为该口动是具有语言学意义的，手势举例如图 6-10-a 所示。

2) mm 口动：是指嘴巴张开、闭合的重复运动，类似"m"的口型发音。以"纠纷"为例：双手均为 L 手型，拇指和食指为闭合到张开的重复运动方式；且必须伴随有"mm"口动，为嘴巴张开、闭合的重复运动。如图 6-10-b 所示。

3) u 型口动：指的是口部的特征类似 u 的发音口型。例如："打鼾"手势为 B-49 手型置于头的一侧，表示睡觉的动作；同时伴随有双唇微闭，不断有气流从缝隙中流出。手势举例如图 6-10-c 所示。

图 6-10　上海手语模仿发音的口动类手势举例

除了图 6-10 的三种模仿某个语音发音的口动手势，还有以下模仿表情的口动手势。

4)"舌头伸出"口动：指的是嘴巴微张，舌头伸出嘴外。例如："辣"手势是主手为字母 L 手型（拇指和食指伸出，其他手指闭合）置于嘴巴下方，嘴巴张开，舌头伸出，表现为模仿吃了辣椒后辣的状态。手势举例见图 6-11-a。

5) 腮帮鼓起：指的是两腮鼓起或一侧腮帮鼓起，以"糖"为例。"糖"手势为主手食指伸出，指尖接触一侧脸颊；同时须用舌头抵住这侧脸颊，呈糖在嘴巴状态（如图 6-11-b 所示）。

6) 腮帮内吸：指的是两腮往内吸气。例如："瘦"的手势为主手掌关节弯曲，置于脸颊，往下巴处滑动；同时必须伴随有腮帮内吸的口动（见图 6-11-c）。

图 6-11　上海手语模仿表情的口动类手势举例

在分析口动时，我们观察到上海手语中，口动也是区分意义的最小单位。有的手势，其四个手控因素（手型、运动、方向以及位置）都一样，口动形式是区分手势表义的唯一特征；口动的特征不同，意思也不同。例如："亲戚"和"咸"，这两个词的手势都为主手持 B-58 型，手指关节弯曲，呈张开状态，掌心朝向手势者并在下巴区域左右晃动。唯一不同在于口部的运动，如图 6-12 所示。

图 6-12　口动区别性手势举例

从图 6-12 可以看出，在上海手语中，"亲戚"和"咸"的手型、运动等都一样。但"亲戚"手势中，没有口部的动作变化；而"咸"手势中却有舌头晃动，嘴巴张开的动作。根据判断表情体态的标准(1)a，如果某表情体态能区分意义，并且替换该表情体态，能构成最小配对，那么这个表情体态具有语言学意义。因此这个[舌头晃动]的口动特征可以判断为有区别意义的音位功能。这一类型的口动在目前的语料中共有六对，举例如表 6-11。

表 6-11　上海手语口动构成最小配对部分的示例

手　　势	表意	口动特征
缺口的圆形手型置于下巴处	喜欢	没有口动特征
	笑	伴随有现实动作型口动
为 L 手型，置于下巴处，向身体外侧运动	笔	无口动特征
	不喜欢	咧嘴的口动
主手掌关节弯曲，置于脸颊，往下巴处运动	瘦	伴随腮帮内吸的口动特征
	胖	伴随腮帮鼓起的口动特征

综上所述，上海手语中口动可以是手势表达的强制性因素，是手势表达不可或缺的一部分。它们本身是无意义的，但是可以和手势的其他要素一起构成

有意义的单位,同时替换它们会构成最小配对,区分意义。上海手语中口动的形式根据模仿现实动作的动词,自然界的声音、口部、腮帮及舌头运动的方式可以分为九类;而且在语流中,这些伴随手势的口动特征依然保留。但是我们也观察到,小部分手势的口动由于受到相邻手势口动的影响,会丢失自己的口动,获得相邻手势的口动。这种口动延伸的音系变化出现频率不高,发现 28 份文档只有 8 份中有这样的口动延伸音系变化,总共出现 14 次。具体的结果统计如表 6-12。

表 6-12 上海手语口动顺延 *eaf 文档频次统计

*eaf	1	12	13	15	19	20	24	27	口动总数
口动	1	1	4	3	1	1	2	2	14

以第 27 份 *eaf 文档为例,有下列句子:

(4) 句子　　　　　　　腮帮内吸
　　　　再 / 生 / 孙 / 生 / 小 / 孙 / 长大
　　(译文:小孙子长大了。)

在句子(4)中,"孙"手势伴随有口动特征,为"腮帮内吸"。这个口动发生了逆向延伸的音系变化,延伸至相邻的手势"生"和"小"。口动延伸也是有辖域限制的,将在第六章中详细阐述。

口动延伸从音系学的角度佐证口动是手势表达的强制性因素,有些具有音位功能。因此,基于上述分析,我们初步认为上海手语中口动也具有语言学意义。

6.1.2 头部和身体的运动

手语中的头部运动包括头前倾、后倾、左倾、右倾、左转、右转,低头及仰头;身体躯干运动包括身体前倾、后倾、左倾、右倾、左转和右转。同许多其他国家手语一样,上海手语头部以及身体躯干运动主要具有句法以及韵律功能,但某些词汇表达时,头部和身体的运动也是必不可少的一部分,为强制性要素。我们对所有的 5912 个手势进行头部运动统计,发现共有 141 个手势伴随有头部运动。在有些手势里，头部的运动是其内在特征，是手势音系描述中一个必不可少的特征。有时缺少头部运动的表情体态特征，整个手势表达就不会完整。因此根据Deuchar(1984)的标准(1)a，这个表情体态特征具有语言学意义。根据不同的头部运动方式，我们对这141个伴随有头部运动的手势进行统计，具体结果如表6-13。

表6-13 上海手语伴随头部运动手势词频统计

头部运动	数量	示　　例
头前倾	21	回教、饥饿、趴、葡萄、乞、谦、哮喘、伊斯兰教等。
头后倾	20	哈欠、领会、喝、昏、酒、顿悟、噩耗等。
低头	38	哀悼、测量、忏悔、下、对不起、服罪、默哀等
仰头	4	上、上帝、瞻、瞻念。
头左倾	31	不理睬、不相信、不管、小提琴、习惯、倾倒等。
头右倾	25	背运、盹、睡觉、噩梦、鼾、回绝、拒绝等。
头转动(左或右)	2	摄像、打问。

如表6-13所示，出现最多的头部运动为低头和头左倾，出现次数都在30次以上。其次为头右倾、前倾以及后倾等，出现次数都在20次以上。根据Deuchar的标准(1)a，表6-13的数据统计表明上海手语中头部运动的表情体态特征具有语言学意义。我们以出现次数最为频繁的四个头部运动为例，举例如图6-13所示。

a. "哀"　　b. "睡觉"　　c. "不理睬"　　d. "谦"

图6-13 不同头部运动的手势举例

如图6-13所示："哀"、"睡觉"、"不理睬"及"谦"都伴随有头部的运动。"哀"的手势为主手横伸,五指虚握,贴于胸部并转动两下,同时伴随有低头的头部动作见图6-13-a;图6-13-b"睡觉"手势为主手五指伸出,掌心贴于头侧,头微倾,眼闭呈睡觉状;图6-13-c"不理睬"手势为主手直立,掌心向外推出,同时头偏向左侧,表情严肃;图6-13-d"谦"手势为单手持B-49手型,放胸前,且头前倾,呈鞠躬状态。

与头部运动一样,上海手语中身体的运动也会是手势表达的强制性要素。有时缺少身体运动,手势表达就不会完整。根据Deuchar标准(1)a,这些身体运动具有区别性意义。同样依据此标准对5912个词汇进行统计,发现共有35个手势伴随有身体的运动。具体结果统计如表6-14。

表6-14 上海手语中伴随身体运动的手势词频统计

身体运动	频次	手 势 示 例
身体前倾	12	俯卧撑、哈腰、欠身、蛙泳、自由泳、鞠躬。
身体后倾	9	魁梧、投掷、仰泳、打嗝、感动、怀孕。
身体颤动	12	抖、冻、颤抖、地震、颠簸、抽筋、哆嗦。
身体左右扭动	2	跳舞、新疆。

从表6-14中可以看出,上海手语中身体运动也是部分手势的内在强制性要素,其中以身体前倾和身体颤动的出现最为频繁均在10次以上。如:"仰泳"和"跳舞"这两个手势,"仰泳"手势双手五指为被选手指,五指并拢;两臂向后伸,往前后划动,同时身体后倾,如图6-14-a所示。"跳舞"手势为双手手背抵住腰,左右扭动身体,如图6-14-b。

a. "仰泳"　　　　　　　b. "跳舞"

图6-14 不同身体运动的手势

上述表 6-14 说明，身体运动可以是词汇表达的强制性要素之外，我们在标注语料中，也发现身体运动（如前倾和后倾）也具有特殊的含义。例如"不理睬"、"拒绝"等手势，都会伴随有头侧倾以及身体后倾的动作；而"包括"的手势表达时，必须要有头和身体前倾的动作。这些表明：前倾表示包含在内；后倾则是排除之外的意思。

据目前语料，我们发现不同的头部和身体运动可以构成最小配对，区分意义。也就是说如果两个手势的手型、运动、方向及位置完全一样，只有依靠头部或身体的运动区分意义。这样的最小配对在目前的语料中较少，我们初步只发现了两对。例如，上海手语中的"负担"和"任务"，二者的手势都为主手掌关节弯曲，手指伸出置于左肩上。但"负担"的手势伴随有头左倾且有面部表情的特征，而"任务"则没有头部左倾的特征，如图 6-15-a "负担"和图 6-15-b "任务"所示。同样"我"和"感动"的手势都为主手横伸，从前方往打手势者方向运动，直至贴于胸部。二者唯一的区别在于"我"没有头和身体运动变化；而"感动"则是头和身体往后微倾（如图 6-15-c 和图 6-15-d 所示）。

a. "负担"　　b. "任务"　　c. "我"　　d. "感动"

图 6-15　不同头部或身体运动的区别性手势举例

上述分析表明，头部和身体躯干动作都可以区分意义，构成最小配对。因此根据 Deuchar(1984)标准(1)b，这种类型的头和身体运动，具有音位功能。

6.1.3　表情体态特征的音系分析

以上，我们从口型、口动以及头和身体运动四方面阐述了上海手语中表情体态特征的区别性功能,即不同的表情体态特征参与词汇表意,甚至有些构成最小配对,具有音位功能。这些具有区别性的表情体态特征就是手语中的"超音段特征"。也就是说,上述口型、口动、头部运动及身体运动的表情体态特征是上海手语手势表达的强制性因素,是词库里固有的特征。根据 Brentari(1998)的韵律模型(见图 1-12),这些表情体态特征在固有特征节点下赋值。以"爆炸"手势为例,该手势的口动特征具有词汇区别意义,是固有特征。"爆炸"手势的音系表征可表达如图 6-16 所示。

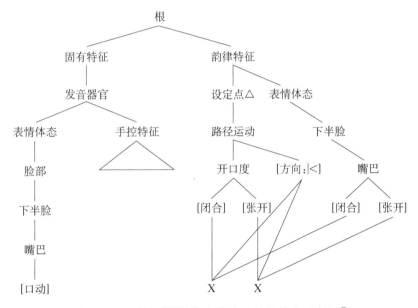

图 6-16 手势"爆炸"表情体态特征的音系表征[①]

从结构图 6-16 可以看出,"爆炸"这个手势的底层形式的固有特征和韵律特征都赋予了表情体态特征。固有特征节点下赋予了它[口动]的特征;而韵律特征节点下表现了口动的运动变化。"爆炸"这个手势有手控特征表达的路径运动,该路径运动的起止连接该音节的两个时间槽(X 空位);但该手势口动的开口度变化伴随路径运动进行,即开口度的时长和路径运动的时长同界。所以口动的[闭合]和[张开]两个特征也被赋予了两个时段,与两个时间槽连接。这

---

① 此处只讨论表情体态特征的音系表征,因此手势的手控特征没有展开。

说明了伴随手控特征的运动变化而变化的口型是和手控特征的时长保持一致，这是一个含路径运动、开合运动和口部运动的超复杂运动音节手势。根据Deuchar(1984)和Crasborn等(2008)，这种类型的口动时长和手势时长保持一致，是手势表达的强制性要素，是不可预测的底层特征，因此这种口动具有语言学意义。

上海手语中一些手势，其手控特征完全一样，只依靠表情体态特征构成最小配对，区别意义。这样的表情体态特征包括口型、口动以及头和身体运动等。我们认为，凡构成最小配对，区别两个不同手势的表情体态特征都是底层赋值的特征。以具有头部运动作为区别性特征的"负担"和"任务"为例，其音系表征如图6-17所示。

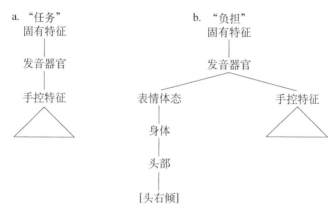

图6-17 手势"任务"与"负担"表情体态特征的音系表征

音系结构图6-17-a和图6-17-b表示，"任务"和"负担"的手控特征都一样(省略)，两者的区别是："任务"手势底层不赋值表情体态特征；而"负担"手势的底层赋值了[头右倾]这一特征。这个表情体态特征是区别两个手势的唯一要素，是底层赋予的区别性特征。

上述分析从脸部的表情、口部的动作及头和身体的运动三方面详细阐述了上海手语表情体态的超音段功能。上述分析表明，这些具有超音段功能的表情体态主要集中在下半脸的口部动作(包括口型和口动)。这也证实了Wilbur(2002)对美国手语研究得出的结论：具有区别性功能的表情体态特征多属下半脸特征。

6.2 上海手语表情体态的形态功能

语言中有一类表达物质形态或事件情态的词，称为形容词或副词。手语的形容词和副词一般有其独立的手势表达，有的会伴随有表情体态特征。Liddell(1980)、Pfau 和 Quer(2010)、Sande 和 Crasborn(2009)、Lewin 和 Schembri(2011)等分别对美国手语、德国手语、荷兰手语及英国手语表情体态特征的研究表明，表情体态特征具有形态功能。尤其在语流中，某些形容词或副词手势的手控特征会脱落，由其伴随的表情体态充当其形态功能；有的表情体态本身具有形态功能并有某种特定的含义。这些具有副词或形容词功能的表情体态可以修饰动词或名词，添加某个特定的语义。虽然这些表情体态特征具有形态功能，但并不能像形态词汇一样在句中独立使用，必须伴随其所修饰的手控特征同时出现。在有声语言中，不能单独使用的语素称为黏着语素。黏着语素的位置是不自由的，附着在其他语素某个位置出现。例如：英语中的词缀-ful 总黏附在名词后，使名词变为形容词，表示"充满……的"。手语中这种能给所修饰的词增添语义的表情体态也可称为黏着语素。当然在手语中也有一些表情体态相当于自由语素，可以独立出现在句子中，完成其独立的形态功能。我们通过对标注完的上海手语语料分析，发现上海手语的表情体态也同样具有形态功能，主要表现为：1)相当于副词，修饰其伴随的动词或形容词；2)相当于形容词，修饰与其同时出现的名词；3)可以独立成为语素，而这类表情体态特征主要包括表达语气词的口型，相当于动词"看"的头部运动。在此小节中，我们将分别从这三方面介绍上海手语表情体态的形态功能。

6.2.1 表情体态的副词功能

副词是指在句子中表示行为或状态特征的词，用以修饰动词、形容词、其他副词或全句,表示时间、地点、程度、方式等概念。根据 Lewin 和 Schembri(2011)对英国手语、Liddell(1980)对美国手语和 Crasborn 等(2008)对荷兰手语的研究,手语中的表情体态特征有时相当于副词,独立地修饰同时出现的动词或形容词。例如美国手语中"PUFFED CHEEKS"(腮帮鼓起)表示"数量多","mm"(双唇接触且下嘴唇要抿住上嘴唇)表示"开心地",以及"th"(舌头伸出,上齿和下齿咬住舌头)表示"粗心地"。

通过采用 ELAN 软件标注分析语料,我们发现在上海手语中,有的副词既可以用手控特征,也可采用表情体态特征表示。尤其在语篇中,手势者常用表情体态特征充当副词修饰动词。我们对标注的 32 份 ELAN* eaf 文档的所有这些具有副词型功能的表情特征进行统计,结果如下表。

表 6-15 上海手语副词型口动频次统计

*eaf	腮帮鼓起	抿嘴	舌头伸出	腮帮内吸
1		1		
2	2	3		
3	3	2	3	
4	1			
5	2	4	1	
6		1	1	
7		2	3	
8		3		
9		1		
10		1		
11	1	2		
12	1	1	1	
13		8	2	
14			2	
15	4		2	2
16	2	5	7	
17			2	

续 表

*eaf	腮帮鼓起	抿嘴	舌头伸出	腮帮内吸
18	1	5	2	
19	1	1		
20	1			1
22	2			
23		7		
24	4	7	1	
25				
26				
28			5	
29		1		1
30				
31	1	1		
总数	26	56	32	4

从表 6-15 可以看出，共 32 份 ELAN*eaf 文档中，有 31 份出现了口动特征，包括腮帮鼓起、抿嘴、舌头伸出以及腮帮内吸等。其中腮帮鼓起共出现 26 次、抿嘴 56 次、舌头伸出 32 次、腮帮内吸 4 次。这四个表情体态特征都是修饰动词，表示程度或方式。而且我们发现这些具有副词功能的表情体态一般集中在下半脸的特征，如：口动（包括腮帮鼓起、腮帮内吸、舌头伸出，以及抿嘴等）。Wilbur(2002)认为，手语中下半脸表情体态主要具有音位和形态功能。在目前的语料中，也有极少数的头部运动（如点头）具有副词的功能，用来修饰表示肯定的回答（如"知道"、"是"及"好"等）加强肯定的语气。我们将在 6.2.1.1 至 6.2.1.3 小节中详细阐述这些表情体态的副词功能。

6.2.1.1 副词型口动

不同于 6.1.1.2 小节中所描述的空语义范畴型口动和现实动作型口动（没有语义内涵），此处探讨的口动本身具有特定的语义内涵，相当于副词用来修饰形容词或动词，常表示程度或方式等。Crasborn 等(2008)把这样的口动称为 A-type(adverbial mouth actions)，指的是手势中除了手控特征所表达的信息之外，表达形容词或副词信息的口部动作。我们的语料分析表明，上海手语中也有 A 类型的口动。这一类型的口动主要包括舌头伸出、腮帮鼓起及抿嘴，如下表所示。

表 6-16　上海手语 A 类型的副词型口动

表情体态	频次	所表达的词义
舌头伸出	30	不好地、否定意义
腮帮鼓起	26	轻松地、多
抿嘴	56	程度加深(如：用力等)

从表 6-16 中可以看出，上海手语的三种口部动作各有不同的意思："舌头伸出"一般伴随表示否定意义的手势出现，加深其消极的意义；"腮帮鼓起"一般表示轻松地或者数量很多；"抿嘴"一般修饰动词表示程度或竭尽全力地做某事。

舌头伸出表现为上齿和下齿咬住舌头，或舌头伸出。国外很多手语研究对这个口部动作都有详细的描述。如 Liddell(1980)分析的美国手语中，表情体态[th]特征(上齿和下齿咬住舌头)具有副词功能，修饰动词，表示为粗心地、无意识的意思；Sutton-Spence 和 Woll(1999)发现英国手语中也有[th]的表情体态特征，不同于美国手语，这个[th]的口动表现为上齿和下齿咬住舌头，且舌头卷起，意思为"烦躁"或"不高兴"。上海手语中，舌头伸出的口动出现比较频繁，一般表示为加深消极意义的表达。在我们拍摄的聋人演讲视频《旅游获感》(第 15 份*eaf 文档)和《谈出行安全》(第 16 份*eaf 文档)中，舌头伸出的口部动作多次出现，且都是伴随表示不好的事情，或者表示否定意义(如"不行")的手势。这表明舌头伸出的口动特征可以相当于副词，表示消极的意义。例如：

(5)　　　　　＜舌头伸出＞　　　　＜舌头伸出＞
　　a.
　　　　按喇叭 /　不行　/ 按喇叭 / 车 / 进 / 不行
　　　　(译文：不能按喇叭。车开不进去。)

b.   <舌头伸出>

指(第三人称) / 生 / 指(第三人称) / 爸爸 / 妈妈 / 死 / 生- 男 / 来

(译文：他爸爸妈妈死了，儿子过来料理后事。)

在句子(5)a 中，表示否定意义的词"不行"和"进/不行"手势表达为主手的小指为被选手指；小指伸出，前后晃动且伴随有舌头伸出的口动特征，如图 6-18-b 所示。但是"不行"的单个手势表达时，表情体态在底层并没有赋值，见图 6-18-a。句子(5)b 中，"舌头伸出"伴随"死"这个手势(表达为主手的拇指和小指为被选手指，呈侧 Y 型，向下运动)，表示不好的事情，见图 6-18-d。同样如图 6-18-c"死"的基本形式中并没有舌头伸出的口动特征。上述手势图见下。

a. "不行"（基本形式）   b. "不行"（语流中）   c. "死"（基本形式）   d. "死"（语流中）

图 6-18 含口动副词功能的手势

除此以外，在语篇视频中，我们观察到"腮帮鼓起"的表情体态特征也经常出现。不同于词汇手势表达中的腮帮鼓起的内在特征(如"胖"，见图 6-19-a)，语篇中腮帮鼓起的口动特征常常伴随动词出现，相当于程度副词修饰动词，常表示"轻松"、"数量很多"、"用力"的意思。例如：视频故事《北风和太阳》(第 2 份和第 4 份 *eaf 文档)中，腮帮鼓起出现在句子中，修饰动词。如句子(6)：

        <两腮鼓起>

(6) 北 / 人 / 吹＋＋＋(左手为表示人的侧 Y 手型，右手为"吹"的动作)

(译文：北风拼命地吹着裹着衣服的人。)

手势"吹"在其词汇的基本形式中,并没有腮帮鼓起的特征(见图6-19-b),但是在句子(6)中,手势者在表达"吹"的动作时都有腮帮鼓起的口部特征(如图6-19-c)。这是因为在句中,手势者在表达"拼命地吹"的意思;但是"拼命地"的手势并没有出现在句子中,而是采用"腮帮鼓起"的表情体态来表示。因此,我们认为,此处的腮帮鼓起并不是手势"吹"的内在特征,而是句中具有副词功能的黏着语素,如图6-19-c所示。

a."胖"　　　b."吹"(基本形式)　　　c."吹"(语流中)

图6-19　含腮帮鼓起的手势举例

同样在语料视频《傻大猫和崔弟》(第24份* eaf 文档)中,也有腮帮鼓起的口部动作,但是不同于句子(6)中腮帮鼓起表示"拼命地"意思,句子(7)中的腮帮鼓起表示的是"轻松地"、"悠闲地"的意思。

(7)
a.　　　　　＜两腮鼓起＞
　　指(左) / 青年 / 开车

　　(译文:左边的青年悠闲地开着车。)

b.　　　　＜抿嘴＞　　　　　＜抿嘴＞
　　指(右) / 老 / 人 / 开车 / 指(前方) / 开车 / 追

　　(译文:右边的老人使劲向前开车,追左边的年轻人。)

在句子(7)a中,受试在表达"轻松、悠闲地开车"的时候,"开车"的手势动作中伴随有腮帮鼓起的口部特征,见图6-20-b。而在句子(7)b中,为了表达"开车猛追"的时候,"开车"手势则伴有抿嘴的特征,见图6-20-c。而"开车"的基本手势,嘴部并没有任何动作,如图6-20-a所示。

a. "开车"（基本形式）　　b. "开车"（语流中）　　c. "开车"（语流中）

图 6-20　三种情态的"开车"手势

腮帮鼓起的表情体态具有多种语义的副词功能，在故事视频《熊爸爸》（第 21 份 *eaf 文档）和《对话》（第 13 份 *eaf 文档）中，腮帮鼓起的口动特征表示"数量很多"。例如句子(8)：

(8)
      腮帮鼓起
a. 指(我) / 叶 / 批评(我) / 多
（译文：叶多次批评我。）

   腮帮鼓起
b. 熊 / 多
（译文：熊非常多。）

在句子(8)a 和(8)b 中，"多"都伴随有腮帮鼓起的口部特征，而"多"手势的基本形式中并没有这个口部特征。在句子中，受试者为了强调程度表示"很多"，除了采用重复手控特征，还通过口部动作"腮帮鼓起"来表达程度。

图 6-20-c 抿嘴的口部动作表现为上唇和下唇紧闭，呈如 M 的发音状态。抿嘴的口部动作也有多种语义的副词功能，在我们的语料中，抿嘴动作还表示"紧"的意思。如视频故事《谈国家性质》（第 13 份 *eaf 文档）和《北风和太阳》（第 2 份 *eaf 文档）中，有下列句子：

(9)
   抿嘴
a. 毛泽东 / 跟 / 毛泽东 / 思想 / 路线
（译文：紧跟毛泽东思想路线。）

抿嘴

b. 穿 / 穿

（译文：穿紧衣服。）

在句子(9)a 和(9)b 中，"跟"和"穿"都伴随有"抿嘴"的口部特征，如图 6-21-b 和图 6-21-d 所示；而"跟"和"穿"的基本形式中，没有任何口部动作特征，如图 6-21-a 和图 6-21-c。这里的"抿嘴"相当于副词，表示"紧、用力"的意思。

a. "跟"（基本形式） b. "跟"（语流中） c. "穿"（基本形式） d. "穿"（语流中）

图 6-21 含抿嘴的副词功能手势举例

6.2.1.2 头部运动

上海手语与许多其他国家手语一样，如美国手语（Wilbur，2002）、英国手语（Sutton-Spence & Day，2001）、德国手语（Pfau & Quer，2010）、荷兰手语（Crasborn 等，2008），除了口动特征外，头部运动也可以充当副词，用来修饰动词。这样的头部运动主要包括"点头"和"摇头"，这些表情体态特征在 31 份 *eaf 文档中出现的并不是很多。"点头"表情体态特征共出现 12 次，而"摇头"则只出现 7 次。

点头指的是头部的上下运动。在语篇中，点头伴随表示肯定意义的词，如："知道"、"是"、"好"等，表示加深肯定意义的意思。例如在对话语料（第 28 份 *eaf 文档）中的下例句子：

(10) 点头

小 / 王 / 知道+

（译文：小王知道。）

在句子(10)中,"知道"伴随有点头的头部特征,这表明点头相当于程度副词修饰动词,表示肯定意义的加深,见图6-22-b;而"知道"的基本形式中不会伴随有点头的特征。如图6-22-a所示。

a."知道"(基本形式)　　　b."知道"(语流中)

图6-22　含副词性点头手势举例

在上海手语中摇头可以伴随手势出现,也可独立充当否定副词。例如:在对话语料(第13份*eaf文档)中的下例句子:

(11)　　　<u>摇头</u>

朱德清 / 手语 / 办法 /(摊手动作和耸肩)

(译文:朱德清不会手语,没有办法。)

从句子(11)中可以看出,"手语"伴随有摇头的表情体态特征,表示"不会"的否定意义。独立"手语"单个手势没有摇头动作,即词汇形式的表情体态节点没有任何赋值,如图6-23-a和图6-23-b所示。

a."手语"(基本形式)　　　b."(不会)手语"(语流中)

图6-23　含副词性摇头手势举例

点头同意,摇头否定,这在有声语言中也是十分普遍的现象,但有声语言中的语伴表情体态没有语言学功能,它们只是表达情感的附加成分。为什么手语中的点头同意、摇头否定具有语言学功能？因为，1)手语中的头部运动(如：点头和摇头)可以独立成语素表示肯定或否定的意思；2)不同的头部运动(点头或摇头)可构成最小配对。因此，上述上海手语中的点头或摇头具有语言学意义，充当肯定或否定的副词功能。当然，并非手语中的所有点头和摇头都具有语言学意义，有些与有声语言中的副语言头动一样，只是附加的情感表达。作为表示否定意义的"摇头"表情体态将在下一小节再作详细阐述，这里我们只是简单地介绍其否定副词的形态功能。

6.2.2 表情体态的形容词功能

形容词主要用来描写或修饰名词，表示人或事物的性质、状态、特征或属性，常用作定语，也可用作表语、补语或状语。手语中也有这一类词，一般是由独立的手势表示；但有的形容词除了手控特征外，还有一些特定的表情体态来表示。Pfau 和 Quer(2010)认为，某些特定意义的形容词手控特征会脱落，单独由形容词的表情体态来修饰名词，且伴随名词的手势同时出现。例如：德国手语中"小"和"大"一般伴随有腮帮内吸和腮帮鼓起的口部动作，在句子中表示物体的小或大时，就可以由腮帮内吸和腮帮鼓起表示。通过 32 份 *eaf 文档的标注分析，我们发现上海手语中也存在这样的现象：采用"腮帮鼓起"表示"胖"或"大"等；而"腮帮内吸"表示"小"或"窄"。虽然这些现象出现的频次并不多，但通过与聋人的交流，他们也认为：上海手语中表示事物的大小、胖瘦及多少，虽然都有专门的手势表达，但是在语流中这些手势的手控特征有时消失，可以采用口动特征表达这些语义。

6.2.2.1 口动特征

上海手语中"胖"、"小"或"瘦"等形容词的基本形式中，都会伴随有腮帮鼓起、腮帮内吸及舌头伸出的口部动作，这个口部特征是手势不可或缺的强制性因素。观察语料时，我们发现在语流中用来描述事物的大小、胖瘦及多少时，受试者往往会脱落这些形容词手势的手控特征，而只采用表情体态特征伴随所修饰的名词，来描述事物的形状大小或数量多少。例如在视频故事《守株待兔》(第 6 份*eaf 文档)中,受试者把"大树"两个手势的词组表达为一个"树"的手势,同时伴随着原来表达"大"手势中腮帮鼓起的口动特征(见图 6-24-b)。上海手语"树"是双手手势,双手的拇指和食指为被选手指,两手相对构成圆形,向头上方移动,独立"树"的基本形式没有伴随腮帮鼓起的口动特征(见图 6-24-a)。因此,语篇中"树"的手势可能与独立"树"的基本形式不同,区别在于语篇中"树"手势的双手动作幅度可大可小,伴随的口动特征可以是腮帮鼓起表示大树,也可以是腮帮内吸表示细长。"树"与"大树"的不同手势见图 6-24。

a. "树"(基本形式)　　　b. "(大)树"

图 6-24　含形容词性口动的手势举例

通过对语料的分析,我们发现上海手语中具有这种表述物体大小多少形容词功能的有不同的口动特征,如表示面积小,受试者用舌尖伸出口动伴随"面积"手势。除了口动特征,也有口型特征表示相同的形态功能。

6.2.2.2　口型特征

我们在《动词小故事》语料中(第一份*eaf 文档),观察到有一个特殊的现象,受试者在表达称呼语"小×",如:小王、小徐时,"小"的手控特征往往消失,只保留"小"的口型来表达称呼前的"小"。这种现象出现有 14 次,均出现在第一份*eaf 文档中。例如句子(12):

(12) "小"口型

　　徐　/和/我/两人/走路

(译文:小徐和我两人散步)

句子(12)中的"小"口型伴随"徐"的手控特征来表达"小徐"的意思;而"小"手势的手控特征并没有出现句子中。毫无疑问,"徐"手势的基本形式中不伴随有"小"的口型,所以"小"口型单独表达"小"的意思,如图6-25所示。

a."徐"(基本形式)　　　　　　b."小徐"

图6-25　含形容词性口型的手势举例

根据实际语料,语篇中的上海手语确实有不少利用口动和口型特征伴随着物体名词的手势,表达该物体的形状、尺寸、数量等形容词的形态功能。

6.2.3　其他形态功能的表情体态特征

手语是视觉感观语言,大量跨手语语料证明,手语词汇中存在许多象似性手势,因此实词表达非常丰富,但是虚词在手语中表达较少。依据目前我们收集的上海手语语料数据,我们观察到上海手语中也存在语气词。多数语气词的表达没有手控特征,主要是通过口型特征来表示。我们对所有32份*eaf文档中的语气词进行统计,共有18份文档具有语气词口型,统计结果如表6-17所示。

表6-17　上海手语中语气词口型频次统计

*eaf	1	3	5	7	8	12	14	20	22	语气词总数
语气词	2	3	1	2	4	2	15	3	2	
*eaf	23	24	25	26	28	29	30	31	32	80
语气词	3	5	4	2	13	7	1	1	10	

从表6-17中可以看出,表示语气词的口型在语料中共出现了80次。基于

此,我们认为上海手语中一般都不会使用语气词。但如果有语气词(如:"啊","哦","吗")的时候,手势者一般采用口型,表现为模仿该语气词有声语言中音节发音的口型来表达。语气词"啊"口型为"a","哦"的口型为"o","吗"的口型为"ma"。例如:在视频故事《傻大猫和崔弟》和《动物对话》中,受试者都采用了口型表达语气词。看句(13):

(13) a. 指(左边)/ 青年 / 开车("a"口型)

(译文:那青年人开车,突然"啊"的一声。)

b. 听-说 / 李 / 问题 / 解决("ma"口型)

(译文:你听说李的问题解决了吗?)

上述两句话中,都使用了口型充当语气词。句(13)a口型"a"代表语气词"啊",伴随手势"开车"同时出现;句(13)b口型"ma"代表语气词"吗",伴随手势"解决"同时出现,表示一般疑问。从图 6-26-a 和图 6-26-c 中可以看出,手势"开车"和"解决"的基本形式中并没有伴随[a]口型和[ma]口型;而在语篇中的"开车"和"解决"手势分别伴随了[a]口型和[ma]口型,以表达相应语篇的语气,见图 6-26-b 和图 6-26-d。

图 6-26 含语气口型的手势举例

综上所述,表情体态超音段特征的形态功能有两种形式:一种是表情体态是某个独立表义形态词手势的底层固定特征,在语流中这个形态词手势的手控特征消失,表情体态携带着原词的语义,依附到被修饰的名词或动词手势,使原名词或动词手势新增了修饰性语义的表情体态特征,如图 6-22-b"知道"和图 6-24-b"(大)树",相当于有声语言中的声调。另一种是具有形态功能的表情体态本身就是一种"漂浮特征(floating feature)"(Akinlabi 1996),不是词汇的底层结构,只在句子表层依附在被修饰的名词或动词手势上实现其表义功能,如图 6-21-d "穿"和图 6-26-b "开车"等。此时的口型或口动特征相当于有些有声语言中的漂浮特征词缀。

6.2.4 具有形态功能的表情体态特征的音系分析

从 6.2.2 小节的分析中可以看出"树"、"面积"、"徐(姓)"等名词手势的底层表情体态特征并没有赋值腮帮鼓起、舌头伸出或"小"口型之类的特征;不同类型的副词型口动特征也并非动词手势的词汇特征,即动词基本形式在底层词库中没有赋值口动特征(如图 6-21、图 6-22、图 6-23)。那么这些口动和口型特征是如何获得的?我们认为手语中表情体态特征的形态功能如同有声语言中超音段特征的形态功能,如 Akinlabi(1996)发现在有些有声语言中,漂浮特征具有形态功能的语素,他把这种漂浮特征语素称作"特征词缀(featural affixation)",如巴西的阿拉瓦克语言(Arawakan language)中,第一人称往往是通过[鼻音性]特征的扩展来表达(例如"unae"→"ũnāē"意为"老板"→"我的老板")(Akinlabi 1996:273)。有声语言中的类似这些"特征词缀"在特征几何框架内通过音系特征的脱落或(和)扩展得以实现。

上海手语中表情体态特征的形态功能的实现在特征几何框架内也是音系特征的脱落或(和)扩展的音系规则触发所致。如上海手语"大树"手势是"大"和"树"的音节融合构成的一个形态手势,其音系表征如图 6-27 所示。

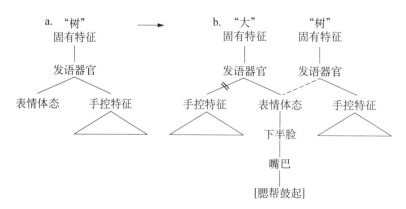

图 6-27 "大树"手势中表情体态的音系表征

从图6-27中可以看出,"树"的基本形式中表情体态节点下没有任何特征。而在名词短语"大树"中,由于"大"的手控特征脱落,表情体态被保留下来,并且扩散到了与其相邻"树"的手势上。这样"树"就获得了"大"的表情体态特征"腮帮鼓起"。

如上所述,有些形态功能的表情体态特征不像图6-27那样原来是形态词手势中的固有表情体态特征,当手控特征消失后,该表情体态特征附着到相邻的名词手势中,有些形态功能表情体态特征,本来就是一种"特征词缀",或特征的形态功能,它们没有底层形式,或底层没有依附的载体,它们不是词汇(lexical)信息,而是后词汇(post-lexical)信息,只在句法生成后才出现。如语气词"吗"功能的特征缀[ma]就是句法生成后,句末手势获取的一个表情体态特征,以句(13)b[听-说/李/问题/解决]为例,句末"解决"手势获取漂浮特征[ma],其音系表征如图6-28所示。

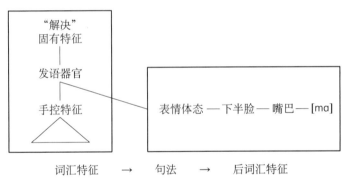

图6-28 句末"解决"手势获取[ma]特征音系表征

图6-28说明,手势"解决"词库内的固有特征只有手控特征,不赋值表情体态特征,在句子层面获取词库外的后词汇漂浮特征[ma]。

6.3 表情体态特征句法功能的音系分析

大量跨语言的手语研究(如 Liddell, 1980; Coerts, 1992; Meir, 2004;

Sandler & Lillo-Martin，2006等)证明，手语中表情体态特征具有跟有声语言中语调一样的超音段特征的句法功能。表情体态特征可以标记各种不同句子类型，如疑问句、否定句、条件句及话题结构等。这些具有标记不同句法功能的表情体态特征主要包括头部和身体的运动及上半脸的动作(包括眼睛和眉毛的运动变化)。当然，确定手语中的一些表情体态是否具有标记句法功能的语言学意义并非易事；因为有声语言中，不同的句法功能的表达也有一些情不自禁的表情体态伴随，但有声语言中的那些语伴表情体态没有语言学意义。因此，并非手语中所有表情体态特征都具有语言学意义。前面我们分析上海手语表情体态的音系区别性功能和形态功能时，主要根据Deuchar(1984)的三条标准〔见(1)〕。但判断手语中表情体态的句法功能比判断表情体态的音位和形态功能更难，因为1)具有音位或形态功能的表情体态多是手势词库内的底层特征赋值，容易判断，但具有句法功能的表情体态都是句子表层的特征；2)手语中句法功能的表情体态特征较难区别于有声语言语流中的语伴表情体态。为更准确地判断上海手语中表情体态特征标记什么样的句法功能，我们除了继续参照(1)的三条标准以外，我们同时还参照判断语篇中的表情体态是否具有语言学意义的另外三条标准(根据Liddell，1980：54和Baker-Shenk，1983：238)：

(14) 语篇中表情体态具有语言学意义的三条标准

a. 表情体态特征必须赋予句子某些语言学意义，例如：音系特征、形态特征或者句法特征等。

b. 表情体态特征必须经过起始动作到达顶峰，最后动作结束的过程。

c. 表情体态特征和其管辖域的时长基本一致，并具有高度的相关性。

判断手语中句子层面表情体态特征的语言学功能，标准(14)b，(14)c更为重要。我们将严格根据标准(1)和(14)分析所收集的语料，系统阐述上海手语中表情体态超音段特征的句法功能及其音系表征，包括否定句、一般疑问句、特殊疑问句的语法标记形式。

6.3.1 否定句的表情体态特征以及音系分析

在有声语言中，语法形式上的否定结构主要是通过附加含否定意义的附缀以及否定小品词或否定副词来表达否定意义。Dahl(1979:84)调查240种有声语言,其中108种通过形态否定词来表达否定意义,99种语言则是通过否定小品词来标记否定结构。手语的否定结构表现形式则不一样。Zeshan(2003,2004)、Kubus(2008)和Gökgöz(2009,2011)等通过对不同国家手语否定结构的调查分析,发现标记手语的否定结构主要有三种形式:1)表情体态特征以及手控特征共同标记;2)表情体态特征单独标记;3)手控特征单独标记。手控特征主要是使用否定词对句子进行否定,否定词包括基本的否定词例如:"NO"、"NOT"以及"NEVER",特殊的否定词如:NG手型[①],以及一些不规则的否定词例如:在肯定意义的词语后加上否定词缀或者改变原有手势的运动方向等。表情体态特征主要包括头部的运动(摇头、头转向一侧以及头后倾)以及面部表情(低眉、皱眉、眯眼以及嘴角的变化)来标记否定结构。Yang和Fischer(2002)对中国手语的否定结构进行研究,她们认为中国手语主要有四种否定形式:第一,加基本否定词"不"或"没有"来否定句子;第二,采用特定的手势表达否定意义,如NG手型、摊手等;第三,否定合并(negative incorporation),通过改变某些词的运动方向,如旋转、向外或向下的移动表达否定意义;第四,采用表情体态特征来否定句子,如:头部运动(摇头)和面部表情(眯眼、皱眉及扬眉等)。

  基于上述各种手语中否定结构的研究,我们主要对上海手语中语法形式上具有否定意义的句子结构的表情体态进行分析研究。通过分析故事视频、对话视频及演讲视频等33个*eaf文档,共获取了277个否定句[②]。我们采用ELAN视频分析软件对所有的277个否定句进行标注和分析,发现这些否定结构除了采用否定手势表示否定结构外,也都伴随有表情体态特征。这些表情体态特征主要包括摇头,头后倾、侧倾(包括左倾或右倾),面部表情特征及"没有"口型。我们对27份*eaf文档中含有这些表情体态特征进行统计,统计结果如表6-18所示。

[①] NG手型为主手小指伸出,其他手指闭合,小指前后晃动表示"不行"、"不能"、"不好"等常用否定用语。
[②] 由于本章节主要阐述否定结构的表情体态标记,有关其语序的问题不在考虑范围之内,单独的手控特征表示否定的形式也不在此讨论。

表 6-18　上海手语中伴随否定结构的表情体态特征出现频次统计

*eaf 文档	摇头	头后倾	摇头和头后倾	头侧倾	"没有"口型	无表情体态特征	面部表情特征
1	10	5	4		3	1	2
4	1						
5	4	1			2	1	
6		2			1		2
7	1						
8	1				1		
9	1				2		2
10		1					
11					1		
12	11	8	4		5	3	
13	8	7		2	1	5	6
14	3	2			4	1	
15	7	9	1	5	1	3	7
16	17	4	7	2	4	3	7
17	2						1
18	1	1	2				2
19	2						
20	2						1
21	6	2			5		
22	3						
25	1				1		
27	1	1					
28	28	3	7				
29	36	4			7		
30	4						
31	5	2	1		2		
32	1	1			3		
总数	156	53	26	9	43	17	30

通过对所有这些文档中伴随的表情体态特征分布进行统计,发现其中"摇头"表情体态特征在否定结构中出现共 156 次,"头后倾"的特征出现有 53 次,26 个句子既伴随有"摇头"又伴随有"头后倾",9 个伴随有头侧倾(头可以为左倾或右倾),43 个为伴随摊手动作的"没有"口型,17 个没有任何表情体态特征的否定句子及 30 个伴随有面部表情的特征。统计结果采用图表可以表示如下图。

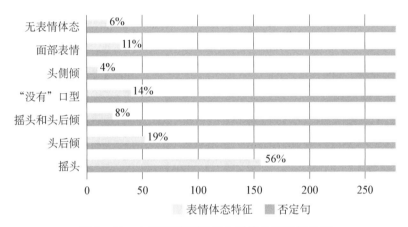

图 6-29 上海手语否定句中表情体态特征分布

从图 6-29 中可以看出,上海手语中否定结构除了使用表示否定意义的手控特征外①,主要由表情体态特征和手控特征共同标记。表情体态特征主要包括:1)头部运动(主要包括摇头、头后倾及头侧倾);2)面部表情特征(如:皱眉、眯眼、皱鼻、嘴角下拉和嘴角上扬等);3)以及"没有"口型。其中面部表情特征可能会伴随其他表示否定意义的表情体态特征一起出现。表情体态特征伴随这些手控特征标记否定结构。下面我们主要对伴随否定结构的不同表情体态特征(包括摇头、头后倾、头侧倾、"没有"口型及面部表情特征)进行音系分析。

---

① 我们在语料中发现了不少手控特征的否定形式,主要包括:摆手、掌心向外、左右晃动、NG 手型、摊手和耸肩等。但我们不在此章节的正文中讨论上海手语手控特征的否定形式。

6.3.1.1 摇头的否定标记

我们通过对语料中 277 个否定句进行分析，发现上海手语中伴随否定结构的表情体态特征最频繁的是"摇头"。摇头这一头部运动一般都伴随表示否定意义的手势同时出现在否定结构中，但有时也独立标记否定结构。有声语言中为了强调否定意义也会采用"摇头"的体态特征，但有声语言否定句中出现的摇头区别于手语否定句中的摇头。有声语言中不能采用"摇头"独立标记否定结构，例如：

（15） 　　　　摇头
　　*熊 想 孩子 跳舞。

句(15)在有声语言中通常是不符合语法的，因为有声语言中肯定句结构伴随有"摇头"在绝大多数语言和场景中是违反常理的。但上海手语中，我们在语料中发现不少句子的肯定词语伴随摇头，ELAN 视频截图如下。

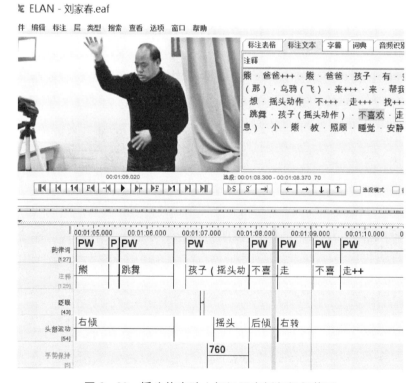

图 6-30　摇头体态独立标记否定例句视频截图

图 6-30 视频截图记录了两个句子，第一个句子如下：

(16)　　　　　　摇头

熊 / 想 / 跳舞 / 孩子

（译文：熊认为孩子跳舞不好。）

句(16)在上海手语中是一个合法的句子，表示上海手语中的"摇头"体态独立赋予了句子否定意义。为了判断"摇头"的表情体态特征是否具有语言学意义，我们对所有的 33 份 *eaf 文档中"摇头"和其所伴随手势的时长进行了统计。我们发现在上海手语中"摇头"主要伴随手控特征"不"、"没有"、NG 手型及其他形式表达否定意义的词语，如"不同"、"不是"及"不懂"等，并且"摇头"的时长和其所伴随手势的时长基本一致。另外，我们在语料中观察到有 9 个采用"摇头"独立标记否定结构的句子。我们提取了否定句出现最频繁的 5 份 *eaf 文档中的时长数据，结果如表 6-19。

表 6-19　上海手语中伴随否定结构的"摇头"时长统计

文档	韵律层	最小时长	最大时长	平均时长
1	摇头	0.439	2.070	0.836
	手控特征	0.439	2.070	0.770
2	摇头	0.280	0.850	0.518
	手控特征	0.280	1.510	0.715
3	摇头	0.284	0.920	0.541
	手控特征	0.284	1.350	0.601
4	摇头	0.259	2.205	0.913
	手控特征	0.259	2.205	0.888
5	摇头	0.280	1.398	0.571
	手控特征	0.280	1.690	0.639

从表 6-19 可以看出，"摇头"和其所伴随否定手势的平均时长差 0.040 到 0.100 秒左右。这些时长差异主要是由于在语篇中，表示否定意义的手势会发生重复的动作；而"摇头"的表情体态特征则不会伴随重复的手势。同时从

*eaf 文档中可以观察到"摇头"的时长会比手势的手控特征时长起始要早,结束的要晚。因此根据 Baker-Shenk(1983)的标准(14)b 和(14)c,如果表情体态的时长和所伴随手势的时长基本一致,那么这样的表情体态特征是具有语言学意义的特征。但 Baker-Shenk(1983)也发现,表情体态标记并不完全和其相对应的手控特征保持时长一致,它往往会比其管辖域的动作起始得早,结束得晚。这是因为:从人体的结构上来说,人大脑的反应会比人的手势反应快;但就摇头的摆幅动作而言,肯定比手势动作慢。所以表情体态特征的起始和结束时间,往往会比手控特征起始得早,结束得晚。

从上表 6-19 可以看出,上海手语中否定结构基本上都伴随有表情体态特征,其中,"摇头"(伴随否定手势有 53%,单独标记否定结构的有 3%)占总数的 56%。Coerts(1992)提出,如果一种表情体态特征在一种句子结构中出现的频率超过 50% 的话,那么这种表情体态特征在该种句子结构中具有语言学意义。我们的统计数据表明,在 277 个否定句中有 156 个(为 56%)伴随有"摇头"的表情体态特征。其中伴随否定手控特征标记否定结构的"摇头"共有 147 个;单独用"摇头"标记否定结构的共 9 个。虽然单独用"摇头"标记否定在语料中不多,但根据受试者反映,这是完全可以接受的否定形式。请看语料中"摇头"标记否定的两种形式,例如:分别在视频故事《谈出行安全》(第 16 份 *eaf 文档)和《熊爸爸》(第 20 份 *eaf 文档)中的两个句子:

(17)
                                                        摇头
  a.
    大家 / 以后 / 随便 / 到 / 虹口 / 报名＋ / 不＋＋
    (译文:大家以后不要随便到虹口区报名。)

              摇头   摇头
  b.
    熊 / 爸爸 /　　 / 听 /　　 /
    (译文:熊爸爸觉得不行。)

句(17)a 的"摇头"伴随手势"不"出现;句(17)b 的"摇头"没有伴随否定手势而独立出现。句(17)b 的 ELAN 视频截图如下。

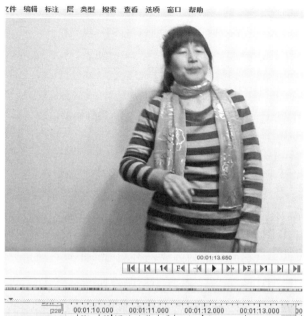

图 6-31 摇头独立标记否定结构手势举例

从视频截图 6-31 中可以看出，受试在表达否定意义时，只采用了"摇头"的表情体态特征。这说明，表情体态特征"摇头"可独立存在于句中，当"摇头"不是伴随否定手控特征出现时，该特征并不依附于某个手势。从音系学讲，无论"摇头"是伴随否定手势出现还是独立出现，都是一种超音段特征形式。但手语与有声语言的不同处之一是：有声语言的音节是超音段的，而手语的音段是超音节的（见第四章）。因此，当"摇头"独立标记否定结构时，这个表情体态"摇头"就可以独自成音节。在 Brentari(1998) 的韵律模型中，"摇头"伴随否定手势标记否定和独立标记否定结构的不同音系表征可表示如图 6-32。

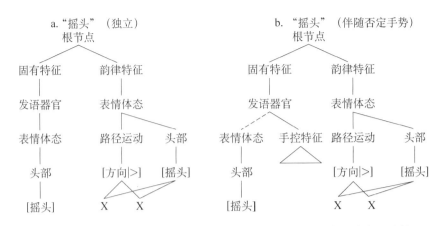

图 6-32　表情体态"摇头"独立与伴随手势标记否定的两种音系结构

图 6-32-a 表明,"摇头"独立标记否定结构独自成音节时,固有特征节点下没有手控特征,即没有以手型为载体的手势,但摇头本身具备了音节不可或缺的成分——运动。图 6-32-b 表明,作为伴随否定手势的"摇头",在表层的音系表征里表现为一个由手控特征构成否定手势的发语器官下赋值的表情体态特征。

6.3.1.2　头后倾和头侧倾的否定标记

根据 Zeshan(2004)和 Gökgöz(2011)的分析,表情体态特征在标记句子类型时分主要表情体态标记(表达强烈语气)和次要标记(表达弱语气)。图 6-29 显示,"头后倾"出现频率为 19%,而且不同于"摇头"特征,这个"头后倾"的表情体态特征不能独立标记否定结构。因此"头和身体后倾"可以判断为否定结构的次要伴随性表情体态特征。同样我们也对 33 份 *eaf 文档中"头后倾"表情体态特征时长和其伴随的手控特征时长进行统计,提取 5 份统计数据,结果如下表 6-20。

表 6-20　上海手语中伴随否定结构的"头后倾"时长统计

文档	韵律层	最小时长	最大时长	平均时长
1	头后倾	0.500	3.522	1.557
	手控特征	0.500	2.299	1.213

续 表

文档	韵律层	最小时长	最大时长	平均时长
2	头后倾	0.255	1.865	0.914
	手控特征	0.255	1.865	0.914
3	头后倾	0.258	2.440	1.179
	手控特征	0.258	3.010	1.271
4	头后倾	0.720	1.350	0.988
	手控特征	0.720	1.350	0.988
5	头后倾	0.380	1.840	0.900
	手控特征	0.380	1.840	0.900

表6-20说明,"头后倾"和其伴随的手控特征时长基本保持一致。唯一不同的是第一个文档中差0.2秒,这主要是由于在某些否定结构中"头后倾"不仅伴随否定手势,而且也会发生延伸的音系变化,因此导致"头后倾"的时长比其伴随的否定手势时长要长。根据Baker-Shenk(1983)的标准(14)b和(14)c,上海手语否定结构句中的"头后倾"具有语言学意义。

除了所述两种典型的头部运动之外,上海手语的否定结构中还有一种"头侧倾"的头部运动特征。Zeshan(2004)通过对38种手语的否定结构进行比较,认为"头侧倾"是"摇头"特征的弱化形式。因为"头侧倾"不能伴随谓词等表示否定意义,也不能出现在句末单独标记否定结构。在我们分析的上海手语语料中,"头侧倾"表情体态特征主要是伴随其他形式的否定词"不管",也有个别伴随"NG手型"出现。例如:在视频《旅游》(第15份*eaf文档)以及《对话》(第13份*eaf文档)中有下列句子(18):

(18)   头侧倾
   a. 其他 / 不管
    (译文:不管其他的事情。)

            头侧倾
   b. 陪 / 请 / 边境 / 不管
    (译文:只陪同到达边境,以后不管陪同了。)

c. 头侧倾
汇报 / 不行

（译文：不能汇报。）

例(18)的3个句子都分别带有"头侧倾"的表情体态特征，并都是伴随否定手势出现。从 ELAN 视频截图，我们获悉如(18)b 句子的表情体态信息，如图6-33 所示。

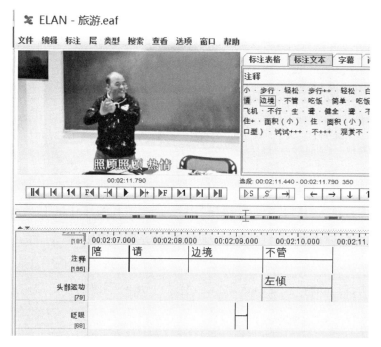

图6-33 "头侧倾"伴随否定手势举例

截图6-33显示，(14)c"头侧倾"与句子最后一个"不管"手势同界，符合 Baker-Shenk(1983)的标准(14)b 和(14)c，在手语中具有语言学意义，但在上海手语中属于表情体态弱标记。

以上我们讨论的"摇头"、"头后倾"及"头侧倾"的否定标记，都属于头部运动。表6-18还表明，伴随否定句结构出现的还有面部表情，如皱眉、嘴角下拉、睁大眼睛、噘嘴等。通过仔细观察语料，我们发现这些面部表情有以下特点：

1) 面部表情特征在上海手语否定结构中不是强制性的要素，它的出现并不会影响否定意义的表达。没有面部表情特征，否定意义仍可以通过其他否定形式表达。

2) 面部表情不具备规律性并且不稳定：有的伴随否定词"不"为"噘嘴"；有的为"扬眉"和"眼睛睁大"；有的为"皱眉"和"嘴角下拉"。

3) 面部表情不同于"摇头"和"头后倾"的表情体态特征，其时长和所伴随的否定手势时长以及起始和结束的时间不完全保持一致。

因此，这种不稳定且不系统化的面部表情特征，不符合 Liddell(1980)和 Baker-Shenk(1983)的具有语言学意义的表情体态特征判断的三条标准(14)。我们认为，上海手语中面部的表情体态特征不是伴随否定手势的强制性表情体态特征，不是否定结构的标记。

6.3.2 上海手语中疑问句的表情体态特征以及音系分析

疑问句指的是具有疑问语气的句子，它有着自身结构上特有的标记(如：疑问词)、语义上特别的内涵(如：疑问信息)及语用上特殊的功能(如：提出问题以及询问情况等)。疑问句一般分为：一般疑问句、特殊疑问句、选择疑问句、正反疑问句及反问句。一般疑问句是提出问题要求对方回答"是"或"否"的疑问句，所以又被称为是非疑问句。特殊疑问句采用疑问代词代替未知部分进行提问。不同于一般疑问句，特殊疑问句既可以是升调也可以是降调。选择疑问句是提出两种或两种以上的情况，让对方从中进行选择的疑问句。选择问句经常使用"A 还是 B"等固有格式。正反问句使用肯定和否定叠和的方式进行提问，一般不使用疑问代词或疑问语气词。反问句是指当提问的人对前面所叙述的事实不敢肯定，而需要向对方加以证实时所提出的问句。

手语中的疑问句也具有和有声语言一样的分类，但不同于有声语言的是它的疑问标记。手语中的疑问语气主要通过什么来标记呢？许多手语研究者(如 Nespor & Sandler, 1999；Sandler, 1999；Wilbur, 2000 等)都认为，手语中的表情体态特征相当于有声语言中的语调，附加在手控特征音段单位之上。跟语调曲线一样，表情体态特征可以标记各种不同的句子类型，包括否定句、疑问句、条件句、主题句，以及关系从句等。Zeshan(2004)对 37 种手语进行疑问结构的类型比较，发现疑问语句主要是通过表情体态特征标记。这些表示疑问信息的表情体态标记主要包括"扬眉"、"睁大眼睛"、"眼睛注视交流对象"、"口型"、"身体前倾"，以及"头前倾或后倾"。本小节基于现有的上海手语语料，讨论的焦点是上海手语疑问句型的表情体态标记。

我们采用 ELAN 视频软件分析故事视频、对话视频以及演讲视频等 33 个 * eaf 文档，共获得 233 个疑问句。其中 99 个为一般疑问句，134 个为特殊疑问句。同时我们发现：一般疑问句和特殊疑问句伴随有"头和身体前倾"、"扬眉"、"睁大眼睛"、"皱眉"、"眼睛斜睨"，以及疑问语气词"吗"或"啊"口型的表情体态特征；一般疑问句和特殊疑问句中，也都有表示疑问信息的手控特征。我们分别对所有的 33 份 * eaf 文档中一般疑问句和特殊疑问句所伴随的表情体态特征进行统计，结果如图 6-34。

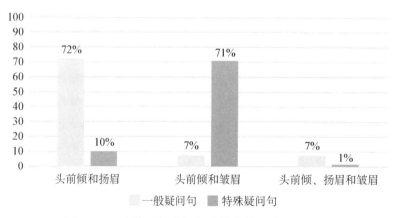

图 6-34 上海手语中疑问结构表情体态特征分布

从图 6-34 中可以看出，上海手语中伴随一般疑问句的表情体态特征主要为头前倾和扬眉，频率高达 72%；而头前倾和皱眉出现的频率仅为 7%；还有 7%的句子伴随有头前倾、扬眉和皱眉的特征。而伴随特殊疑问句的表情体态特征主要为头前倾和皱眉，出现频率为 71%；头前倾和扬眉仅为 10%；头前倾、扬眉和皱眉为 1%。这些数据表明一般疑问句中伴随的表情体态特征主要为头前倾和扬眉；而特殊疑问句中表情体态特征为头前倾和皱眉。

下面我们将详细阐述上海手语中一般疑问句和特殊疑问句的表情体态特征

的表现，通过把表情体态特征和其伴随的手控特征的时长进行对比，判断哪些特征为表示疑问信息的强制性要素，分析表情体态标记的辖域，阐述不同类型的特殊疑问句中出现的表情体态特征的分类，与其伴随的手控特征之间的关系以及其音系表征。

6.3.2.1 一般疑问句的表情体态标记

我们采用 ELAN 软件对采集的上海手语语料进行分析，共获得了 99 个一般疑问句。通过分析这些句子，发现上海手语中的一般疑问句有两种形式：基本的一般疑问句和句末有 A+～A 手势的一般疑问句。而 A+～A 手势指的是由肯定意义的词和与其对应的否定意义的词并列组成的手势，如："好不好"、"累不累"及"有没有"等。它们常附加在句子的末尾表示疑问信息。这一类型的一般疑问句不仅有这个疑问手势，而且也伴随有表示疑问信息的表情体态特征。

如上所述，上海手语中一般疑问句主要伴随有头前倾和扬眉的特征。我们对所有的 33 份 *eaf 文档中伴随一般疑问句的表情体态特征进行统计，结果如表 6-21。

表 6-21 上海手语中伴随一般疑问句的表情体态特征分布频次统计

*eaf 文档	头前倾和扬眉	头前倾和皱眉	头前倾、扬眉和皱眉	扬眉	"吗"口型	"啊"口型
1	5	1			2	
12			1			
14	12	3	3	1	12	
21	14	3	2		4	6
22	1					
25	8				3	
26	2	2	1		2	
28	21	1		1	12	
29	3			8	2	5
30	3					1
31	1			1		1
33	1					
总数	71	10	7	11	37	13

从表 6-21 中可以看出，在 13 份 *eaf 文档中的 99 个一般疑问句里，伴随出现的表情体态特征中，以"头前倾和扬眉"出现频次最高，为 71 次；其次是单独的"扬眉"表情体态特征出现频次为 11 次；再次是"头前倾和皱眉"出现频次为 10 次；最后是"头前倾、扬眉和皱眉"出现频次为 7 次。而且除了这些特征之外，还有 50 个疑问句伴随有疑问语气词口型。其中"吗"口型出现频次为 37 次，"啊"口型为 13 次。采用图表可以表示如下。

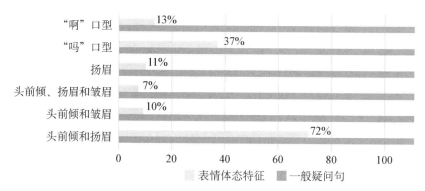

图 6-35　上海手语伴随一般疑问句的表情体态特征分布频次

图 6-35 说明，所有 99 个一般疑问句都伴随有表情体态特征，其中每个表情体态特征出现的频次各不相同。而如上所述，一般疑问句主要是通过表情体态特征来表达疑问信息。而这些表情体态特征中以"头前倾和扬眉"出现频率最高，为 72%；其次"扬眉"独立标记疑问句的频率为 11%；"头前倾和皱眉"的特征占 10%；"头前倾、扬眉和皱眉"的特征频率仅为 7%。"头前倾和皱眉"以及"头前倾、皱眉"以及"扬眉"在语料中出现次数较少，共有 17 个句子伴随有这样的特征。通过对语料的观察，我们发现伴随有"头前倾和皱眉"以及"头前倾、皱眉和扬眉"表情体态特征的一般疑问句，问话者不仅仅是要求对方回答"是"或"不是"，而且对问题有着某些特定的意图。例如：在视频《对话》(第 14 份 *eaf 文档)中，有下列句子：

(19)　　　　　　　　　　　　　　　　　　　　　扬眉
　　　　　　　　　　　　　　　　　　　　　　　头前倾
　　a.
　　　听 / 说 / 指(对方) / 结婚 / 男 / 衣服 / 买
　　（译文：听说你给老公买衣服？）

$$\frac{\text{扬眉}}{\text{头前倾}}$$
$$\overline{\text{皱眉}}$$

b. 找工作 / 清洁 / 工作 / 指(对方) / 本来 / 累 / 不 / 累

(译文：你做清洁工作累不累？)

例(19)的两个一般疑问句都伴随有扬眉和头前倾的表情体态，以(19)a句为例，其 ELAN 视频截图提供的信息如下。

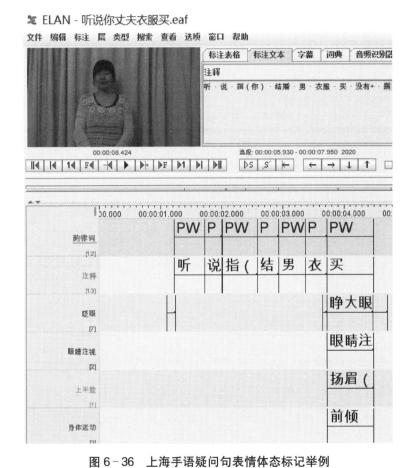

图 6-36　上海手语疑问句表情体态标记举例

图 6-36 显示，句子(19)a 句末的"买"手势伴随扬眉和头前倾，句(19)b 也一样。正如图 6-35 所示，72%的一般疑问句句尾都伴有扬眉和头前倾特征。

那么扬眉和头前倾是否就是上海手语一般疑问句的"超音段"的语法标记呢？我们得全面分析语料，深入了解头前倾和扬眉的物理属性及在语流中的表现形式。

手语中的头前倾指的是手势者的头往身体的前方倾斜，此处指的是头前倾的位置，而不是头前倾的运动路径。扬眉指的是眉毛保持上扬的位置。为了判断表情体态特征是否具有语言学意义，我们采用 Liddell(1980)以及 Baker-Shenk(1983)的三条标准(14)对语料进行一一分析。首先，对 13 份*eaf 文档中出现的 71 个头前倾和 82 个扬眉(其中包括单个扬眉特征)的时长以及所伴随的手控特征时长进行统计，发现头前倾和扬眉的时长基本上和所伴随的手控特征时长保持一致。我们随机抽取了 5 份数据，具体结果如表 6-22 所示。

表 6-22 上海手语一般疑问句中头前倾和扬眉时长统计

文档	韵律层	最小时长	最大时长	平均时长
1	头前倾	0.399	0.983	0.775
	手势	0.399	0.983	0.775
	扬眉	0.399	1.020	0.740
	手势	0.399	0.983	0.718
2	头前倾	0.530	1.630	0.850
	手势	0.530	1.630	0.850
	扬眉	0.870	1.630	1.250
	手势	0.870	1.630	1.250
3	头前倾	1.180	2.040	1.692
	手势	1.180	2.040	1.692
	扬眉	1.350	2.040	1.750
	手势	1.350	2.040	1.750
4	头前倾	0.580	0.580	0.580
	手势	0.580	0.580	0.580
	扬眉	0.580	0.580	0.580
	手势	0.580	0.580	0.580

续　表

文档	韵律层	最小时长	最大时长	平均时长
5	头前倾	0.620	0.630	0.625
	手势	0.620	0.630	0.625
	扬眉	0.380	1.770	0.927
	手势	0.510	1.770	0.970

从表6-22可以看出，5份*eaf文档中头前倾和扬眉的平均时长都和其所伴随的手控特征时长基本保持一致。有一份文档中扬眉的时长比所伴随手控特征的时长稍长0.01秒。这是因为有时候表情体态特征的起始时间会早于手控特征，而结束时间会比手控特征要稍晚。而有一份文档中手控特征的时长比扬眉要长，是由于在该份文档中有一个疑问句中手控特征有延长音变，但扬眉的动作却没有伴随手势的延长而延长，故导致扬眉的时长要短。从整体数据来看，这两个表情体态特征的时长和所伴随手势的时长一致。这符合Liddell(1980)的标准(14)b和(14)c，并且头前倾以及扬眉两个特征在一般疑问句中出现最为频繁，高达72%。这足以证明上海手语中扬眉和头前倾特征具有语言学意义。除此以外，还有11%的句子中单独伴随有扬眉的特征，7%的句子伴随有扬眉、头前倾和皱眉的特征。也就是说，共有90%的句子中有出现扬眉的特征，79%的句子中有头前倾的特征。和其他国家手语一样，上海手语中陈述句和疑问句的语序一样；语序不是区分两种句型的要素（许多印欧语系的有声语言陈述句和疑问句的语序不同）。通过观察语料，我们发现上海手语的陈述句和疑问句的区别就在于是否伴随有"头前倾和扬眉"或带有"疑问语气词"的其他特征。

如果说手语中的一个手势就是一个词，但手语中的语气词却往往不是一个手势，而是一种脸部表情的口型特征，如口型[a]("啊")、[ma]("吗")，它只是依附在句末手势的一个脸部表情特征。在我们的语料分析中，有37%句子末尾伴随有疑问语气词"吗"，13%句子末尾伴随疑问词"啊"。但，凡句末手势伴有疑问词口型的，也多伴有扬眉或（和）头前倾。例如在视频《对话》（第14份*eaf文档）的其中一句如下：

(20)   <u>　头前倾　</u>
       <u>　　　　扬眉　　　　</u>
指(对方)／对／现在／工作／满意('吗'口型)

(译文：你对现在工作满意吗？)

例(20)的句末手势"满意"伴随着扬眉和头前倾的表情体态特征，充分表现了一般疑问句的语体特征。该语句的手势图示可展现如图6-37。

图6-37 上海手语一般疑问语句手势

通过大量的语料比对，我们发现，在标记一般疑问句时，扬眉比头前倾的频次更高、时长更长，扬眉可以独立标记一般疑问，但头前倾不行。因此，扬眉是上海手语一般疑问句结构的强标记，头前倾是弱标记。Zeshan(2004)认为，表情体态作为手语的语法标记有一个相对固定的辖域，这个辖域可以是一个手势、一个韵律词或韵律短语。不同的语言，一种语言中不同功能的标记、相同功能的不同形式标记，可能有不同的辖域。如美国手语和以色列手语一般疑问句的表情体态扬眉标记的辖域，通常是整个语调短语。中国香港地区手语一般疑问句的表情体态扬眉标记的辖域，则取决于疑问焦点；疑问焦点可以为一个韵律词、韵律短语及整个语调短语。根据语料的分析，我们认为，上海手语一般疑问句表情体态扬眉标记的辖域也是疑问焦点,如句(20)的疑问焦点从"工作"开始。

6.3.2.2 特殊疑问句的表情体态标记

与有声语言一样,手语中的特殊疑问句也是通过疑问词进行提问。但手语作为立体性极强的视觉语言,肯定也有与有声语言不同的区别。Coerts(1992)、Sutton-Spence 和 Woll(1999)及 Meir(2004)分别通过对荷兰手语、英国手语和以色列手语的研究,发现手语除了与有声语言一样使用疑问词标记特殊疑问句以外,还会伴随有表情体态特征(例如:皱眉、头前倾及下巴下倾等)表示疑问信息。本研究通过对上海手语语料的分析,共获得 134 个特殊疑问句。观察这些特殊疑问句,我们发现上海手语特殊疑问句中既有疑问代词和疑问副词,也伴随有表达特殊疑问的表情体态特征。通过对 33 份 *eaf 文档的分析,对 134 个特殊疑问句中所伴随的表情体态特征进行统计,统计结果如表 6-23 所示。

表 6-23 上海手语特殊疑问句表情体态特征出现频次统计

*eaf 文档	头前倾和皱眉	头前倾和扬眉	头前倾、扬眉和皱眉	皱眉	'吗'口型	'啊'口型	无表情体态特征
1	14			1			2
2							2
3							2
4	1						1
5	1						
12	6	2				1	4
13							
14	23	4	1	3	4		
15	3						1
16	1						
20	2						8
21	8						

续 表

*eaf文档	头前倾和皱眉	头前倾和扬眉	头前倾、扬眉和皱眉	皱眉	'吗'口型	'啊'口型	无表情体态特征
25	15			1			
26	2						
27	6						
29	2			3			
30	1						
31	3						1
32	1						
33	6						
总数	95	6	1	8	4	1	21

从表6-23可以看出，134个特殊疑问句中所伴随的表情体态特征中"头前倾和皱眉"的特征出现最为频繁，共有95次；"头前倾和扬眉"共出现6次；"皱眉"单独在句子中出现8次；"头前倾、扬眉以及皱眉"出现1次；无表情体态特征的特殊疑问句有21个。同时有些伴随有不同表情体态特征的特殊疑问句句末，也伴随有疑问语气词，如"吗"口型和"啊"口型，出现次数较少，分别为4次和1次。我们也发现有的特殊疑问句中没有任何疑问代词的手势，只有表情体态特征伴随其他非疑问手势表达疑问信息，这样的句子只出现在第25份*eaf文档中，共出现2次。上述数据的百分比分布图表如下。

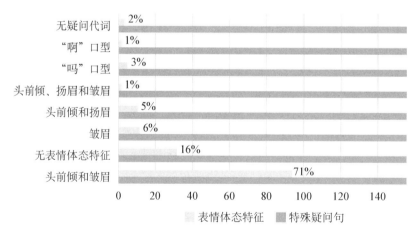

图6-38 上海手语特殊疑问句中表情体态特征分布

图 6-38 显示，特殊疑问句中绝大多数的句子(77%)都伴随有头前倾和扬眉或头前倾和皱眉的表情体态特征。我们初步认为这些表情体态特征是表达疑问信息的标记特征。但特殊疑问句中也有 16% 的句子中没有任何表情体态特征，只通过疑问词进行表达。我们对这 21 个带疑问词但不带特殊疑问表情体态特征的句子进行了仔细的观察和分析，发现这些带疑问词的句子，其实不是特殊疑问句。例如：在视频《对话》(第 14 份 * eaf 文档)和《动词》(第 1 份 * eaf 文档)中的下例句子：

(21) a. 加 / 什么 / 活动 / 小 / 组 / 活动 / 小 / 组 / 标题

（译文：活动小组命什么名。）

b. 什么 / 时候 / 活动 / 都 / 知道

（译文：都知道什么时候活动。）

后经聋人助理确认，例(21)两个句子均不是特殊疑问句，如(21)a 的 ELAN 视频截图页显示，该语句没有伴随有关特殊疑问结构的表情体态特征，参见如下截图。

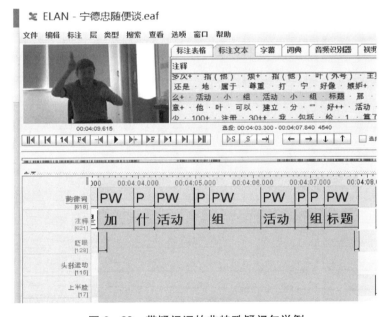

图 6-39 带疑问词的非特殊疑问句举例

根据图 6-38 的统计，"头前倾和皱眉"在特殊疑问句中出现最为频繁。这个特征是否具有语言学意义呢？我们对 19 个 *eaf 文档中出现的 95 个头前倾以及 103 个皱眉的时长和其所伴随的手控特征时长进行对比统计，随机提取了 5 份文档的统计结果，数据如表 6-24。

表 6-24 上海手语特殊疑问句中头前倾和皱眉时长统计

文档	韵律层	最小时长	最大时长	平均时长
1	头前倾	0.313	1.080	0.681
	手势	0.313	1.080	0.681
	皱眉	0.601	1.730	1.208
	手势	0.601	1.730	1.208
2	头前倾	0.610	0.673	0.641
	手势	0.610	0.673	0.641
	皱眉	0.380	4.150	2.153
	手势	0.380	4.150	2.153
3	头前倾	1.020	1.870	1.445
	手势	1.020	1.870	1.445
	皱眉	1.660	4.360	2.476
	手势	1.660	4.360	2.476
4	头前倾	0.550	1.792	0.990
	手势	0.550	1.792	0.990
	皱眉	0.650	2.840	1.998
	手势	0.650	2.840	1.998
5	头前倾	0.290	1.530	0.781
	手势	0.290	1.530	0.781
	皱眉	1.850	2.900	2.215
	手势	1.850	2.900	2.215

从表 6-24 可以看出，头前倾和皱眉的表情体态特征和其所伴随的手控特征时长基本保持一致。根据 Liddell(1980)以及 Baker-Shenk(1983)判断表情体态特征是否具有语言学意义的标准(14)，如果表情体态特征和其所伴随的手控

特征时长基本一致的话,该表情体态特征往往具有语言学意义。因此,根据头前倾和皱眉特征在上海手语特殊疑问句中出现的频率和它与伴随手控特征时长的一致性,该表情体态具有语言学意义,它标记上海手语特殊疑问句。例如:视频《对话》(第14份和第26份*eaf文档)中的下例句子:

(22)　　　　　　头前倾
　　　　　　＿＿＿＿＿＿＿
　　　　　　　　皱眉
　　a.＿＿＿＿＿＿＿＿＿
　　　钱 / 花 / 多少
　　(译文:得花多少钱?)

　　　　　　　　　头前倾
　　　　　　　　＿＿＿＿＿＿
　　　　　　　　　　皱眉
　　b.＿＿＿＿＿＿＿＿＿＿＿＿＿＿
　　　在 / 西藏 / 买 / 东西 / 什么
　　(译文:在西藏买什么东西了?)

例(22)的两个句子说明,不管特殊疑问句中有什么疑问词,都伴随有皱眉和头前倾的表情体态特征。以句子(22)a为例,该句的手势图如下所示。

图6-40　伴随特殊疑问句表情体态标记

皱眉和头前倾作为特殊疑问句中的疑问标记有不同的辖域。根据语料的分析,我们观察到:"头前倾"特征的疑问标记一般伴随句子最后一个韵律词,或从疑问词起至句末;而"皱眉"特征则一般伴随整个语调短语。

前面我们已经说明,上海手语特殊疑问句一般都有疑问词作为主要标记,最常见的疑问词手势持I-3或I-9手型(食指伸出)或B-56手型(五指展开)。

显然,疑问词手势在特殊疑问句具有非常重要的作用。通常,Ⅰ-3或Ⅰ-9手型主要表达疑问代词"什么";而B-56手型主要表达疑问副词"为什么"。但其他疑问词也采用这两个手势表达,包括"哪里"、"怎样"、"谁"、"多少"等。然而,区别不同疑问词的,除了有不同的发语位置和不同的运动路径以外,还有不同口型伴随不同的疑问词,如当Ⅰ-9手型在"什么"、"哪儿"和"怎样"手势中伴随不同的口型如图6-41所示。

"什么"　　　　　"哪儿"　　　　　"怎么"

图6-41　伴随不同疑问词的不同口型

我们对语料中所有伴随Ⅰ-3或Ⅰ-9手势的口型进行了统计,具体结果如表6-25所示。

表6-25　上海手语特殊疑问中Ⅰ-3或Ⅰ-9手势口型频次统计

*eaf 文档	疑问手势	"什么"口型	"哪里"口型	"怎么"口型	无"什么"口型	不明
1	9	8		1		
2	1		1			
4	2		2			
6	1			1		
12	10	6			2	2
14	17	14	2		1	
15	1				1	
16	1				1	
20	6	3	3			
21	6	5	1			
25	7	7				

续 表

*eaf 文档	疑问手势	"什么"口型	"哪里"口型	"怎么"口型	无"什么"口型	不明
26	3	3				
27	3				3	
29	2	2				
31	4	4				
33	4	4				
总数	77	56	9	2	8	2

从表6-25可以看出：在表达疑问词手势的77个Ⅰ-3或Ⅰ-9手势中，有69个伴有相应语义有声语言音节的口型。其中64个Ⅰ-3或Ⅰ-9手型表达疑问代词"什么"中，有56个伴随有"什么"的口型（为85%），8个没有口型特征（为12%）。另有2个手势，由于遮挡看不清楚口部动作，因此标注为特征"不明"。对这8个无口型特征的手势，我们根据前后语境判断是表达"什么"的疑问。有9个Ⅰ-3或Ⅰ-9手势表示"哪里"的意思，并都伴随有"哪"的口型。还有2个Ⅰ-3或Ⅰ-9手势伴随有"怎么"口型表示疑问副词"怎么"的意思。由此可见，虽然口型不是特殊疑问句的强表情体态标记，但仍起着十分重要的作用。

6.4 小结

手语中的表情体态就是手语中的超音段特征。在本章节，我们主要采用ELAN软件，详细标注所采集的上海手语语料中呈现一定规律的各种表情体态特征，用定量分析的方法统计出这些有规律出现的各种表情体态特征的分布情况和出现频率，然后根据Deuchar(1984)判断手语中的表情体态是否具有语言学意义的三条标准(1)和Liddell(1980)和Baker-Shenk(1983)的三条标准(14)，系统、全面地一一比对我们统计出来的上海手语中比较有规律出现的各种表情体态特征。分析结果表明：上海手语中有些表情体态具有语言学意义，在手势表意中是不可或缺的要素，其主要语言功能包括音系区别性功能、形态功能和句法功能。

具有音系区别性功能的表情体态主要形式是脸部表情（包括闭眼、眯眼、瞪眼、眼睛注视），口部动作（包括口型、口动、腮帮鼓起、腮帮内吸、嘟嘴、抿嘴、mm口型）以及头和身体的运动姿势（包括头的左倾、右倾、前倾、后倾，低头，点头，摇头；身体的左倾、右倾、前倾、后倾）。对口部动作的分析，我们沿用了Crasborn等（2008）对口部动作的分类，重点讨论了口型、空语义范畴型口动及现实动作型口动的区别性功能。关于头和身体的运动，我们集中讨论了头部和身体运动变化是否是手势音系表达的一部分，是否具有表义性，以及是否具有音位功能。通过系统分析，我们认为：上海手语中有些表情体态在词汇层面能构成最小配对，区别手势意义，具有手语中的音位功能；凡具有音位功能的表情体态特征是手势中必不可少的强制要素。这些表情体态特征在底层赋值，和手势中的手控特征一样都是词库内特征，为不可或缺的底层特征。

有些表情体态在上海手语中具有形态功能。通过语料分析，我们发现上海手语中的口动和头部运动往往具有副词功能，通常伴随动词手势出现，具有修饰动词的状语功能。研究发现，上海手语中关于描述事物形状、尺寸、数量等修饰名词的形容词，往往以依附在名词手势上的口动或口型特征来实现。上海手语中具有形态功能的表情体态特征，集中在下半脸的口部动作，包括：腮帮鼓起、腮帮内吸、舌头伸出、抿嘴等，以及语气词口型。此外，还有头部运动具有副词功能，如："点头"表示肯定；"摇头"表示否定。表情体态作为超音段特征，从音系结构讲，上海手语中具有形容词或副词功能的表情体态特征有三种结构：1）该表情体态特征是原来形容词手势底层赋值的固有特征，语流中手控特征消失后，保留下来的表情体态特征转移到被修饰的名词手势上。这一过程通过底层形式中特征的脱落和扩散得以实现，使这些保留下来的表情体态特征单独充当形容词功能修饰名词。2）一些具有副词功能的表情体态特征不是底层词库内特征，是后词汇特征，在句子层面出现，依附在被修饰的动词手势上。3）一些副词性表情体态特征（"点头"和"摇头"）可以是词库内特征，但不伴随手控特征存在，独立成音节，直接从词库内提取，在句中作状语。

　　本章对上海手语表情体态特征的句法功能分析，主要讨论了否定句结构、一般疑问句结构和特殊疑问句结构。通过对所收集语料的分析，我们找出了277个否定句，通过 ELAN 的标注分析。我们发现，伴随否定结构的表情体态特征主要有摇头、头后倾、头侧倾、伴随否定姿势（摊手和耸肩）的口型，以及面部表情体态。其中"摇头"分为两类：一类是伴随否定手势标记否定结构，为否定结构的主要伴随性特征；一类是独立标记否定结构，为否定结构的强制性特征，可以独立标记否定结构。"头后倾"只能伴随否定手势出现句末标记否定结构，但不能独立标记否定结构；因此我们认为"头后倾"为否定结构的次要伴随性特征。在否定结构中，"头后倾"会发生顺向延伸的音系变化，顺延直至句子末尾的手势。"头侧倾"的表情体态特征是词汇内的强制性要素，只伴随特定的否定词，如："不相信"、"不管"等标记否定结构，不会发生延伸的音系变化。"没有"口型特征主要是伴随摊手动作标记否定结构，这种"摊手"的否定姿势可以独立表示否定意义，也可以和其他否定手势一起标记否定结构，用来加深否定意义的表达。

　　通过对语料中233个一般疑问句和特殊疑问句的调查分析，我们发现，上海手语中一般疑问句和特殊疑问句的表情体态特征都主要为"头前倾、扬眉以及皱眉"。通过对语料的比较和分析，我们发现：一般疑问句中"头前倾和扬眉"的特征共同出现频次高达72%，"头前倾和皱眉"仅为10%；而特殊疑问句中"头前倾和皱眉"共同出现的频次高达71%，"头前倾和扬眉"仅为7%。因此，我们认为"头前倾"为疑问信息的表情体态标记。而区分一般疑问句和特殊疑问句的表情体态特征为眉毛的姿态，一般疑问句为"扬眉"，而特殊疑问句则为"皱眉"。上海手语中一般疑问句由头前倾和扬眉共同标记，其中"扬眉"的辖域为疑问焦点所在，既可以为一个韵律词，又可以为韵律短语以及整个疑问短语；而"头前倾"的辖域则为句末最后一个韵律词。上海手语特殊疑问句由表情体态特征"头前倾和皱眉"标记。其中"皱眉"为特殊疑问句的主要表情体态标记，"头前倾"为特殊疑问句的次要表情体态标记。而且表情体态标记"头前倾和皱眉"的辖域不同："头前倾"的辖域为疑问词；而"皱眉"的辖域则为整个疑问语调短语。

通过上述定量和定性的分析，本章全面、系统地阐述了上海手语中表情体态作为超音段特征的语言学功能。研究证明：上海手语中的许多表情体态特征具有音系区别性功能、形态功能或句法功能，这些具有语言学意义的表情体态特征在上海手语交流中是不可或缺的语言要素。当然，上海手语中的表情体态作为超音段特征的语言功能远不止这些，鉴于篇幅有限，我们不在此一一展开讨论。

第七章　上海手语语流中的音变及其音系规则

音变有两种类型，历时音变和共时音变，这里我们只讨论共时音变。音变在有声语言中是十分普遍和自然的语言现象。触发音变的理据主要有两种不同的驱动机制：基于产出驱动的音变和基于感知驱动的音变。基于产出驱动的音变往往以发音省力为目的；而基于感知驱动的音变则往往以识别容易为目的。音变的形式繁多，但归纳起来不外乎同化、异化、省略（删除）、融合、添加（增音）和换位。手语跟有声语言一样也有音变。所谓手语的音变就是指构成手势的特征（包括手型、位置、掌向和运动的手控特征及表情体态特征）在语流中或多个（两个以上）手势组合中的变化。简言之，手语中的音变就是手势特征的变化。手语作为自然语言以交际为主要目的，也同样有基于产出驱动的音变和基于感知驱动的音变。

同有声语言一样，手语中的音变也有同化、异化、融合、省略、添加和换位等。本章将通过观察分析上海手语语料，阐述上海手语中的上述音变现象、音变形式及触发音变的音系规则。

7.1　上海手语中的同化现象

有声语言中的同化就是通过语音串中某个音段的某个（些）特征扩展到相邻音段，使相邻音段获得与邻近音段相同的特征而实现的。手语中的同化也一样,手语同化就是在语流中或多个手势组合中一个手势中的某个(些)特征扩展到相邻另一个手势上,使两个手势共享某一(些)特征。手语中最常见的同化现象包括辅手(逆向或/和顺向)延伸、主手手型同化(包括主手被选手指同化和/或关节位置延伸)、发语部位(逆向或/和顺向)同化、表情体态特征(逆向或/和顺向)扩展等。

7.1.1 辅手延伸

辅手延伸是指双手手势与单手手势相邻时,双手手势的辅手会延伸到与其相邻的单手手势。同有声语言一样,辅手延伸有顺同化和逆同化两种。辅手顺延是指两个相邻的手势:第一个双手手势的辅手延伸到第二个本是单手手势;辅手逆延则是第二个双手手势的辅手提前在第一个本是单手手势中出现,并连续到它本属于的第二个手势。上海手语中的辅手延伸现象既可以顺向发生,也可以逆向发生。辅手延伸作为手语韵律层级的标记,将在第八章作专门讨论。在本小节我们把辅手延伸作为一种同化现象,阐述这种音变的实现形式及其音系规则。

上海手语的辅手延伸现象十分普遍,主要有两种形式:复合词和语流中的手势串。如果复合词是由一个单手势和一个双手势构成(无论是先单后双,还是先双后单),当两个手势组合时,往往之间会发生辅手延伸的同化现象。如复合词是单+双结构,则第二个双手手势的辅手逆向延伸到第一个手势;如复合词是双+单结构,则第一个双手手势的辅手会顺向延伸到第二个手势。譬如上海手语中的复合词手势"降价"由"降"和"元(钱币)"两个手势构成,其手势见图7-1。

a. "降"　　　　b. "元"　　　　c. "降价"

图7-1　辅手顺延手势举例

如图7-1所示，复合词"降价"是由手势"降"和表示货币单位的手势"元"组成。在单独出现时，手势"降"为双手手势，主手持I-9手型，辅手持B-49手型（如图7-1-a）；手势"元"为单手手势，主手持I-4手型（如图7-1-b）。然而在表达复合词"降价"时，第二个手势变成了双手手势（见图7-1-c）。比较手势图7-1-a、图7-1-b和图7-1-c不难发现，"降价"中第二个手势中的辅手是从手势"降"双手势的辅手延伸过来的。这种从第一个手势的辅手，延伸到第二个手势的现象，就是上海手语中的辅手顺延的同化现象，这一顺同化的音系变化可以用结构图表示如下。

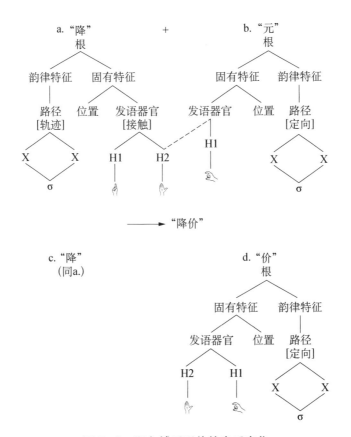

图7-2 顺向辅手延伸的音系变化

结构图7-2中的"H1"和"H2"分别表示主手和辅手。图7-2说明，在手势"降价"中，第一个手势中发语器官下的辅手（B-49手型）特征，延伸到第二个手势的发语器官节点下，使第二个手势的发语器官，从前面的手势中获取了相同辅手的特征。上海手语中也有很多逆向的辅手延伸现象，如上海手语中的手势"光盘"，见图7-3。

a."光"　　　　　　b."盘"　　　　　　c."光盘"

图7-3　手势"光盘"的构成

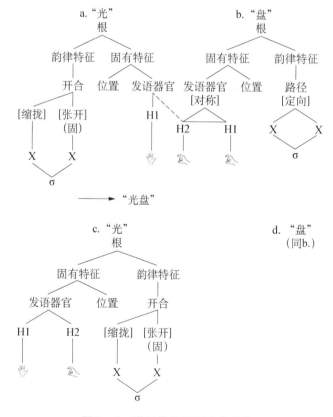

图7-4　逆同化的音系变化结构

如图7-3所示，复合词手势"光盘"由"光"和"盘"两个手势组合而成。"光"原为单手手势，主手肘关节弯曲小臂举起，持B-46手型于头部同侧，通过掌指关节的张开，变手型为B-56型（见图7-3-a）。但在复合词"光盘"中，表达"光"的手势时变为双手手势（见图7-3-c）。观察图7-3-c的双手手势可以看出，其第一个手势辅手的手型和位置与图7-3-b"盘"手势中的辅手完全相同，可见手势"光盘"中第一个手势中的辅手，是由第二手势"盘"的辅手延伸而形成，此时辅手延伸的方向是从后一个手势到前一个手势。上海手语中的这种辅手逆向延伸的现象，就是手语中的逆同化，这种逆同化的音变过程可以用音系结构图表示如上。

图7-4说明，上海手语手势"光盘"中的逆同化音变，是通过第二个手势发语器官节点下辅手特征，逆向延伸到第一个手势的发语器官节点下实现的。上海手语中的这种辅手延伸的同化现象十分普遍，基本上，凡是由一个单手手势和一个双手手势组成的复合词，都会触发辅手延伸的同化。

另一种辅手延伸的情况发生在语流的手势串中。即两个甚至三个手势，本来每个手势是各自独立的，不是复合词结构，而是或主谓、或动宾、或定名等短语或句子结构，在语流中也会发生辅手延伸，被称为辅手插入（weak prop）①。如上海手语"群众感到惊奇"的表达。其中，手势"惊奇"是单手手势，主手被选手指为食指和拇指，呈I-7手型，位于右眼前方，被选手指的掌指关节打开，变手型为I-8型（如图7-5-a所示）；手势"群众"是双手手势（如图7-5-b所示）。当语流中表达"群众感到惊奇"时，手势"群众"的辅手延伸到"惊奇"手势，使"惊奇"变成了双手手势。此时"惊奇"手势中增加的辅手以无标记形式拷贝主手手型，见图7-5-c。

图7-5-b和图7-5-c说明，语流中上海手语"群众感到惊奇"的主谓结构之间发生的辅手同化，类似的辅手同化在各种XP结构中都有发生。

---

① 根据Padden & Perlmutter, 1987

a. "惊奇"　　　　　　　b. "群众"

c. "(群众感到)惊奇"

图 7-5　主谓结构的辅手延伸举例

7.1.2　手型同化

所谓手型同化，就是含有两个不同手型的手势相邻出现时，两个手型变为相同手型。手型的变化由两类特征决定：被选手指特征和关节特征。因此，手型同化有两种同化机制：一种是被选手指的特征扩展；另一种是手的关节特征扩展。

7.1.2.1　主手被选手指特征扩展

主手被选手指扩展是上海手语中的另一种手控特征同化现象。所谓主手被选手指扩展就是指一个手势中的被选手指扩展到另一个相邻手势。主手被选手指扩展往往只发生在两个十分紧密的手势之间。有时是一个手势的被选手指扩展到另一个手势，从而替代了另一个手势的原手型，这在快速语流中十分普遍；有时是一个手势的被选手指扩展到另一个手势，使另一个手势的主手多了一个原独立手势没有的被选手指。

譬如，上海手语"给"的独立形式是个单手手势，主手持 B-48 手型（），小臂收起，掌心朝内，置手型于同侧腮帮处；然后小臂向前打开，同时掌关节展开使手型变为 B-47 手型（），如图 7-6-a 所示。但在语流中表达"给什么"时,往往先打宾语名词手势,再打"给"手势。此时,宾语名词手势的被选手指,或整个手型会扩展到"给"手势,从而改变"给"手势的原手型。譬如"给一沓钱"的手型顺扩展如下图。

a."给"　　　　　　　　　　　　　　b."把一沓钱给"

图 7-6　手型顺扩展举例

图 7-6-b 表明,在"给一沓钱"手势中,表示"一沓钱"的双手手势的主手和辅手手型 B-44()都顺扩展到动词"给"手势;从而既增加了辅手,使"给"变成了双手手势,又改变了"给"的手型。在手型同化中,主手被选手指既可以是顺扩展到后一个手势,也可以逆扩展到前一个手势。这在语流中都十分普遍。

上海手语的"好"是个单手手势,主手持 T-1 手型(2),如图 7-7-a 所示。当手势"好"与其他手势结合形成复合词或词组时,通常手势"好"的手型会替代构成复合词另一个手势的主手手型,融合成一个复合词手势,如上海手语中的"安全"、"清楚"等(手势融合会在下面单独讨论);或手势"好"的被选手指[拇指]扩展到相邻手势的手型,如"好吃"手势中"好"的被选手指扩展到"吃"手势的图示可表示如图 7-7-b 与图 7-7-c。

a."好"　　　　b."吃"　　　　c."好吃"

图 7-7　手势"好吃"中被选手指扩展

上海手语的"吃"也是单手手势，主手持U-28手型( )，如图7-7-b所示。词组"好吃"手势先打"吃"，后打"好"，其中"吃"手势的被选手指由原来的U-28手型变成了U-24手型( )，即由原来的食中指变成了食中拇指，如图7-7-c所示。此时"吃"手型多了一个从下一个手势"好"手型的被选手指逆延伸过来的拇指。这一现象就是主手被选手指扩展的逆同化现象。手势"好吃"中被选手指扩展的音系变化规则可表示如下图。

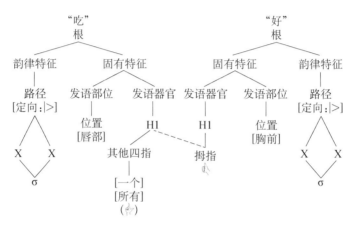

图7-8　"好吃"被选手指扩展的音系规则

在图7-8中，"吃"和"好"两个手势的运动路径没有展开描述接触或靠近发语位置的主手部位，只说明前者的发语位置在唇部，后者的发语位置在胸前。"吃"的被选手指本来只有[一个]支配[所有]特征赋值（即食中指）；"好"的被选手指只有拇指。当两个手势相邻出现时，手势"好"主手(H1)下[拇指]特征逆向扩展到前面"吃"手势主手(H1)节点下，使"吃"的主手在原来食中指基础上又获得了[拇指]特征。图7-8展现了被选手指逆扩展同化的音系规则，同时说明了"好吃"手势虽然发生了被选手指扩展的同化；但由于在一个路径运动中改变了被选手指，因此是两个音节的融合手势。

7.1.2.2　主手关节特征扩展

手型的特征主要由被选手指和关节位置组成。除了上一小节介绍的主手被选手指的全部或部分扩展，手型在快速语流中的同化还可以表现为关节位置的扩展。以上海手语的复合词"老婆"为例，"老"和"婆"的独立形式分别采用 B-55 手型和 B-57 手型，如图 7-9-a 和图 7-9-b 所示。

  a."老"   b."婆"

图 7-9 上海手语"老"和"婆"的独立手势

  图 7-9 中，表示"老"的手势持 N-0 手型，关节特征为完全合拢；表示"婆"的手势持 B-57 手型，关节特征为弧形张开。N-0 和 B-57 手型在第二章中已有详细讨论，两个手型的音系特征赋值差别很大。然而，当"老"和"婆"组成复合词，尤其是在诸如对话等情景下的快速语流中，"老"的手型关节特征容易被后面的"婆"所同化，如图 7-10 所示。

  a."老"   b."婆"

图 7-10 语流中"老"和"婆"的关节位置同化手势

  图 7-10 是复合词"老婆"在语流中的手势截图。此处表示"老"手势的关节与后面的"婆"手势一样，都采用了五指弧形张开，这表明"老"手势底层的关节特征被"婆"手势所逆同化，其音系变化规则可表征如下图。

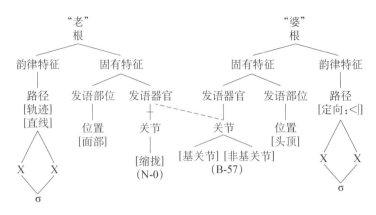

图 7-11　"老婆"关节特征扩展的音系规则

由于在"老婆"手势中同化的被选手指不变，因此在图 7-11 的音系特征结构图中，省略了被选手指的音系表征，为清晰起见，只表征了与发生同化相关的关节特征。从图 7-11 可知，表达"婆"的手势的关节特征逆向扩散至"老"的手型发语器官特征节点下，与此同时，表达"老"手势的原底层手型关节节点脱落，从而实现了关节位置特征的逆同化，使"老婆"复合手势中的"老"手势的主手手型变成"婆"一样的 B-57。

7.1.3　发语位置同化

位置是构成手势四大手控特征要素（手型、位置、掌向、运动）之一，有时不同位置可以构成最小配对区别词义，如上海手语中的"翻译"与"错误"，"笨"与"难"，"红"与"黑"等（详见第三章 3.1 小节的讨论）。但在语流中，有时当两个（语义或词汇结构）关系相近手势相邻出现时，一个手势的发语位置会同化另一个手势的位置，使两个本来发语位置不同的手势拥有同一个发语位置。有关美国手语（Mauk，2003；Mark & Tyrone，2008；Russell et al.，2011；Grosvald & Corina，2012）以及荷兰手语（van der Kooij，2002；Ormel et al.，2013）的相关研究发现，在快速语流中，手势的发语位置会受到前后相邻手势位置影响，主要表现为位置的上升或者位置的下降。基于上海手语的自然语料，我们发现语流中，在中性空间发出的手势最容易被相邻手势同化，而在身体部位发语的手势其位置特征相对稳定，不易改变。以身体部位为发语位置的手势，往往能影响邻近的中性空间手势的位置实现，产生诸如有声语言中无标记的舌冠位置很容易被标记性强的舌根位置同化的协同发音效果。如上海手语的"红"、"黑"和"蓝"手势分别是：主手Ⅰ-9手型的指尖碰口唇；主手Ⅰ-9手型的指尖碰同侧上额发边；主手U-34手型，掌心向下位于中性空间。三个手势分别见图7-12-a，图7-12-b和图7-12-c。

a."红"　　　　　　b."黑"　　　　　　c."蓝"

图7-12　上海手语"红"、"黑"、"蓝"独立手势

图7-12说明，"红"与"黑"是由发语位置对立的最小配对，两个手势手型一样，只是发语位置不同。前者在唇部；后者在额头发边。手势"蓝"不仅发语位置，而且手型都不同于"红"和"黑"。在语流中，当"红"和"黑"手势相邻出现时，它们的发语位置不会同化，否则就无法区别"红"和"黑"的手势，混淆了词义。但当"黑"和"蓝"手势相邻出现时，通常发生位置同化，前一个手势的发语位置顺延至后一个手势，此时无标记的空间位置被有标记的发语位置同化。语流中"黑"和"蓝"相邻出现的手势如图7-13所示。

a."红"　　　　　　b."黑"　　　　　　c."蓝"

图7-13　语流中"黑"和"蓝"发语位置同化手势

图 7-13 是语流中表示给红、黑、蓝不同颜色擦鞋的手势截图，此处表示"蓝(色)"手势的发语位置与前面"黑(色)"手势的发语位置一样都是[额前]，这是由于"黑(色)"手势完成后，其发语位置[额前]特征扩展到后一个"蓝(色)"手势造成的位置同化现象，其音系变化规则可表示如下图。

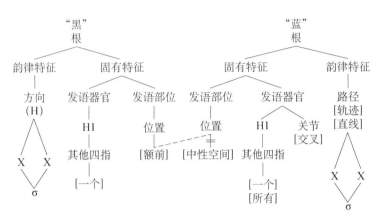

图 7-14 语流中位置同化的音系规则

图 7-14 的音系特征结构图省略了手势图 7-13 中表示"擦鞋"的辅手特征，只表示了"黑"与"蓝"之间的位置同化是如何发生的。图 7-14 表明，原"黑"和"蓝"手势的发语部位下有不同的位置，前者是[额前]，后者是[中性空间]。当两个手势在语流中相邻出现时，前一个手势的发语部位特征[额前]扩展到后一个手势的发语部位下位置节点，使"蓝"手势发语部位的位置获取[额前]特征，同时使原来的[中性空间]特征脱落。这个过程就是上海手语位置同化的音系规则。在发语位置同化过程中，手型不变，"蓝"是食指和中指，"黑"是食中指。

同理，中性空间的手势也会在邻近手势的同化下产生位置下降的趋势。比如，上海手语的手势"雨"，在单独形式中(见图 7-15-a)，其发语位置表达为头部上方或前方的空间区域。雨的降落来自头顶以上的天空，因而表示"雨"的手势在高位的中性空间表达，这反映了手语的形式表达对客观世界的视觉现象的忠实性投射，即手势在构词层面的象似性。世界各国的手语中，位置相比手型和运动参数具有更强的象似性，反映了语义和形式的紧密联系

(Emmorey et al., 2003, 2013; Cates et al., 2013; Goldin-Meadow & Brentari, 2016)。然而，在语流中，"雨"的位置极易受到邻近手势的影响，发生下降，进而削弱其在底层表征的象似性。图 7-15-b、图 7-15-c 和图 7-15-d 展示了"暴"、"雨"和"知道"三个手势在语流中的表达。此处，虽然表达"知道"的手势在额头处，在胸口处发语的"暴"，因和"雨"组成更为紧密的词组"暴雨"，而对"雨"的位置表达产生了顺同化，使得"雨"的发语位置下降到胸前的中性空间，如图 7-15 所示。

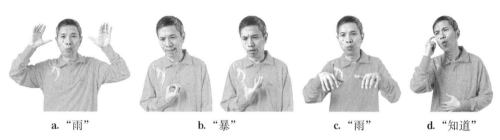

a. "雨"　　　　b. "暴"　　　　c. "雨"　　　　d. "知道"

图 7-15　语流中位置同化手势举例

图 7-15 表明，上海手语语流中的"暴雨"手势串之间的发语位置顺同化，"雨"的发语位置因为受到前面"暴"手势发语位置的影响而从头前部下降至胸前"暴"手势的相同位置。这种手势位置的下降，意味着靠身体近端的肩关节无须再参与手势运动，打手势需要的能量减少，这也符合语言产出的省力原则。

7.1.4　掌向同化

掌向是构成手势的另一个四大手控特征要素之一，有时掌向不同也可以构成最小配对区别词义，如上海手语"有"与"脏"手势(见第三章图 3-8)。我们在第三章 3.2 小节详细讨论了掌向的音系表征，并在现有语料中发现，上海手语中至少有六个不同掌向具有音系区别性(见第三章表 3-2)。任何一个手势在词库内都有一个固定的掌向特征，与其他特征一起决定手势的语义；但在语流中，有时一个手势的底层掌向会被相邻手势的掌向同化，即手势原来的掌向改变而不影响语义。

根据衣玉敏(2008)提供的语料，上海手语"颜色"的手势是主手持 B-56 手型，小臂竖起，掌心向内，靠近下颌，食指和中指交替点动(如图 7-16-a

所示)。手势"五"也是B-56手型,手势"六"是P-19手型,两者掌心向外,小臂竖起于中性空间位置(如图7-16-b和图7-16-c所示)。

a. "颜色"　　　　　b. "五"　　　　　c. "六"

图7-16　上海手语"颜色"、"五"、"六"独立手势

上海手语表达"五颜六色"词语的手势就是"五"+"颜色"+"六"+"颜色"连在一起构成一个多音节复合词。在语流中的"五颜六色",四个手势都变成了掌心向内,手型和位置不变,如图7-17所示。

"五"　　　　　　颜　　　　　　六　　　　　　色"

图7-17　掌向同化手势

从图7-17可以看出,"五"+"颜色"+"六"+"颜色"四个手势掌心都朝内。显然,[掌心朝内]这个特征来自手势"颜色",为了产出省力,四个手势同一个掌向省去了手腕来回翻转运动。基于手的生理构造,"颜色"手势手掌向外无法操作,因此不能从第一个手势"五"获取它底层的[掌心朝外]特征,故由手势"颜色"的底层[掌心朝内]同时逆向扩展到前一个"五"手势和顺向扩展到后一个"六"手势。当然,也可以理解为前后两个"颜色"手势的掌向分别逆向扩展到前面的"五"和"六"手势,实现了四个手势的掌向同化。图7-17掌向同化的音系变化规则可表示如下图。

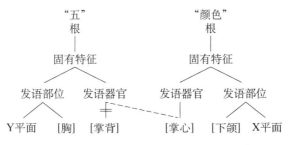

图 7-18 语流中掌向同化的音系规则①

图 7-18 说明,手势"五"的底层结构在发语器官下是[掌背]向着 Y 平面(中性空间)的胸部,即掌心向外,但该手势的发语器官获取了从后面手势"颜色"发语器官下逆扩展过来的[掌心]特征,脱落了原来的[掌背]特征,使"五"手势变成中性空间位置[掌心]朝胸部,即掌心向内;而后面手势"颜色"特征结构不变,仍是[掌心]朝 X 平面(正面)下颌处。

在上海手语语流中,由于相邻手势的作用,时常发生类似的掌向同化。改变掌向是腕关节的翻转运动所致,语流中的掌向同化完全是基于产出驱动的省力原则引发的音变。

7.1.5 表情体态同化

上海手语中的同化现象不仅通过手控特征的延伸来实现手型同化、位置同化和掌向同化,也有通过表情体态特征的延伸来实现超音段特征的同化音变。我们在第六章详细阐述了上海手语表情体态的语言学功能及其音系表征。总而言之,上海手语表情体态的语言功能分为词汇层面和句子层面。承载词汇层面表情体态特征的单位是手势;而承载句子层面表情体态特征的单位是手势串、短语,甚至整个语调短语。所谓表情体态同化只涉及词汇层面的超音段特征。这小节将举例阐述上海手语中不同表情体态的同化现象,以及实现同化的音系规则。

如第六章所述,口型在上海手语中具有音位功能区别词义,或具有形态功能相当于形容词。在语流中,上海手语具有音位功能或形态功能的口型经常会发生

---

① 此处音系特征只展示了与掌向直接相关的特征,省略了两个手势的全部韵律特征和固有特征下被选手指特征和关节特征赋值。

延伸，从一个底层携带该特征的手势，延伸到另一个原来底层没有口型特征的手势。如在我们的语料中有这样一句话："老人拼命地追。"上海手语中"人"的手势是双手持 I-9 手型（），在胸前搭成一个"人"字型（见图 7-19-a）。但在"老人拼命地追"这句话的语流中，"老人"词组中的"人"同样呈现第一个手势"老"的口型（呈元音[ɒ]发音状，模仿汉语"老"的韵母口型）（见图 7-19-b）。

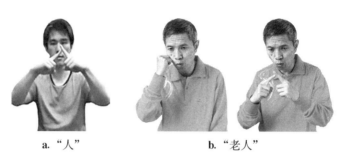

a. "人"　　　　b. "老人"

图 7-19　口型延伸手势举例

从图 7-19 中可以看出，语流中"老人"的"人"手势保持了第一个手势"老"的口型。这种现象就是口型特征的顺延伸，是上海手语中顺同化的另一种形式。上海手语语流中的表情体态特征的同化现象很多，除了口型的延伸，还有通过头动、身体运动等特征的延伸来实现表情体态的同化。

在上海手语的语流中出现的表情体态特征延伸，经常具有一定的韵律层级域标记功能，我们将在第八章详细讨论上海手语中一些表情体态特征延伸的韵律标记。有关上海手语各种特征的同化现象很多，此处不再一一举例说明。

7.2　手势融合的音系变化

两个手势（往往是两个自由语素）相邻出现时融合成一个手势，这种现象称手势融合。手语中的手势融合类似有声语言中的一种混合（blending）构词法，如英语中的"motel"由"motor"的第一个音节与"hotel"的第二个音节混合而成。有声语言中的"混合"是一种构词法，即混合后形成一个新词。相同的方法,如不是产生一个新词汇,而是由于语流中高频率出现使两个单音节词合为一个单音节结构,如英语中的 it's/ɪts/,won't/wəunt/,这种现象称缩略音变;如汉语绍兴方言中的【覅】fiɑo(意为"勿要"),普通话中的"甭"(意为"不用"),这种现象称合并(merger)。而手语中的手势融合既具有"混合"的构词功能,又具有语流中高频率出现的缩略音变。上海手语中有很多手势融合现象,包括上述两种形式。

7.2.1 语流中的手势合并

我们在所采集的 1581 个词汇手势中,其中 1219 个都是单音节手势,占到所有手势的 77%。这种单音节手势在上海手语中占压倒性的比例和国外手语语言学研究得出的普遍规律相一致,如 van der Hulst 和 van de Kooij(2000:1—19)认为,人类的手语基本都属于单音节语言。绝大多数的单音节手势也往往是单语素手势,只有那些通过两个手势混合形成的单音节手势复合词,保留着原来两个手势的不同语素。混合手势复合词将在下一小节单独讨论。在上海手语中,有一部分由两个手势构成的词组在语流中也通常合并成一个单音节手势。例如,在表示某个手势的否定时常常会发生手势合并现象。上海手语中单独表示"不"的手势如图 7-20。

"不"

图 7-20 手势"不"图示

图 7-20 说明,手势"不"由主手持 B-49 手型在胸前做一个从左到右的路径运动表示,这是一个单音节手势。但当该手势出现在其他手势前后表示"不 X"意义时会发生手势合并,如"不喜欢"、"不满意"等。在不否定的情况下,上海手语"喜欢"和"满意"的独立手势打法如图 7-21 所示。

a. "喜欢"   **b.** "满意"

图 7-21   "喜欢"、"满意" 手势

图 7-21 说明，上海手语"喜欢"和"满意"独立手势分别都是单音节手势。当上述手势在语流中与否定词"不"相结合时，"不"往往不以独立手势出现(即语流中不见图 7-20 的手势)，而是发生手势合并变化，类似英语中的 will not 在口语中通常说 won't。合并后的手势如 7-22 所示。

a. "不喜欢"   **b.** "不满意"

图 7-22   "不喜欢"、"不满意" 手势

观察图 7-22 中带否定词的手势可以发现，带否定词的合并手势仍然为单音节手势，即一个手势的被选手指不变，路径运动的关节不变，或只有一个路径运动的设定终点。图 7-22 中的两个手势都是"不"＋"X"合并成一个音节，而音节融合的过程有一个共同的特点，它们都是原手势的部分特征和否定词"不"的部分特征相结合的产物。以手势"喜欢"和"不喜欢"为例，图 7-21-a"喜欢"单独手势主手的被选手指为食指和拇指，手型为 I-4( )，关节节点赋值了[基关节]和[非基关节]，发语位置在头部的下巴处。而图 7-22-a"不喜欢"的手型为 I-8( )，被选手指不变，此处的关节赋值消失了，我们认为这只是快速语流中的自由音变。而音节融合的过程和方式是：手势

"不"与"喜欢"合并时失去了手势"不"原有的"固有特征","不"的"韵律特征"脱离原来的"根"连接到"喜欢"的"根"下,使"喜欢"原有的"韵律特征"脱落。也就是说,"不喜欢"是由"不"的"韵律特征"+"喜欢"的"固有特征"合并成的一个单音节手势。手势"不喜欢"的手势融合过程的音系结构变化可表示如下。

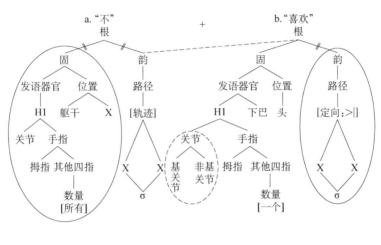

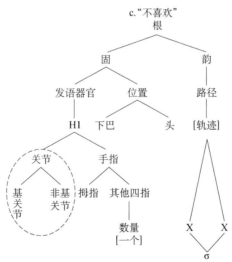

图 7-23 手势融合的音系结构①

---

① 为简便起见,结构图中原来的"固有特征"和"韵律特征"分别简化为"固"和"韵"。另外,图 7-23 结构表达的是"不"和"喜欢"没有融合前的音系结构。语流中的"不"相当于一个特征后缀,往往是"X+不"结构。

从图 7-23 手势"不喜欢"合并成的音系结构图中可以清晰地看出音节融合的过程,融合是如何发生的,融合的结构是如何形成的,在融合后的音节中被保留了什么特征和被删除了什么特征。在该例中,"喜欢"原有的韵律特征完全被"不"的韵律特征所代替;而"喜欢"的固有特征,除了自由音变的关节赋值特征以外(虚线勾画)全部得以保留。手势"不喜欢"属于重量单位的移动和替换,即"喜欢"的原重量单位完全脱落后被替换成"不"的重量单位;原"不"的固有特征完全脱落,"不"只以韵律特征的形式与"喜欢"的固有

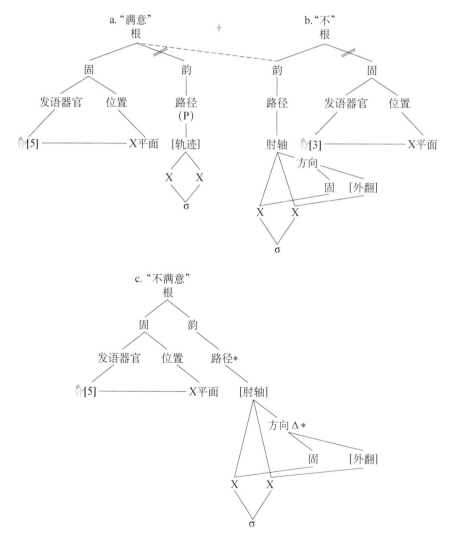

图 7-24 "满意"和"不"的手势融合音系规则

特征合并成一个音节。图 7-23 展示的过程与方式是上海手语中绝大多数手势融合的音系变化规则。

手势"不满意"的合并形成过程跟结构图 7-23 所示的"不喜欢"的形成过程基本相同。"不满意"的形成过程也涉及"满意"的韵律特征脱落，"不"的固有特征脱落，唯一不同是"满意"的"固有特征"与"不"的"韵律特征"合并时，涉及主手掌向有掌心下朝到外翻的局部运动，即该手势合并涉及腕关节外翻的运动。"不满意"手势融合形成的音系过程可表示如图 7-24。

根据图 7-20 和图 7-21-b，独立手势"不"和"满意"的主手手型一样，都是 B-49 型(✋)。图 7-24-a 表示，当手势"满意"单独出现时，主手被选手指的拇指一侧(由[5]表示，详见第三章)与 X 平面相对，该关系决定了手势"满意"的手型方向。图 7-24-b 表示，当手势"不"单独出现时，主手的方向是手背(由[3]表示，详见第三章)与 X 平面相对，与"满意"手势的主手方向不同。当手势"满意"和手势"不"相邻时，会发生音节融合，即手势"满意"的"韵律特征"脱落，获取了来自"不"手势的"韵律特征"构成新的音节。新的音节含有两种不同类型的运动，即由肘关节发出的路径运动和由腕关节发出的方向改变；因此新形成的音节含有两个重量单位(如图 7-24-c 所示)。

上述这种"X"+"不"的手势融合尽管是一种词组结构，但已经高度词汇化。这种主手的外翻运动作为一个表示"不"的黏着语素与被修饰的主干成分融合，形成一个符合语法的新形式的过程又被称为否定并入(negative incorporation)。其音系结构有点像汉语普通话中的儿化，儿化不独立成音节，以一种特征形式与宿主音节合并，但保留其语法功能。上海手语中的否定形式手势融合也一样。在美国手语、法国手语及英国手语中也发现了类似的构词现象(Woodward, 1974; Woodward & Desantis, 1977; Deuchar, 1984)。

然而，语流中更多的是非词汇化的手势合并，如上海手语"不灵活"的表达，通常由"灵活"和"没有"两个先后排列的手势组成词组或短语。表示

"灵活"的手势，如图 7-25-a 所示，其单独形式为双手握拳(B-55 手型)在胸前空间做弧形的交替运动。否定词"没有"的单独形式持 I-5 手型，在胸前空间做多次反复的直线双向运动，如图 7-25-b 所示。

a. "灵活"　　　　b. "没有"

图 7-25　"灵活"和"没有"的手势单独形式

在语流中，构成"不灵活"的两个手势既可以先后独立出现，不产生音变现象。在快速的语流中，我们也捕捉到了这两个手势发生合并，产生类似否定并入的情况。"没有"与"灵活"的合并后的形式如图 7-26 所示。

a. "头"　　　　　　b. "不灵活"（"灵活"＋"没"）

图 7-26　语流中"灵活"和"没"发生合并的手势

图 7-26 中，"灵活"的手势受到前一个身体手势"头"的同化，由胸前的位置上升到头部前方的中性空间。表示"没"的手势逆向扩散，并入"灵活"的辅手，使得手势"灵活"的辅手在呈现底层的弧形运动的同时，增加了从"灵活"的 B-55 手型向"没"的 I-5 手型的变化。此处，手型变化与弧形运动同界，因而形成了一个新的符合上海手语语法的手势。

除了手动特征的非词汇化融合，上海手语中还存在大量涉及非手动特征的同时性合并现象。如衣玉敏(2008:119)的上海手语语料中有这样一句话"狗钻进罐子嗅",该手势如图 7-27 所示。

　　a."罐子"　　　　b."嗅"　　　　　c."狗钻进罐子嗅"

图 7-27　"罐子"与"狗伸进罐子嗅"手势

图 7-27-a 表明，上海手语"罐子"是双手手势，双手持 I-8 手型（），掌心向下，在 Y 平面的中性空间围成罐形状。图 7-27-b 手势"嗅"的主手持 B-48（），手腕处靠近鼻子。图 7-27-c 表达了"狗钻进罐子嗅"的全部语义，该手势的双手持 B-49 的变体手型（），属于上海手语中"狗"的类标记手型（洪卡娜，2008）。该手势合并了"罐子"手势中双手在中性空间合围的特征和"狗"手势的类标记手型，用低头表示"钻进"，手势中有个鼻子靠近手腕的动作表示"嗅"，这是个多手势合并现象。图 7-27-c 是合并后的一个单音节多语素手势。

　　上海手语语流中类似上述语句的多手势合并现象十分常见。由于手语在语流中的这种强融合功能，使得手语的语篇表达十分简洁，又由于手语是视觉语言使简洁的语言十分明了。

7.2.2　词汇性手势融合的音变

　　我们在前面已经讲了有声语言中作为构词法的"混合（blending）"区别于语流中的"融合（merger）"现象。但手语中的词汇性"混合"与语流中的手势合并都是一个方式——融合。上海手语中有不少（复合）词是由两个手势融合而成，绝大多数已经固化为一个常用词，如"浅薄＝头＋少"，"同学＝读书＋成长"等。有些分开手势组合和融合手势并用，语流中通常用融合手势，譬如上海手语中有不少词汇与手势"好"融合而成,如"安全"、"清楚"等,如图7-28所示。

a. "身体"　　　b. "安全"　　　　c. "清楚"

图 7-28　融合性词汇手势举例

图 7-28-a 是上海手语"身体"手势,主手持 B-49 手型,掌心向内平伸,在胸前转一圈。图 7-28-b 是复合词"安全"融合手势,它融合了"好"的手型(见图 7-7-a)和"身体"(图 7-28-a)的掌向、位置和运动。图 7-28-c 是复合词"清楚"融合手势,该复合词是个双手手势,由手势"清"和"好"复合而成。起始状主手和辅手都是 B-49 手型,主手的发语位置在辅手手掌,双手掌心接触,然后主手向上离开辅手时手型变为"好"手势的 T-1 型,该手势是一个双音节融合手势(因为被选手指变化)。复合词"安全"融合手势的音系变化过程可用下图表示:

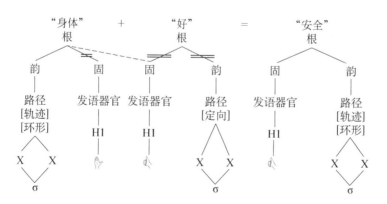

图 7-29　"安全"融合手势的音系结构

如图 7-29 所示,在复合手势"安全"的形成过程中,原手势"好"的手型通过固有特征与"身体"手势根节点的连接替换了手势"身体"的手型,原"好"根节点的固有特征和韵律特征全部脱落,"好"的手势不独立存在。融合成新手势"安全"包含了原手势"好"的手型和原手势"身体"的运动、位置和方向。这种复合词手势的融合过程,相当于有声语言的"混合"构词法。"身体"手势的韵律特征与"好"手势的固有特征,组合成一个新手势"安全"。

上海手语中类似上述的音节融合复合词及词组十分普遍,譬如,上海手语表达容器类名词与其他动、名词的结合,往往以手势融合方式表达,如"家里有"、"回家"、"离家"都可以"家"的辅手+动词主手融合成一个手势。Sandler(1999)认为,这种手势融合构成复合词或词组具有跨语言的普遍现象,这主要是手语单音节结构所驱动。

7.3 运动插入与删除的音系变化

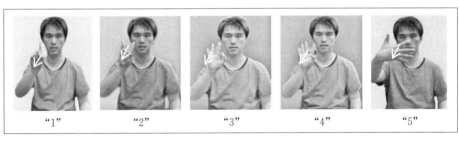

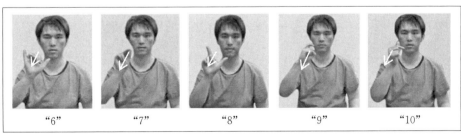

图 7-30 上海手语表数字手势的运动插入现象

根据 Brentari(1998)的手语韵律模式，一个合法手势一定是合法音节，而音节一定有韵核，手势中的运动一定是音节的韵核，即一个合法手势的表层结构一定有韵律特征。在上海手语中，有一部分手势在底层并不赋值运动特征，即底层形态不涉及运动。因此，有时为了满足韵律结构的需要，就会在表层插入一个运动。如上海手语中表示数字的手势、指拼字母等的底层没有运动，但在话语中单独出现时都会涉及运动的插入以满足一个音节的要求。上海手语的数字手势表示如上。

图 7‑30 展示了上海手语中数字 1 至 10 的打法。从语料可以看出，每个表示数字的手势都带有一个朝向 X 平面的短直线运动。对于数字手势来说，手型已足以表达数字的意义，上述的短直线运动只是为了满足韵律结构的需要而产生的插入运动，构成音节的重量单位。上海手语表达大于 10 的数字时，并不是简单的手势序列的叠加，而是会产生音节合并，原先插入的运动会被删除，因为新形成的音节已经具有了自己的重量单位，不再需要插入运动来满足韵律结构的需要。如上海手语数字手势"12"和"65"的打法如图 7‑31 所示。

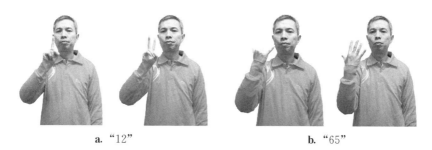

a. "12"　　　　　　　　　　b. "65"

图 7‑31　上海手语中十位数字手势举例

图 7‑31 的十位数数字表明，单个数字时插入的短直线运动已经消失，两个数字之间的手型变换成为新的运动，使合并后的手势在开合结点上带有一个重量单位。以手势"12"为例，当单独表示"1"时，主手手型为 I‑9 型(），并插入一个朝向 X 平面的短直线运动；当单独表示"2"时，主手手型为 U‑32(），并插入一个朝向 X 平面的短直线运动；当表示"12"时，第二个插入的短直线运动都被删除。手势"12"的起始状态为主手食指伸展，表示"1"

的意思；然后中指的[基关节]和[非基关节]运动打开中指，使中指由缩拢变为伸展，此时食指和中指都为伸展状态，表示"2"的意思。上海手语"12"是一个手势，但由于被选手指发生了变化，由"1"的Ⅰ-9手型变为"2"的U-32手型，因此该手势为双音节手势。第一个音节由插入的直线运动形成的韵律特征和"1"手型的固有特征构成；第二个音节由中指展开的掌指关节运动形成的韵律特征和"2"手型的固有特征构成。因此，上海手语中的所有两位数数字手势都是双音节韵律词。手势"12"形成过程的音系结构可表示如下图。

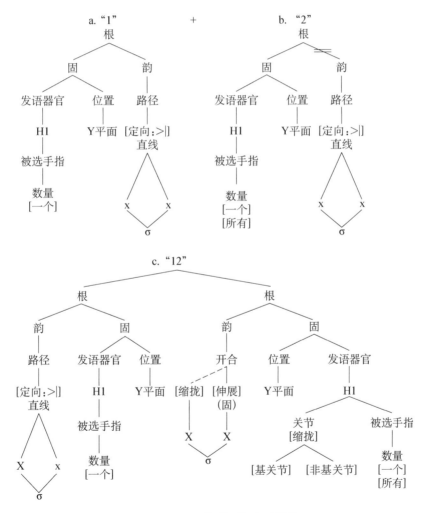

图7-32 手势"12"音系结构

第七章 上海手语语流中的音变及其音系规则　311

图 7-32-a 和图 7-32-b 说明了手势"1"和手势"2"在合并形成双音节手势"12"前的音系结构,两个手势原来都有一个插入的直线运动为韵律特征构成音节的重量,合并时"2"音节原来的韵律特征脱落。新形成的手势"12"的音系结构十分复杂,涉及到被选手指的变化,由食指变为食中指,因此手势"12"有两个手型,即有两个手型音段的"根",这两个根下各自有"1"和"2"固有特征下的被选手指决定手型。当"1"变成"2"时,涉及被选手指中指从弯曲缩拢到伸直的[基关节]和[非基关节]的展开运动,使音节"2"有了新的韵律特征,如图 7-32-c 所示。

上海手语中所有十位数手势的形成过程与数字手势"12"的形成过程一样,都要经历如图 7-32 所展示的音系变化。从这些复合数字手势形成的过程可以看出:只有当一个手势缺乏底层运动时,才会在表层因为韵律结构的需要插入一个运动;当新形成的手势已具有必要的运动时,就不需要再在表层插入短直线运动,一个手势最小必须是一个合格音节(即必须有韵律特征),一个手势也可以是两个音节。上海手语中,由指拼字母形成的复合手势也会发生类似的音系变化。如上海手语指拼字母"L"和"I",当它们单独出现时,手势如下图。

"L"　　　　"I"

图 7-33　上海手语指拼字母手势举例

如图 7-33 所示,当指拼字母"L"和"I"单独出现时,主手手型分别为 I-3 型(　)和 I-9 型(　),两个手势都含有一个朝向 Y 平面的短直线运动。上海手语中表达"理事"的"理"时是采用复合指拼字母,该手势如下图。

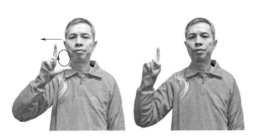

图 7-34　上海手语手势"理(LI)"

如图 7-34 所示，手势"理"包含了两种形式的运动：一个是主手在 Y 平面由左向右的路径运动；另一个是主手拇指由非对立的展开变为合拢的手型变化运动。复合指拼手势"理"形成过程的音系变化可以用图 7-35 表示。

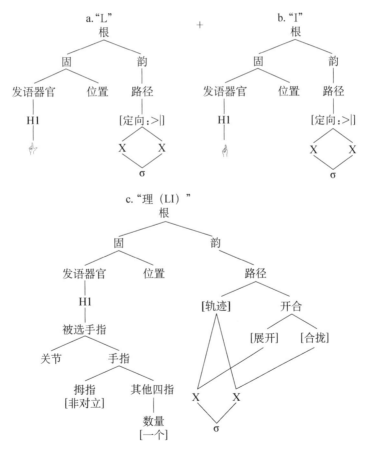

图 7-35　手势"理"形成过程的音系结构

第七章　上海手语语流中的音变及其音系规则　313

从图 7-35 可以看出，当"理（LI）"手势合成时，经历了由原来"L"音节和"I"音节表层插入的韵律特征被删除和合成音节"LI"重新获得新的韵律特征的音系变化。

此外，上海手语中有一些源自汉语的外来词以仿字的形式存在。汉字是象形的，有一些笔画简单的汉字可以用双手的手型来模仿汉字的写法，这种现象即为仿字，如"人"，其手势图如 7-36 所示。

图 7-36　上海手语手势"人"图示

图 7-36 说明，当持 I-9 型的双手构建"人"字时，双手有一个向前的短直线运动以满足一个手势的韵律条件。但当表示"人们"时，第一个音节"人"获取了第二个音节"们"的弧线运动，原先插入的短直线运动消失。"人们"的复合手势如图 7-37 所示。

图 7-37　复合手势"人们"的图示

从图 7-37 可以看出，复合词手势"人们"由两个音节构成：第一个音节由双手"人"字型手型的固有特征和插入的从右侧到中性空间的弧线运动韵律特征构成，不再出现原手势"人"单独出现时插入的短直线运动；第二个音节由持 B-49（）掌心朝下的固定特征手型和从左侧到中性空间的弧线运动的韵律特征构成。因此，手势"人们"由相对独立的两个单音节手势构成。由于

"人"和"们"的合成,使手型"人"获得了插入的双手左到中性空间的弧线运动韵律特征。该复合手势形成过程的音系结构可以下图表示。

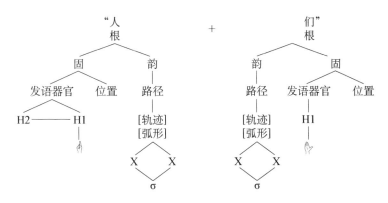

图7-38 手势"人们"的音系结构

上述例子说明,上海手语中的数字手势和指拼手势,往往在底层没有运动的情况下,为了满足音节结构的需要都会在表层插入一个运动,而这些在表层因韵律结构需要插入的运动,在形成的复合手势获取新的重量单位时往往不再出现。新形成的复合手势的重量单位来源是多样的,可以由手型变化形成(如图7-32),可以由过渡运动形成(如图7-35),也可以由相邻音节的重量单位漫延形成(如图7-38)。

表层插入运动的音系变化说明,上海手语一个合法的手势必然带有运动,即一个合法的手势必须是合法的音节结构。在本节中提到的数字手势和指拼手势本属于上海手语中的外来词。当这些外来词被吸收进上海手语之后,发生了本地化以符合上海手语的音系结构。当外来词满足了上海手语的音系结构,它们也就可能成为了核心词汇的一部分。

7.4 手型脱落的音系变化

上海手语中,有些手势具有恒定的手型,而有些手势包含了手型的变化。手型的变化与手势发生的起始点边界一致，也就是说，手型变化均匀地贯穿于一个手势中，这是音节内的运动形式。除了少数特例以外（如两位数数字词和指拼字母词），普遍认为对于手型变化中的两个手型，只有一个手型在底层赋值，另一个手型则是底层手型的张开或合拢特征的变化。这种手型变化可以由底层手型预测，具有羡余性（Stokoe，1960；Friedman，1976；Mandel，1981；Sandler，1989；Brentari，1998）。这一论点的重要理据之一在于羡余的手型容易在语流中脱落，即手型变化消失，只保留底层的手型（Corina，1993）。上海手语的语料证实，羡余的手型在语流中会被删除，使得手型变化消失。举例来说，表示"丈夫"的手势由"结婚"和"男"两个自由语素手势复合而成。表示"结婚"的手势包含了拇指由完全张开到爪型合拢的变化，即 T1 手型到 T2 手型的变化，如图 7-39-a 所示。虽然在上海手语的手型库中，T1 和 T2 手型的对立可以区别意义（参见第二章），形成诸如"等于"和"结婚"的最小配对，但在该手势中，只有结束手型 T-2 是底层手型，起始手型 T-1 是其 T-2 手型张开的音位变体，具有可预测性。

  a. "结婚"   b. "丈夫" = "结婚" + "男"

图 7-39 "结婚"和"丈夫"的手势

图 7-39-b 中，当"结婚"与"男"的手势形成复合词"丈夫"，尤其在语流中，"结婚"的 T-1 手型容易出现脱落，导致手型变化消失，在表层表达只剩下 T-2 手型。该手势手型脱落的音系过程表征如下图。

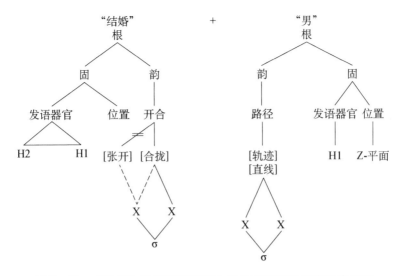

图 7‑40 "结婚"的手势在语流中发生手型脱落的音系表征图

在图 7‑40 的"丈夫"手势中,"结婚"的手型特征位于固有特征节点下,表示双手手势,主辅手手型相同(被选手指特征没有展开表征);韵律特征节点下的原指关节涉及[张开]和[合拢]特征,即呈现 T‑1 和 T‑2 两种手型。语流中,[张开]特征被删除,保留了[合拢]特征,表示只出现 T‑2 手型(被选手指拇指的指关节弯曲),T‑1 手型被删除。此时,[合拢]特征连接两个时间槽 X,从而满足了合法音节的要求;"男"手势的音系结构不变。

7.5 辅手脱落的音系变化

上海手语中另一种涉及辅手的音系变化是辅手脱落。辅手脱落是指在一定条件下双手手势的辅手完全脱落而变成单手手势的过程(Brentari,1998:249)。国外已有不少关于手语中辅手脱落的研究,如 Battison(1974)和 Brentari(1995,1998)对美国手语的研究,Miyahara(2000)对日本手语的研究,Levy(2001)对以色列手语的研究,van der Kooij(2001)对荷兰手语的研究等。这些跨语言的手语研究认为,双手手势的辅手脱落与以下两种条件紧密相关:1)双手对称(即类型Ⅰ双手势);2)作为发语位置的辅手呈现无标记手型,如B-49(🖐), B-56(🖐), T-1(👆), I-9(👆), U-32(🖐)等常用手型。辅手脱落往往会被下列因素阻断:双手有交替运动,有接触,交叉,呈很强的模仿性。

我们通过对所收集语料的系统分析,发现上海手语中的辅手脱落主要发生在第一类双手手势中(双手手势的三种类型参见第五章的5.5小节),如手势"一百",图示如下。

图7-41 上海手语手势"一百"

图7-41-a是"一百"的双手手势,持I-9手型,双手对称;图7-41-b是"一百"辅手脱落后的单手手势。该手势的辅手脱落音系变化可由下图表示。

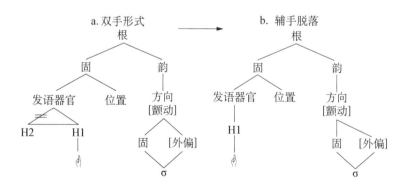

图7-42 双手势"一百"辅手脱落音系结构

图7-42-a中发语器官下H2(辅手)和H1(主手)下面有连线连接,表示双手手型一样,H2脱落后变成图7-42-b结构的单手手势。许多类型Ⅰ双手手势在语流中经常发生辅手脱落,此时辅手是一种自由变体,语速越快,辅手脱落的频率越高。

在上海手语中，有时候辅手脱落和辅手延伸会同时发生，这种现象往往在两个双手手势相邻出现时发生，通常由于前一个双手势的辅手延伸至第二个双手手势，使第二个双手手势的原辅手脱落。如上海手语"时间长"手势由"时间"和"长"两个手势组合构成。当"时间"和"长"单独出现时，这两个手势的打法如下图。

a."时间"　　　　　　　　　b."长"

图 7-43　上海手语手势"时间"和"长"

如图 7-43 所示，当"时间"和"长"作为独立手势出现的时候，"时间"手势的辅手持无标记的 B-56 手型（ ）作为发语位置，掌心朝右，指尖超前，与主手不同，属于第三类双手手势（双手不对称，只有主手运动）；主手持 I-3 手型（ ）。而"长"是一个双手对称的第一类双手手势，左右手持 I-3 的变体手型（ ），双手被选手指指尖相碰，掌心向内，在中性空间位置分别向各自左右方向分开（如图 7-43-b 所示）。"时间长"是由手势"时间"和手势"长"合并构成的词组，可表达如下图。

"时间长"

图 7-44　词组手势"时间长"

图 7‑44 表示，在词组手势"时间长"中，手势"时间"的打法不变，而手势"长"则由类型 I 双手手势变为类型 III 双手手势。其中，手势"长"发生的音系变化，是由"长"手势的辅手脱落和"时间"手势的辅手延伸至第二个手势形成，即第一个手势后辅手不动，第二个手势的主手离开辅手向右方向移动。在"时间长"手势形成过程中，辅手脱落与辅手延伸同时发生，该过程的音系变化可用结构图 7‑45 表示。

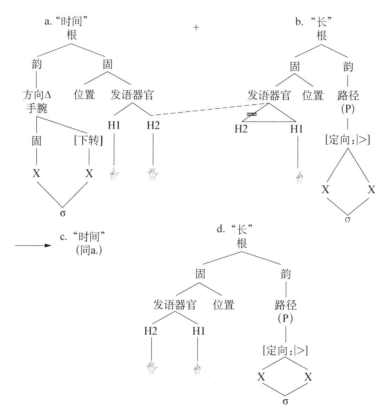

图 7‑45 手势"时间长"形成的音系变化

图 7‑45 展现了上海手语中词组"时间长"手势形成的音系变化过程。当"时间"和"长"相邻出现时，第一个手势的 H2 扩展至第二个手势的发语器官节点，致使第二个手势原 H2 脱落，并断开了原与 H1 相同手型的连线，使第二个手势变成辅手与主手不同手型的手势（见图 7‑45‑d）。在词组"时间长"手势的形成过程中，同时发生了辅手延伸与辅手脱落的音系变化。变化后的

"时间长"仍然是两个手势,但由于辅手延伸的音系规则,使词组"时间长"成为两个手势的一个韵律词(关于韵律层级的划分与标识将在第八章作详细讨论),两个手势的词汇韵律特征不变。但其中"长"手势韵律特征下的路径运动只与主手有关,不同于变化前"长"手势韵律特征下的路径运动与双手有关,这是双手手势音系制约条件默认规则:双手不同手型时只有主手独立运动,辅手只是主手的发语位置(见第五章5.5小节)。

手语中的辅手脱落和辅手延伸的音系变化,同有声语言中类似的删除与同化的音系变化一样,通过特征的脱落和扩散来实现。

7.6 辅手添加

上海手语中还有另一种涉及辅手的音系变化,即辅手添加现象。辅手添加现象与上述的辅手脱落现象正好相反,即原本为单手的手势在特定的环境下会变为双手手势。如果说辅手脱落现象发生的动因是语流中语速快时为了简便,那么辅手添加的动因则为相邻手势间的同化。譬如,上海手语手势"健康"是由手势"身体"和"强"相组合构成的复合手势,该复合手势的形成过程属于典型的辅手添加现象。上海手语"身体"和"强"单独手势打法如下图。

a. "身体"　　　　　　　　b. "强"

图 7-46　上海手语手势"身体"和"强"

如图7-46所示,"身体"为单手手势,主手持B-49手型在胸前划一个圈;"强"为双手手势,双手握拳在中性空间位置由上往下做一次直线路径运动。当"身体"和"强"相结合形成复合词手势"健康"时,"身体"会由单手手势变为双手手势,如图7-47所示。

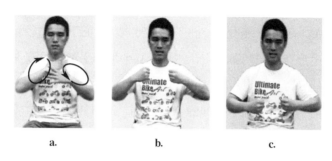

图7-47 复合词"健康"手势

对比图7-46-a和图7-47-a可以发现,手势"健康"的第一个手势由原先的"身体"单手在胸前划圈变为双手在胸前划圈。新增辅手的手型和运动与主手完全相同,即发生辅手添加后,手势"身体"由单手手势变为类型Ⅰ的双手手势。发生这一现象是因为紧随其后的双手手势"强",在复合手势"健康"中触发了第一个单手势变成双手势,使两个双手势相连,语流更自然、流畅。这种辅手添加的音系变化其实也是一种同化现象;但与7.1小节讨论的辅手延伸的同化性质不同,因为"健康"手势中的辅手同化所添加的辅手手型,并非来自后面的双手势辅手的延伸。图7-47中的辅手添加音系变化可表示如下图。

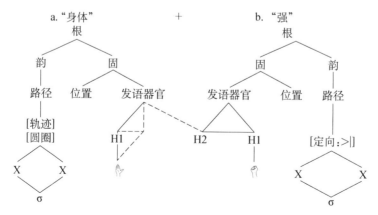

图7-48 复合词"健康"手势辅手添加的音系变化

图 7-48 表明，原来单手势的"身体"受到右边相邻"强"双手势的影响，发语器官从相邻手势获取了辅手，但该添加的辅手与同一发语器官节点下的主手相连，获取了与同音节的主手手型、位置和运动轨迹。这是变化的第一步。变化的第二部是，当"身体"变成双手手势后，双手的[轨迹]路径运动结束时，运动起始时的 B-49 手型在运动结束时通过掌指关节合拢变成 N-0 手型。通过这一系列的音系变化，复合手势"健康"中的第一个表达"身体"手势的音系结构发生了变化，如图 7-49 所示。

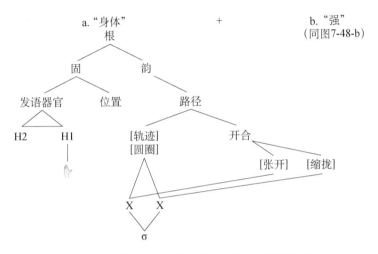

图 7-49　复合手势"健康"中第一个音节的结构

图 7-49-a 说明，复合手势"健康"的第一个表达"身体"的音节是一个类型 I 双手势音节。底层固有特征的手型是 B-49 手型（手指伸直），通过掌指关节的开合变化，从[张开]变为[缩拢]，因此路径节点下有两种运动：开合变化伴随着圆圈[轨迹]路径运动，此时，路径运动和开合变化同界，两种运动连接两个时间槽。所以，"健康"也是一个带两种运动形式的复杂运动重量音节。复合手势"健康"第二个表达"强"的音节与图 7-48-b 相同。

比较上述三种和辅手有关的音系变化，在韵律模型框架下的音节结构中，辅手添加是受到相邻手势的影响——H2 结点的扩展。这种通过辅手延伸的添加，既是一个添加的音系变化，也同样是同化的音系规则。辅手脱落是 H2 结点的脱落，相当于有声语言中的一种删除规则。

7.7 换位

有声语言中的换位(metathesis)通常指字符串中两个音段发生位置互换的音变现象,通常发生在口误,如把/aːsk/误读成/aːks/。当然也有一些换位是正确的输出形式,如英语中的所有 wh 开头的疑问词,都换位成/(h)w-/。上海手语中的换位过程主要表现为一个手势的两个点特征发生互换。点特征的置换不改变语义,是单纯的音系过程。举例来说,上海手语中"聋"的单独形式为小指或食指①首先触碰耳朵,然后手指下移触碰嘴唇,如图 7-50 所示。虽然聋人也接受"聋"的起始点与终止点发生置换,即手指先碰嘴唇、后碰耳朵的表达,但是"聋"的典型形式仍为从高位(耳朵)到低位(嘴唇)的点触碰,可以看成是该手势的底层形式。

"聋"

图 7-50 上海手语"聋"的独立手势

语流中,前后邻近手势的发语位置是触发"聋"的点特征换位的重要因素。当"聋"前面的手势位于低位,而紧随其后的手势处于头部高位时,"聋"的起始和终止点会发生置换,如下图 7-51 所示。

---

① 大部分上海本地聋人采用小指打"聋"的手势,用拇指在相同位置打"健听"的手势。采用食指打"聋"有可能受到美国手语的影响。另一方面,小指往往出现在表达"不行"、"差"、"丑"、"冲突"、"反对"等表示消极意义的上海手语手势中。使用食指替代小指可以看成一种为了规避负面语义联想的委婉语用法。

a. "彭浦(镇)"　　　　　b. "聋人"　　　　　c. "老"

图 7-51　语流中"聋"的点特征换位手势

图 7-51 中，手势"彭浦(镇)"在胸前的中性空间呈上下交替的直线运动，主手的终止点落在胸前空间的低点。手势"老"沿同侧面颊的高点(近耳)向下运动至面颊的低点(近唇)。当"聋(人)"置于这两个手势中间时，两个手势点特征发生置换，表现为手指先接触唇部，再上移接触耳部，使得手势的过渡更为省力和简明。"聋(人)"的手势内部点特征的换位规则用特征几何结构树表征如下图。

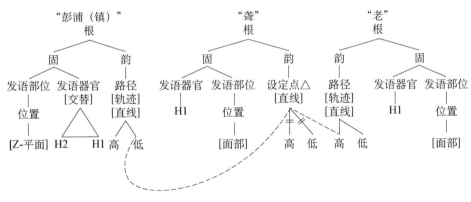

图 7-52　"聋"的点特征换位的音系规则

在图 7-52 中，手势"彭浦(镇)"的位置终止点(胸前空间的低点)和"老"的位置起始点(面颊的近耳高点)分别顺扩散和逆扩散至"聋"的路径节点下。与此同时，"聋"的路径节点下的两个底层点特征脱落，从而形成了换位的音变现象。此处，表层的换位实际是底层表达的相邻特征同化所致。

7.8 小结

　　这一章主要基于实际语料讨论了上海手语中的音变，包括建构复合词手势过程中的融合手势音变和语流中的各种音变。复合词（组）融合手势音变有两种：一种是类似有声语言中混合构词法的组合，由原两个手势（只少一个双手势）中各取一半，主手和辅手各代表一个语素组合成一个单音节双语素手势复合词（组），如"回家"、"离家"、"家里有"等；第二种是原两个自由语素（手势）组合在一起构成一个复合词（组）时，两个手势之间发生特征扩展（或顺扩展或逆扩展）的音变，并共享某一个手型、位置或掌向的特征，使原两个独立手势连接紧密，构成一个双音节复合词（组）手势，如"结婚"、"健康"、"降价"等。

　　手语中最多变、最复杂的音变是语流中的音变，包括一些表层韵律结构需要的运动插入音变，如表达数字的手势底层没有运动，表层往往插入短直线运动；尤其是快速语流中会出现各种省略，有手型、掌向、位置或运动的省略，最典型的是辅手省略，即辅手脱落。语流中另一种十分普遍的变化是同化，包括顺同化和逆同化，涉及被选手指同化（如"好吃"），掌指关节同化（如"老婆"），位置同化（如"暴雨"），掌向同化（如"五颜六色"），还有表情体态同化（如"老人"）。

　　上海手语中所有这些音变与有声语言一样，往往都是相邻或自身手势某个节点下的一个（些）音系特征的扩散或（和脱落）所致的音系变化结果。本章运用手语韵律模型系统阐析了上海手语语流中音变的音系理据、音系表征及音系结构，说明了手语具有与有声语言相同的音系机制。

第八章　上海手语韵律结构的音系分析

韵律是人类语言的自然属性，语言中的韵律所涉及的不是单个的音段（元音和辅音），而是音节以及更大话语单位所表现的一些特征，这些特征具有语言功能，如语调、声调、重音、节奏等。韵律也能传递说话者或话语的各种不同特点，如说话者的情感状态，话语的形式（诸如陈述、提问、命令等），反映讽刺、强调、对比、焦点等语用信息，或其他一些无法用句子结构或词汇表达的成分。与句法结构一样，韵律也有一套系统的层级结构。韵律音系学认为（Nespor & Vogel, 1986），人类语言有例（1）所示的韵律层级结构。

（1）韵律层级结构（从大到小）[①]

韵律话语（U）

语调短语（τ）

音系短语（φ）

韵律词（ω）

黏附组（C）

音步（Σ）

音节（σ）

莫拉（μ）

韵律层级的最大单位是韵律话语（prosodic utterance），最小单位是莫拉（mora）。韵律话语由一个或几个语调短语（intonational phrase）组成；语调短语

---

① 在韵律音系学，各韵律层级都统一以下列希腊字母为标记。

由一个或几个音系短语(phonological phrase)组成；音系短语由一个或几个韵律词(prosodic word)组成；韵律词由一个或几个音步(foot)组成，音步与韵律词之间可以有粘附组(clitic group)；音步由一个或几个音节(syllable)组成；音节由一个或两个(极少三个)莫拉组成。韵律结构就是这样一级大于一级的层级结构。韵律层级结构(1)被认为具有跨语言的普遍性。当然，并非每一种语言都必须拥有所有层级的韵律结构，譬如不少语言(尤其是孤立性语言)没有粘附组。

手语作为自然语言的另一种形式，跟有声语言一样也有韵律结构，因为手语也需要通过一种节奏形式表达手语者的情感状态，话语的形式(诸如陈述、提问、命令等)，反映讽刺、强调、对比、焦点等语用信息。国内外研究者对不同国家和地区的手语(如以色列手语、美国手语、中国香港特别行政区手语及德国手语)的韵律结构已有不少研究，对手语韵律结构的研究主要解决手语韵律层级的划分和韵律层级的标记。许多研究(如 Nespor & Sandler，1999：143-176；Sandler，1986：1-28，2010：298-328；Wilbur，1994：221-240，1999：229-240，2000：213-241；Sze，2008：3-107；Herrmann，2010：3-39等)表明，手语的韵律结构主要通过手控特征和手势者的表情体态标记不同的韵律层级单位。手控特征包括辅手顺延、手型合并、手型同化等音系规则，以及手语中的语音特征，如短语末尾手势的重复、手势保持、辅手脱落、手下垂和停顿等。表情体态特征包括头的变化(左倾、右倾、前倾、后倾、摇头、点头、低头以及仰头等)、身体的变化(左倾、右倾、前倾和后倾等)、眉毛的变化(扬眉和皱眉等)、口部动作的变化(口型、腮帮鼓起、腮帮内缩及嘴角下拉等)、眼睛的变化(闭眼、睁大眼睛及眼睛斜睨等)等。手语中韵律标层级的标记主要分为两类：一类为韵律单位管辖域标记，如一个手控特征或表情体态特征可以顺延至整个韵律单位辖域；另一类为韵律单位的边界标记，指的是出现在韵律层级的末尾的表情体态特征。

但迄今为止，国内的手语语言学研究很少关注手语韵律结构。本研究基于手语韵律的相关理论，通过运用 ELAN 分析软件对上海手语语料进行截图分析，根据上海手语手控特征和表情体态的表达形式及其分布规律，阐述上海手语的韵律层级结构、上海手语中不同韵律层级单位的标记形式，以及这些手控特征和表情体态特征作为手语韵律层级标记的音系表征。

8.1　上海手语韵律结构的研究方法及内容

例(1)中的韵律层级结构表明，韵律层级的最小单位是莫拉，莫拉是音节的重量单位，也称韵素。轻音节是一个莫拉，重音节是两个莫拉，也有由三个莫拉构成的超重音节。手语的重量由运动决定，我们已在第四、第五章系统阐述了手语中运动与重量、运动与音节类型的关系，因此我们在本章讨论上海手语韵律层级结构时，我们不再讨论上海手语的音节以及音节的重量。大量跨语言手语研究(Nespor & Sandler, 1999: 143-176; Sandler, 1986: 1-28, 2010: 298-328; van der Hulst, 1995: 1-17)表明，手语主要以单音节手势为最小独立表义单位，手势(包括复合手势)往往是手语句法结构的终端成分，因此绝大多数情况下一个手势就是一个韵律词。因此，本章主要讨论上海手语的韵律词、音系短语和语调短语这三个韵律层级的划分，以及它们的韵律标记形式。

由于韵律结构是语言在语流中的快慢、强弱、轻重及其音变域的层级结构，是语言的表层结构以语音实现形式展现的话语结构单位，因此，研究上海手语韵律结构的语料主要是通过三种方式获得：1)看动画片(如《傻大猫和崔弟》片段等)，让聋人根据动画片给其他聋人复述这个故事；2)根据所给动词和人物自编故事；3)聋人自由演讲(谈旅游感受或讲身边故事等)。除此以外，还有一些其他零星的即兴收录的语料。语料收集后，采用ELAN视频分析软件对语料进行切分和标注。我们设计了14个层级标注上海手语的韵律信息，全部14个层级标注的信息可归纳为手控特征、音系规则和表情体态特征三大部分，所有标注层名以及定义如下表。

表8-1 上海手语中韵律层级标注层名与定义

层名	定义
手控特征的语音特征	
手势时长	手势的时长指的是手势开始的手型到最后手型开始消失的时长。
手势延长	手势延长指的是手保持某一个特定的手型或位置的时长。
手势过渡时长	过渡时长指的是词汇手势运动结束后开始的运动或手势延长开始的时间,直到下一个手势开始。
停顿	停顿包括手势末尾的延长时间以及一个手势和下一个手势之间的过渡运动。
手下垂	手下垂指的是前一个手势结束和下一个手势开始的过渡期间偏离这两个手势之间的直接运动轨道的运动。例如:手放到膝盖位置或正中位置,或者手腕处于放松状态。
手控特征的音系规则	
合并	合并指的是在句子或语篇中,同一语言形式中两个依次相续的手型或手势结合成一个单个的手型或手势;这个手型或手势往往同时具有原先两个手型或手势的某些特点。
辅手延伸	辅手延伸指的是一个双手手势的辅手动作会左向、右向或同时左右向延伸至其相邻的单手手势。
主手同化	主手同化指的是一个手势的主手动作会受到相邻手势的主手动作的影响,发生顺向或者逆向的同化。
表情体态特征与音系规则	
眼睛注视	眼睛注视指的是在对话中眼睛注视对方表示话题的转换,手势者手势运动的结束。
眨眼	眨眼指的是眼睛闭合到张开的运动过程。
眉毛位置	眉毛的运动一般指的是扬眉、皱眉或者中立位置。
头部位置	头部位置指的是独立于身体运动的头部运动,包括前倾、后倾、左倾、右倾、左转、右转及中立位置。
身体位置	身体位置指的是身体运动的位置变化包括前倾、后倾、左倾、右倾、左转、右转及中立位置。
口部动作的延伸	口部动作顺延指的是一个手势的口部动作会受到相邻手势口部动作的影响,发生顺向或者逆向的延伸。

上述这些信息都可能是上海手语不同韵律层级的标记,它们中的有一些可以同时出现在一个韵律层级结构单位。ELAN软件在每个层级都会自动采

用不同颜色，以便于我们识别不同的表情体态标记，ELAN 截图的标注图如下。

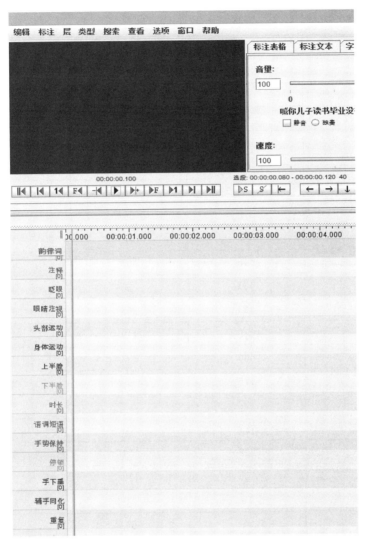

图 8-1　上海手语 ELAN 标注示例

本研究根据表 8-1 设计的标注名称和图 8-1 的标注方法对时长共计约两小时的 33 份 *eaf 文档的上海手语语料进行分析，通过对所获语料截图的标注和分析，获得的统计数据如表 8-2 所示。

表8-2 上海手语中韵律层级单位分布统计

*eaf	韵律词	韵律短语	语调短语
1	577	349	141
2	26	25	17
3	68	54	31
4	33	23	15
5	105	85	26
6	58	40	15
7	81	53	21
8	72	48	20
9	77	48	15
10	54	36	15
11	70	43	14
12	618	393	133
13	461	290	100
14	423	263	92
15	179	119	52
16	465	292	107
17	176	55	20
18	132	83	33
19	127	84	35
20	228	151	55
21	155	112	60
22	70	51	19
23	91	62	33
24	64	48	24
25	137	81	32
26	36	23	7
27	49	28	7
28	483	334	164
29	225	157	62

续 表

*eaf	韵律词	韵律短语	语调短语
30	30	21	10
31	69	45	16
32	16	10	3
33	58	42	15
总数	5512	3548	1409

通过对所标注语料的分类统计，我们共获得了5512个韵律词、3548个韵律短语及1409个语调短语。根据Selkirk(1984)，韵律话语与句法结构有紧密关系：往往韵律词与语法词匹配；音系短语与句法短语匹配；语调短语与句法小句匹配。但Nespor和Vogel(2007)认为，两者并非完全匹配。本章将根据上海手语语料，讨论上海手语韵律词(ω)，音系短语(φ)和语调短语(τ)的界定，分析在上海手语中句法结构与韵律结构之间的关系。以下我们根据所标注的语料，对上海手语中的韵律词、音系短语和语调短语这三个韵律层级的划分与表情体态的韵律标记特征进行音系学的分析。

8.2 上海手语韵律词

语言中的韵律词是韵律层级结构中最小能独立运作的层级单位(Nespor & Vogel,2007:109)。根据Nespor和Vogel(2007:109)，有声语言中韵律词一般可以界定为：

a. 句法层级单位中的终端成分，即一个形态词汇就是一个韵律词；

b. 可以是一个小于或大于形态词汇，但是必须由具体的音系规则或形态规则界定的一个结构单位。

在有声语言上海方言中，韵律词是它的连读变调域，即一个多音节词(包括复合词)内应用连读变调规则(左字调右向顺延)的这个结构单位就是韵律词。如例(2)：

(2)   底层   韵律词   音系短语

  炒面（名词）$cao^{34}mi^{14}$ $cao^{33}mi^{44}$

  炒面（动宾）$cao^{34}mi^{14}$ $cao^{44}mi^{14}$

  手势通常是手语中的最小独立表义单位，即词。我们在第四章已经详细阐述了手语是单音节语言，即基本是一个手势一个音节，而每个音节都至少有一个运动，运动是手语音节的核心成分。如果韵律词主要是句法的终端成分——词，那么手语中的韵律词主要就是手势，即一个手势一个韵律词。不同于有声语言以双音节或多音节（或两个甚至三个音步）为一个韵律词基本形式。手语的手势多是一个音节，手语音节的核心是运动，运动是手势音系中的韵律特征；因此，手语韵律词的主要特征是一个运动单位，即手语韵律词往往是一个音节。通过对现有语料的分析，我们认为上海手语中的韵律词可以定义为：句法层级单位下的终端成分，且一个形态词汇或词组，通常是一个手势为一个韵律词。韵律词的"声学"特征标记主要表现为一个运动单位。这个定义既符合韵律音系学（根据 Nespor & Vogel，2007：109）中韵律词的基本属性，又反映了手语的特点。例如：

  (3) [今天]ω[星期天]ω[大家]ω[休息]ω

    （译文：今天是星期天，大家都休息。）

  在例句(3)中，每一个形态词汇表现为一个手势，以一个独立的运动单位为主要特征。因此四个手势被切分为四个韵律词。

  语料证明，上海手语与有声语言一样，有时韵律词和形态词汇不完全同界。韵律词可以大于一个形态词汇，也可以小于一个形态词汇；但是必须通过手势合并及口部动作延伸这些音系变化来实现一个运动单位的韵律词特征。手势合并指的是在句子或语篇中，同一语言形式中两个依次相续的不同手势结合成一个运动单位的手势，这个手势往往同时具有原先两个手势的手型特点，如例(4)a 的上海手语"好吃"：

  (4) a. [[吃][好]]ω

    （译文：好吃）（见图 8-2）

   b. [记]ω[好]ω

    （译文：好记）（见图 8-3）

  在例(4)a 句子"好吃"中，"吃"和"好"两个手势发生手势合并变化从而形成一个运动单位的双音节韵律词,这个韵律词具有"吃"和"好"的手型特点。"吃"的手型为食指和中指为被选手指,两指伸出并拢,在嘴边拨动,如图 8-2-a 所示。"好"的手型只有拇指为被选手指,并呈伸出状。而在图 8-2-b 中,可以看出"好吃"发生手型合并,"吃"合并"好"的手型后变为大拇指、食指和中指为被选手指,在嘴边拨动。同时"好"丢失自己的独立运动形式,和"吃"合并成一个连续运动单位的韵律词。由于"吃"和"好"的被选手指不同,因此这是一个双音节韵律词,如图 8-2 所示。

a. "吃"　　　　　　b. "好吃"

图 8-2　上海手语"吃"与"好吃"手势

手势"好吃"虽是一个短语结构,但由于是一个运动单位,因此是一个韵律词。例(4)b 的"好记"也是一个短语结构,但由于没有发生手势合并的音系变化,"记"的手势为主手食指是被选手指,指关节弯曲并贴于额头(见图 8-3-a)。"好"则拇指为被选手指,并呈伸出状(见图 8-3-b)。在句子"好记"中,"记"没有合并"好"的手型,"记"和"好"都仍是两个独立运动单位,因此,"记"和"好"分别是两个简单运动的单音节韵律词。如图 8-3 所示。

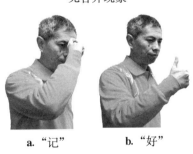

a. "记"　　　　b. "好"

图 8-3　上海手语"好记"手势

上海手语的"好吃"和"好记"的句法结构相同，都是一个 VP 短语，但在韵律层级中的音系表现不同。这是因为"好吃"中间发生了手势合并的音系变化，手势合并标记这两个形态词汇构成的 VP 结构变为一个运动单位，因此界定为一个韵律词。而"好记"中间并没有发生手势合并，表现为两个独立的运动单位，因此界定为两个单独的韵律词(如例(4)b 所示)。

除了通过手势合并的音系变化构成一个大于句法终端成分结构的韵律词以外，上海手语有时还通过表情体态特征的延伸标记一个韵律词。在上海手语中，口部动作也可以是一个词库内特征，该特征的时长跟其所伴随的手控特征时长保持一致。但有时一个手势的口型或口动会顺向或逆向延伸至其相邻的手势上，可以称为口型延伸或口动延伸(Crasborn et al.，2008：55—56)。韵律词域内的口部动作延伸只是发生在两个手势内，包括目标手势和触发手势。如果口部延伸发生在三个手势或三个以上，则可能属于更高韵律层级单位辖域内应用的规则。我们对所有 33 份 *eaf 文档中出现的口部动作延伸音系规则进行统计，具体结果如表 8-3 所示。

表 8-3 上海手语中口型延伸和口动延伸音系规则分布统计

*eaf 文档	1	4	5	6	7	12	13	14	15	16	17
口型	4	4	2	1	2	3	9	4	4	7	1
口动	1	0	0	0	0	1	4	0	3	0	0
*eaf 文档	19	20	21	22	23	24	25	26	27	28	总数
口型	3	5	4	1	3	5	3	1	2	12	80
口动	1	1	0	0	0	2	0	0	1	0	14

从表 8-3 中可以看出，上海手语中有口型延伸和口动延伸的音系规则。在所分析的语料中，口型延伸有 80 个，口动延伸为 14 个，这两种口部动作延伸的现象大部分发生在两个手势之间。其中只有 4 个口动延伸为三个手势或三个以上，其他都为两个手势之间的口部动作延伸。例如：

(4) a. [老人]ω[追]ω

　　(译文：老人拼命地追。)

b. ［追］ω［青年］ω［人］ω［追］ω

（译文：青年人开车追。）

从例句(5)a和(5)b中可以看出"老人"和"青年人"都是名词短语，即句法上一个NP结构，但韵律词的切分不同。这是因为"老"和"人"虽为两个形态词汇手势，但由于"老"和"人"两个手势之间发生了口型延伸的音系变化，"老"的口型顺延至"人"手势，见图8-4-a和图8-4-b。这种口型延伸就是一个表情体态特征的运动单位，因此标记为一个韵律词。而句子(5)b中的"青年"和"人"这两个手势之间没有任何音系规则应用，表现为两个独立的运动单位。因此"青年"和"人"两个手势各为一个韵律词。

a. "老"　　　b. "人"　　　c. "水果"

图8-4　口型延伸手势举例

上海手语中的韵律词不仅有时会大于一个(复合)词，而且有时也会小于一个(复合)词，如例(6)两个句子：

(6)　　　　　　　'水'口型　　　　　'水'口型

a. ［最后］ω［去］ω［水果］ω［店］ω［买］ω［水果］ω

（译文：最后去水果店买水果。）

d. ［听］ω［说］ω［指(对方)］ω［结婚］ω［男］ω［衣服］ω［买］ω

（译文：听说你老公买衣服了？）

在句子(6)a中的"水果"和(6)b中的"老公(结婚男)"都各为两个手势的复合词。但句子(a)中"水果"手势中间发生了口型顺延的音系变化，"水"的口型顺向延伸至了"果"，如图8-4-c所示。尽管"水果"是由两个手势构成的复合词，但这种由口型延伸标记一个运动单位的复合词视分为一个韵律词。而句子(6)b中的"结婚男"虽然也为两个手势构成的一个复合词，但是由于两个手势之间没有发生任何音系变化。因此,"结婚男"虽为一个复合词,但它们表现为两个运动单位,因此切分为两个韵律词。

综上所述,同其他国家手语一样,由于中国手语中的上海手语的手势绝大多数是一个音节,每个音节都有至少一个运动,而且手势是手语中最小的独立自由表义单位,通常每一个手势后都有一个短暂的停顿(除非手势之间发生同化音变),因此一个没有与相邻手势发生音变的手势往往就是一个韵律词,而韵律词的主要语音标记就是一个运动单位。如果两个手势之间有一个手势触发另一个手势发生音系变化,使两个手势构成一个运动单位,无论这两个手势是一个复合词还是词组,都为一个韵律词。

由于手语中单音节手势的特殊性,手势与韵律词的这种关系,根据上海手语的实际语料,我们认为,上海手语的韵律结构没有音步这一韵律层级单位。根据上述分析,我们认为上海手语的韵律词可以界定为:1)句法层级下的终端成分,通常一个手势为一个韵律词;2)上海手语韵律词的标记形式为一个运动单位,即一个运动单位是上海手语韵律词的域标记;3)手型合并或手型同化和口部动作延伸标记一个韵律词,即韵律词和形态词汇不完全同界,可以大于或小于一个形态词汇;4)上海手语韵律词多为单音节手势,因此,上海手语韵律层级没有音步,韵律词直接由一个或两个音节组成。

8.3 上海手语音系短语

Nespor 和 Vogel(2007:168)对有声语言的音系短语界定为一个任意句法短语(可以是 VP,NP,AP,PP 等 XP)结构,由这个短语中心词(X)和其可递归的一方直到这个短语最大投射的另外一个中心词,也就是说音系短语基本上相当于句法结构短语。根据 Nespor 和 Sandler(1999)、Brentari 和 Crosley(2002)等人的研究,手语中音系短语的界定主要依靠短语末尾手势的延长、重复、停顿和表情体态特征(如:头部以及眉毛等的运动变化)等语音特征及音系规则(如辅手延伸)来界定,其中停顿是最为明显的标记。根据朱潇(2017),上海手语中每个音系短语之间通常具有约 50—90 ms 的停顿。基于 Nespor 和 Sandler(1999)、Brentari 和 Crosley(2002)等对不同手语韵律层级的研究,我们对上海手语语料中出现的句法结构短语(XP)的韵律特征一一进行分析,主要阐述上海手语标识音系短语的手控、表情体态语音特征和音系规则的表现形式与规律。

8.3.1 手控特征的音系短语标记

手语是一种手势语言,手控特征起着主要作用。因此,手语韵律层级的语音特征也主要是手控特征,包括手势延长、停顿,手下垂及重复等。手语中的手势延长和重复往往指的是音系短语末尾的最后手势的延长和重复,相当于有声语言中的时长延长。停顿和手下垂常常出现在短语末尾,这些特征具有一个相同的特点——短语末尾的时长有所延长。这表明手势的延长、停顿,手下垂及重复类似有声语言中短语末尾音节的凸显。通过观察上海手语的实际语料,我们发现这些延长现象基本上出现在短语的右端。因此,我们认为上海手语中的手势延长、停顿,手下垂及重复通常是音系短语层级结构的界标记。本研究对所有 33 份 *eaf 文档中所出现的这些手控特征进行统计,结果如表 8-4 所示。

表 8-4 上海手语韵律短语中手控语音特征的分布

*eaf 文档	手势延长	停顿	手下垂	重复
1	44	34	21	45
2	11	8		2
3	11	20	1	11
4	11	4		4
5	9	1	3	9
6	2	1	5	10
7	5	4	2	13
8	6	7	4	8
9	9	1	2	7

续 表

*eaf 文档	手势延长	停顿	手下垂	重复
10	3	1	2	4
11	3	4	2	5
12	46	23	16	75
13	23	15	23	42
14	33	3	5	48
15	11	1	2	18
16	21	13	1	68
17		2	2	13
18	10	1	2	13
19	4	4	5	22
20	4	35	2	28
21	18	6	1	20
22	10	5	3	19
23	17	7	9	10
24	22	2	2	10
25	19	1	3	17
26	1			3
27	3	1		1
28	27	12	31	54
29	16	4		24
30	4			
31	2	2		5
32	5	1	1	
33	4	2		3
总数	414	225	150	611

从表8-4中可以看出，手势延长、停顿，手下垂及重复这四个手控特征，在韵律短语末尾的最后手势或短语末尾都频繁出现。其中重复出现频次最高，为611次；手势延长其次，为414次；停顿再次，为225次；手下垂最低，为

150次。这些手控语音特征在短语末尾共出现1400次,频率为40%。例如:在《对话视频》(第12份*eaf文档)中某一句子的ELAN分析截图如下。

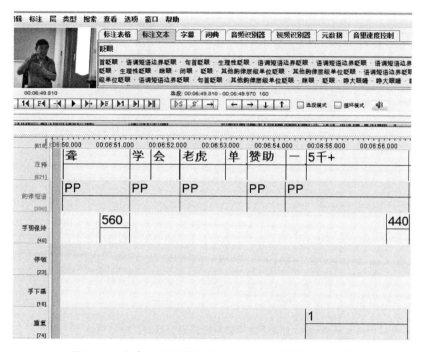

图8-5　上海手语韵律短语中手控特征语音表现示例

图8-5的ELAN截图记载了一个句子的以下韵律层级结构:

(7) [[[聋]ω]φ==[[学]ω[会]ω]φ[[老虎]ω[单位]ω]φ[[赞助]ω]φ[[一年]ω[5千+①]ω]φ]==②τ

(译文:聋人学会(拍摄)老虎,有单位赞助一年5000元。)

例句(7)说明,该句共有5个音系短语,而5个音系短语中有两个短语末尾的最后一个手势伴有手势延长;一个伴有重复。这就表明手势延长和重复相当于有声语言中的时长延长,是判断音系短语的一个重要语音特征。

除了上述这些手控语音特征能标记音系短语层级,另一种界定音系短语的重要标记是辅手延伸的音系规则。辅手延伸指一个双手手势的辅手会左向或右

---

① 符号"+"表示手势重复的现象,下文同述。
② 符号"=="表示这里有手势延长的现象,下文同述。

向，或同时左向和右向延伸至相邻的单手手势。如在我们收集的视频故事《傻大猫和崔第》(第24份*eaf文档)中有一句"青年开车"，其手势如图8-6所示。

a."青年"　　　　　　　b."开车"

图8-6　音系短语中的辅手延伸

句子"青年开车"是个由NP+VP构成的小句，大于一个短语(XP)结构。但由于在NP(青年)和VP(开车)之间发生了辅手延伸的音系变化(如图8-6所示)，整个[青年开车]小句标记为一个韵律短语。我们对32个*eaf文档中出现的辅手延伸作了统计，统计结果如下表。

表8-5　上海手语中辅手延伸的音系规则分布统计

*eaf文档	1	2	3	4	5	6	7	8
辅手顺延	29	2	2	4	6	4	4	2
*eaf文档	9	10	11	12	13	14	15	16
辅手顺延	9	6	3	29	32	29	8	20
*eaf文档	17	18	19	20	21	22	23	24
辅手顺延	2	4	2	8	1	1	10	5
*eaf文档	25	26	27	28	29	30	32	总数
辅手顺延	7	1	5	20	11	1	1	268

从表8-5中可以看出，辅手延伸的音系变化在上海手语中共出现268次。同时，我们也观察到辅手顺延只是在音系短语辖域内应用的规则。例如在视频故事《熊爸爸》(第19份*eaf文档)中有下列句子：

(8)　　　　　　　　　　　　　　辅手顺延

[[[爸爸]ω[满意]ω]φ]τ [[[请]ω[兔子]ω]φ [[带着]ω]φ[[到]ω

$[家]_\omega]_\varphi[[养]_\omega]_\varphi]_\tau$

(译文：爸爸觉得满意。决定聘请兔子回家照顾孩子。)

上海手语"兔子"既可以是单手手势，也可以是双手手势；主手或双手的拇指、食指和中指为被选手指，手指伸出(🖖)，置于大脑右侧或两侧且食指和中指上下反复运动，见图8-7-a和图8-7-b。"请"的手势为一个双手手势，主手横伸(✋)，辅手拇指伸出且其他四指闭合(👍)，主手紧贴辅手，从外往手势者身体方向运动。在例(8)中，"请"手势中的辅手动作顺延至右边相邻的手势"兔子"，使单手势"兔子"同时保留了"请"手势的辅手手型(辅手拇指伸出且其他四指闭合)，见图8-7-c。

a."兔子"　　　　b."兔子"

c."满意，　　　　请　　　　兔子　　　　带着"

图8-7　韵律短语中的辅手延伸举例

图8-7-c表明，"请"手势的辅手动作只延伸至同一音系短语内的"兔子"，并没有扩展至前一个语调短语末尾的手势"满意"以及同一语调短语后面的韵律短语"带着"手势。因此，可以看出辅手延伸只是一个在音系短语的辖域内发生延伸的音系变化。这与Nespor和Sandler(1999)以及Sandler(2010)对以色列手语研究的结论一致：辅手延伸的音系特征是音系短语域界定的重要域标记。

8.3.2 表情体态的音系短语标记

Nespor 和 Sandler(1999：166 - 167)提出，表情体态特征也同样具有标记音系短语层级的作用。根据实际语料，本研究发现上海手语中表情体态特征也可以是音系短语的域标记或边界标记。这些表情体态特征主要包括头部运动、眉毛及眼睛的变化。其中头部和眉毛的运动伴随整个音系短语，为音系短语域标记；而眨眼位于短语末尾，为音系短语边界标记。本研究中眨眼主要分为五种：语调短语边界眨眼、其他韵律层级眨眼（音系短语边界眨眼）、句首眨眼、自发性眨眼，以及生理性眨眼。为探讨上海手语中表情体态特征如何标记音系短语以及它们的分布，我们对 33 份 *eaf 文档中的全部 3548 个音系短语域内出现的表情体态特征进行统计，具体的结果如下表。

表 8-6　上海手语韵律短语中表情体态标记分布

*eaf 文档	头部	眉毛	眨眼
1	47	15	40
2	6	2	2
3	17	3	4
4	4	1	4
5	2	1	2
6	8	2	13
7	7	1	8
8	3	2	5
9	6	1	8
10	6	1	4
11	1		15
12	39	7	15
13	27	4	15
14	35	23	30
15	49	9	4

*eaf 文档	头部	眉毛	眨眼
16	46	6	37
17	5	2	3
18	7	1	15
19	16	5	9
20	26	2	23
21	43	25	21
22	4	2	2
23	11	2	15
24	11	8	
25	34	21	5
26	6	5	1
27	4	3	6
28	57	32	27
29	44	8	12
30	5	1	
31	11	2	
32	2	1	1
33	8		4
总数	597	198	350

从表8-6可以看出，上海手语音系短语中表情体态特征出现比较频繁，其中眉毛为198次，作为边界标记的眨眼出现频次为350次。音系短语的表情体态特征标记形式最频繁的是头部运动，共出现597次。表情体态特征在所有的音系短语中出现频率为约32%。这些数据表明表情体态特征在音系短语的界定中具有明显作用。例如句(9)：

(9) [[结婚]N]NP+[[喜欢]V[苹果]N]VP]

（译文：老公喜欢苹果。）

上海手语"老公喜欢苹果"这一句子结构与有声语言汉语一样，有一个

NP+VP 构成。我们对句子(9)中的所有手控特征和表情体态特征进行仔细的观察和分析,采用 ELAN 分析的截图如下。

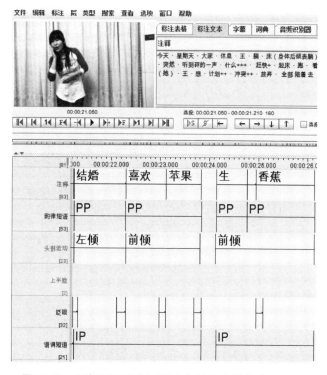

图 8-8　上海手语韵律短语中表情体态特征表现示例

通过 ELAN 软件对例句(9)的分析,我们发现在[结婚]和[喜欢苹果]这两个成分结构后面除了有显著的停顿以外,还有明显的头部运动变化和眨眼动作。我们判断例句(9)有两个音系短语,每个音系短语都有较长停顿,并伴随有头部动作特征和眨眼。第一个音系短语[结婚]伴随头左倾,到第二音系短语开始前并出现眨眼;第二个音系短语[喜欢苹果]伴随头前倾的动作,并最后出现眨眼。因此,例句(9)的韵律层级结构可表示如例(10)所示:

(10)　　　头左倾　眨眼　　　　　　头前倾　眨眼

　　　　[[[结婚]ω]φ　　　[[喜欢]ω [苹果]ω]φ]τ

例(10)说明,表情体态也是界定音系短语一个重要特征,头部运动是音系短语的域标记,眨眼是音系短语的界标记,两个标记同时显现了音系短语层级的特征。这些可以用来标记音系短语的表情体态特征主要包括头部运动、眉毛及眼睛的变化。

根据上述对上海手语中手控特征和表情体态特征作为音系短语层级结构的域标记或边界标记的形式与特点的分析,我们认为上海手语的音系短语可以界定为:1)上海手语中音系短语通常可以是一个句法结构短语(包括 NP,VP,PP,AP 等);2)上海手语音系短语也可以是大于短语的小句,或小于短语的一个韵律词;3)音系短语层级结构的标记可以是 50—90 ms 的停顿和(或)伴随有手控特征及表情体态的边界标记或域标记;4)辅手延伸可作为上海手语音系短语的域标记。

8.4 上海手语语调短语

Nespor 和 Vogel(2007:188)认为,语调短语是感知上连贯的语调曲拱的作用域,由一个或多个音系短语组成;且语调短语边界往往会伴随更大的停顿,通常为一个 CP 结构,即小句。有声语言中,语调短语主要根据短语末尾不同长短的停顿、末尾音节时长的延长及音高的变化来界定。本节基于前面对上海手语韵律词和音系短语韵律层级的讨论,以实际语料为依据,深入讨论上海手语语调短语的韵律标记。

8.4.1 手控特征的语调短语标记

手语是一种视觉语言,手控特征和表情体态这些视觉特征是手语表达的形式。手语语流中传达语法、语用和韵律信息的手控特征主要包括手势保持或延长、手下垂、重复及停顿,这些特征在韵律层级单位的标记中尤为重要。根据 Brentari(2012:402-412),手势保持或延长指的是手保持某个特定的形状或位置的时间;停顿指的是短语末尾的手势延长时间以及该手势和下一个手势之间的过渡时间;手下垂指的是前面手势的结束和后面手势开始的过渡运动轨迹的偏差,也就是说,在前面手势结束和后面手势开始之前,双手放至膝盖处或中间位置,或手腕处于放松状态。我们根据 Brentari(2012:402-412)对这三个语音特征的定义,对所获得的语料进行分析和标注,发现上海手语中手势延长、停顿及手下垂也可以和其他韵律特征一起标记语调短语。例如在我们录制的自编故事《拆迁》中,ELAN 截取的一个句子如图 8-9 所示。

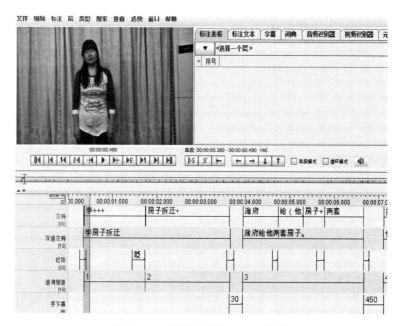

图 8-9 语调短语的 ELAN 截图

图 8-9 的 ELAN 截图记载了如下例句:

(12) [[[李+++]ω]φ]τ[[[房子]ω]φ[[拆迁]ω]φ]∨τ[[[政府]ω]φ[[给(他)]ω房子+]ω]φ[[两套]ω]φ]∨①τ

(译文:李先生的房子拆迁,政府补给他两套房子。)

从图 8-9 可以看出,上述句子有三个语调短语,第二个和第三个语调短语的边界都有手下垂动作。根据 Nespor 和 Sandler(1999)与 Brentari 和 Crosley(2012)分别对以色列手语和美国手语语调短语的分析,一些手控特征,如手势延长、停顿、重复及手下垂经常出现在语调短语的边界。我们用 ELAN 软件对

---

① 符号"∨"表示此处有手下垂动作。

语料进行标注，共发现1409个语调短语；然后对手控特征在句中的表现进行统计，结果如表8-7所示。

表8-7 上海手语语调短语的手控特征标记分布

*eaf 文档	手势延长	停顿	手下垂	重复
1	40	34	21	15
2	10	8		2
3	10	20	1	9
4	7	4		1
5	8	1	3	4
6	1	1	5	4
7	3	4	2	7
8	6	7	4	3
9	7	1	2	4
10	3	1	2	3
11	3	4	2	3
12	41	23	16	42
13	19	15	23	28
14	33	3	5	21
15	11	1	2	10
16	20	13	1	37
17		2	2	8
18	8	1	2	9
19	4	4	5	16
20	4	35	2	15
21	18	6	1	11
22	8	5	3	8
23	11	7	9	4
24	13	2	2	6
25	18	1	3	8
26	1			3

续　表

*eaf 文档	手势延长	停顿	手下垂	重复
27	3	1		
28	22	12	31	56
29	15	4		17
30	4			
31	2	2		3
32	5		1	
33	4	2		2
总数	362	225	150	359

表 8-7 的数据统计说明：手势延长出现频次为 362 次，也就是说 1409 个语调短语中共有 362 个末尾手势得到延长，约占 26%；重复为 359 次，占 25%；停顿为 225 次，约占 16%；手下垂为 150 次，占 11%。其中手势延长和停顿与重复在语流中处于互补分布状态，不会重复出现。手势延长和重复都发生语调短语末尾的最后一个手势，而停顿和手下垂位于语调短语边界。例如，在视频《傻大猫和崔第》(第 23 份 *eaf 文档) 中的其中一个 ELAN 载取的句子如图 8-10 所示。

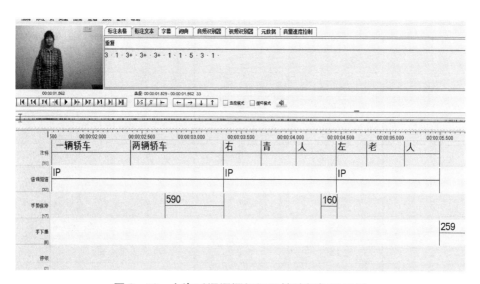

图 8-10　上海手语语调短语手控特征标记示例

图 8-10 的 ELAN 截图记载了如下例句：

(12) a. [[[一辆轿车]ω]φ[[两辆轿车]ω]φ]—τ
　　 b. [[[右]ω]φ[[青]ω[人]ω]φ]—τ
　　 c. [[[左]ω]φ[[老]ω[人]ω]φ]∨τ

　　（译文：两辆轿车齐驱并进。右边年轻人开车，左边是老人开车。）

上述例句(12)中有三个语调短语。根据 LAN 视频截图 8-10 可以看出三个语调短语末尾都伴随有不同的手控特征(如：手势延长及手下垂)。其中第一个和第二个语调短语末尾的最后一个手势延长；而第三个语调短语的边界有手下垂动作。语料表明，语调短语末尾的手控特征标记是界定上海手语语调短语的一个重要的语音特征。

8.4.2　表情体态的语调短语标记

手语的研究者们（如 Wilbur，1994，2000；Nespor & Sandler，1999；Sandler & Lillo-Martin，2006；Sandler，2010 等）都认为手语中作为超音段特征的表情体态也经常标记不同的语调短语。标记语调短语的表情体态特征也有域标记和边界标记两类。域标记是伴随一些手势序列组合出现的表情体态特征，这个特征就是标记几个手势是在一个辖域内，也就是一个韵律结构内(Pfau & Quer，2010：397)。例如头和身体的运动变化、眉毛及口部动作等都具有标记这一韵律结构域的功能。而边界标记则仅仅出现在语调短语边界（短语首或尾）的表情体态特征，这样的表情体态标记主要为眨眼。但是对哪个表情体态特征是语调短语的主要标记特征，存在两方面的观点：1) 以 Nespor 和 Sandler(1999)、Sandler 和 Lillo-Martin(2006)、Sandler(2010)为主的对以色列手语进行研究的一派认为，语调短语由头部位置和面部表情的变化标记，而眨眼标记是一个次要的标记特征。2) 以 Wilbur(1994，2000)等为主的对美国手语进行研究的一派认为，眨眼是语调短语的主要标记特征，而头部位置等是次要特征。本研究从域标记和边界标记两方面对上海手语中表情体态作为语调短语韵律标记和形式进行详细分析，进而判断上海手语中什么表情体态特征是语调短语层级的标记。

Nespor 和 Vogel(2007:188)认为,有声语言中某些特定的句子结构必须独立成一个语调短语,如插入语、话题句、非限制性定语从句及反问句等。在手语中,也有这样的句子结构。同样,这些特定的句子结构往往伴随着区别于前后结构的表情体态,因此也必须独立成为一个语调短语,如图 8-11。

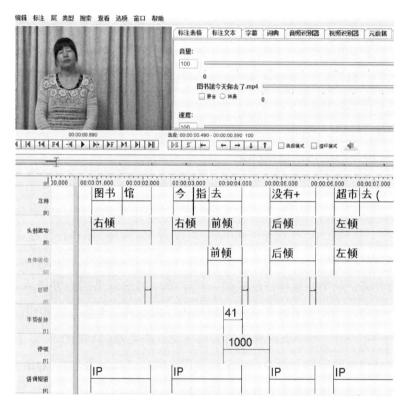

图 8-11 上海手语语调短语表情体态特征标记示例

根据图 8-11 的 ELAN 截图,句子"/图书//馆/ /今天//指(你)/ /去/ /没有/ /超市//去过/"包含以下表情体态信息:

[头部   右倾   右倾 前倾   摇头、后倾   左倾   ]

[身体   前倾   后倾   左倾   ]

[上半脸   扬眉   扬眉]

根据上述表情体态的韵律信息分布,截图 8-11 中句子的韵律结构可划分如例(13)：

(13) [[[图书]ω[馆]ω]φ]τ　[[[今天]ω]φ[[指(你)]ω]φ[[去]ω]φ]τ
[[[没有+]ω]φ]τ　[[[超市]ω[去过]ω]φ]τ

(译文：今天你去图书馆吗？没有，我去超市了。)

在例(13)中，手势"图书馆"是宾语前置。在汉语普通话中，前置的宾语一般都是一个话题结构。在上海手语中，宾语前置不一定都是话题句，但例(13)中的宾语前置也是一个话题结构，因为它有不同于其他句子结构的表情体态标记。根据Nespor和Vogel(2007：188)，话题结构单独成为一个独立的语调短语，上述句子中，手势"图书馆"作为一个话题句也是一个语调短语。而且从图8-11可以看出，手势"图书馆"和伴随其相邻语调短语手势的表情体态不同。在话题结构语调短语"图书馆"中，头部右倾且眉毛呈上扬状态。第二个语调短语"今天指(你)去"为疑问句，头变成了右前倾且身体和眉毛在最后一个手势"去"上也分别呈前倾和上扬状，同时眼睛睁大。而摇头以及头和身体后倾则是第三个语调短语"没有"手势的主要特征。最后一个语调短语"超市去过"中，头和身体则变成了左倾。这些表明表情体态的变化(尤其头部的运动变化)可以标记不同的语调短语，如疑问句、话题句及否定句，且某些表情体态特征只出现在一个语调短语的辖域内，到另一个语调短语的边界开始，表情体态就会产生变化。

Nespor和Vogel(2007：195)认为，语调短语的界定会受到句子的长度、话语的速度、话语的语体及语义或语用的影响。也就是说同一个句子由于这些因素的影响，可以切分成不同数量的语调短语。同样在上海手语中，语调短语的切分也会受到这些因素的影响。手势者在表达时，打手势的速度不同，语调短语的切分就会不同。手势者语速快时，语调短语结构单位就会减少；如语速慢，语调短语层级相对而言就会有所增加。以下是男女两位聋人讲述同一个故事不同的语速中同一句话的不同语调短语切分，见图8-12和图8-13。

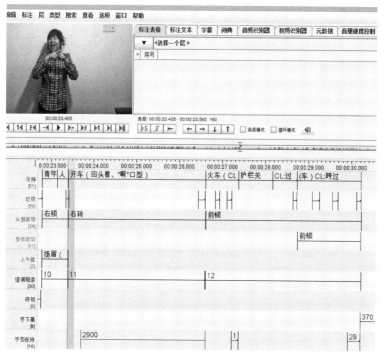

图8-12 上海手语同一句子语调短语分类A例

根据截图8-12,语句中的表情体态韵律信息包括:

[头部 <u>右倾</u>　　　<u>右转</u>　　　　<u>前倾</u>　　　　　　]

[身体 　　　　　　　　　　　　　　<u>前倾</u>　　　　　　]

[上半脸 <u>眉毛上扬</u>　　　　　　　　　　　　　　　　　]

上述的表情体态的韵律信息也以头部动作为主要韵律标识,第一个头部右倾伴随着眉毛上扬,然后头部右转,最后头部前倾后伴随着身体前倾。根据上述韵律信息,该句子可分为三个语调短语,具体韵律层级划分如下:

(14) [[[青年]ω[人]ω]φ]τ[[[开车(回头看、"啊"口型)]ω]φ]τ

[[[(火车CL)[1]开来]ω]φ[[护栏关]ω]φ[[(火车CL)过]ω]φ

[[(汽车CL)跨过]ω]φ]τ

(译文:青年人边开车边回头看,突然火车过来了。青年人赶紧开车

---

[1] CL 是 Classifier 的缩写,表示类属词。这是手语语言学中的惯用术语,见洪卡娜(2008)和李线宜(2010)。

跨过，护栏关上。）

以上是一位语速较快的女性聋人话语的韵律切分。下面我们看一位语速稍慢一点的男性聋人话语的不同韵律层级切分的依据，如图 8-13 所示。

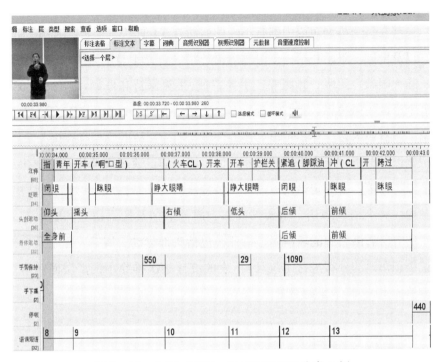

图 8-13　上海手语同一句子语调短语分类 B 例

根据截图 8-13，语句中的表情体态韵律信息包括：

[头部　　仰头　　摇头　　　　右倾　　低头　　　后倾　　　前倾　　　　]

[眼睛　　闭眼　　眯眼　　　　睁大眼睛　睁大眼睛　闭眼　　　眯眼　　　　]

[身体　　　　　　　　　　　　　　　　　　　　　　后倾　　　前倾　　　　]

上述句子中表情体态韵律特征也主要以头部动作为标记，一共有明显的 6 个不同的头部动作出现在 6 个语调短语的开始，其中这 6 个头部动作同时伴随着 6 个不同的眼部特征表达。根据上述表情体态特征，该语句的韵律层级切分可表达如下：

(15) [[[指(那)]ω[青年]ω]φ]τ[[[开车]ω]φ]τ[[[(火车 CL)开来]ω]φ]τ
[[[开车]ω]φ[[护栏关]ω]φ]τ　[[[紧追(脚踩油门)]ω]φ]τ

[[[冲(汽车CL)]ω]φ[[护栏开]ω]φ[[跨过(汽车CL)]ω]φ]τ

(译文：青年人开车，突然火车过来了。青年人赶紧踩油门，跨过，护栏关上。)

如图8-13所示，根据表情体态的韵律信息，例(15)可以界定为六个语调短语。头部在每个语调短语中都有不同的运动方式：仰头、摇头、右倾、低头、后倾，以及前倾。眼睛在第一个语调短语([指(那)青年])里为闭眼，接着变成眯眼、睁大眼睛、闭眼、眯眼等。手控特征(手势保持和停顿)也出现在第二、四、五个语调短语边界，我们结合所有的表情体态以及这些手控特征，界定语调短语。跟有声语言一样，手语语速的快慢与韵律层级的建构有直接关系。

根据以上分析，上海手语和国外其他手语一样，通过表情体态的变化及末尾的手控特征等，来界定语调短语。一些特殊的句子结构成分(如话题结构)都是单独构成一个语调短语，由头部倾斜、眉毛上扬及短语边界的眨眼等来标记。我们对所有语料中的表情体态特征，包括头部运动、眉毛、眨眼及口部动作标记语调短语的分布进行了统计(下表的统计频次排除了词汇层面和语用层面的表情体态)，其结果如下图。

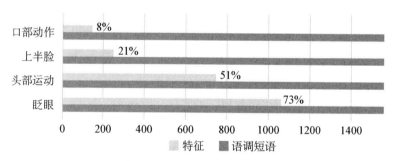

图8-14 上海手语语调短语域表情体态标记频次统计

从图8-14中可以看出，眨眼出现频次最高，为73%；头部运动频次其次，占51%；眉毛运动出现频次再次，为21%；口部动作出现最少，仅为8%。根据图8-14数据中不同表情体态出现频率，可以判断眨眼为上海手语语调短语最主要的表情体态标记。

但是关于眨眼这个表情体态是自然眨眼、疲劳眨眼、反射性眨眼还是语流节奏性眨眼，目前还有争议(Baker & Padden, 1978; Doughty, 2001; Wilbur,

1994；Sze，2008；等）。首先，有声语言中也有眨眼。根据 Doughty（2001：712）分析不同语境中眨眼使用的频率，发现阅读中平均眨眼频率为每分钟 6.2 个；在无声的情景中眨眼的频率为每分钟 12 个；最高的眨眼频率出现在对话中，为每分钟 23.3 个。但是 Baker 和 Padden（1978：45）认为，虽然眨眼在有声语言中使用的频率很高，但是它不同于手语。有声语言中的眨眼是没有系统性的；而手语中的眨眼一般出现在边界位置，有的具有语言学意义，有的不具有语言学意义；但对于这两大类眨眼的区分也是各有不同的观点。Wilbur（1994：223 - 224）认为，美国手语中的眨眼主要可以分为三类：1）反射性眨眼（reflexive blink），指的是由于身体或者外界条件导致的眨眼，这一类眨眼没有语言学意义；2）无意识或周期性眨眼（involuntary or periodic blink），是指手势者无意识的眨眼，且常出现在短语末尾边界；3）自发性眨眼（voluntary blink），手势者有意识的且伴随词汇手势一起出现的眨眼。Wilbur 主要对上述后两类进行区分，并且制定了一个"75％"规则。也就是说如果≥75％眨眼的时长和词汇手势重合，说明这个眨眼是词汇性眨眼；反之，如果低于 75％ 就是边界眨眼。Sze(2008)认为中国香港手语的眨眼可以分为五类：1）生理原因导致的眨眼（physically induced）；2）由于头部或者眼睛注视变化导致的眨眼；3）手势者犹豫或自我纠正导致的眨眼；4）边界敏感的眨眼（boundary-sensitive）；5）自发性眨眼（voluntary）。前三类不具有语言学意义，后两类中自发性眨眼具有词汇意义，可以表示强调或焦点等。我们认为边界敏感的眨眼可以是界定语调短语边界的一个因素，而不是语调短语的边界标记。但边界敏感眨眼过于笼统，因为在上海手语中眨眼有位于语调短语末尾、音系短语末尾及句首。这三个都属于边界敏感眨眼；但是每个眨眼出现的频率相差很大，并且起到的作用也不同。

基于 Wilbur(1994)和 Sze(2008)的研究，我们对一些上海手语语料中所获得的 1698 个眨眼进行分析。根据上海手语的特点，我们认为眨眼可分为以下五类。

1) 语调短语边界眨眼：位于语调短语末尾，标记语调短语的眨眼。

2) 其他韵律层级单位眨眼：位于韵律词或音系短语末尾，与其他表情体态一起标记韵律词或音系短语。

3) 句首眨眼：位于语调短语开头，标记语调短语的开始。

4) 自发性眨眼:伴随一个形态词汇的手势,可以表示强调或语用焦点。

5) 生理性眨眼:由于生理原因(如:眼干)或手势动作(手运动到眼部周围)等外界因素导致的眨眼。

在我们的语料中,五类眨眼出现的频率各有不同,统计如下表:

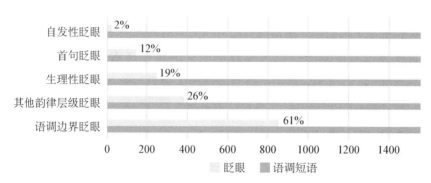

图 8-15 上海手语中五类眨眼分布频次

这五类眨眼从我们录制的视频《西尔维斯特》中都可以看出,如图 8-16。

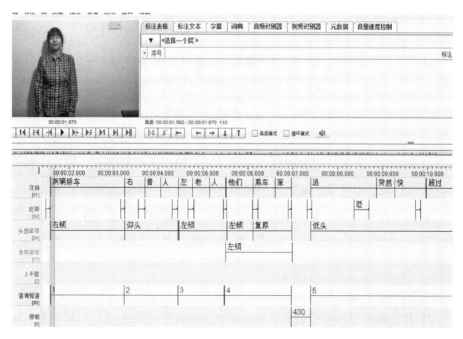

图 8-16 上海手语中不同类型眨眼的示例

根据图 8-16 显示的眨眼分布情况，结合其他表情体态特征的分布，截图 8-16 中句子的韵律层级可分析如下：

(15) [[[两辆轿车(CL)]ω]φ]τ [[[右]ω[[青年]ω[人]ω]φ]τ

[[[左]ω]φ[[老][人]ω]φ]τ

[[[他们]ω]φ[[乘车]ω[家]ω]φ]τ [[[追]ω]φ][[突然]ω[快]ω

[超过]ω]φ]τ

（译文：有两辆轿车。右边是年轻人在开车，左边是老年人在开车。他们开车回家。突然年轻人加快速度，超过老人。）

如图 8-16 所示，两个句子共有 5 个语调短语和 11 个眨眼。其中 4 个语调短语边界末尾有眨眼标记；2 个眨眼位于语调短语开头；3 个标记其他韵律层级单位；2 个生理性眨眼由于头部运动和生理原因导致，发生于"追"和"快"这两个手势中。同时从图 8-14 中可以看出位于语调短语边界的眨眼为 73%（其中包括句首眨眼和句末眨眼）。因此我们认为上海手语中，眨眼具有韵律功能，是语调短语边界的常用标记。相对于美国手语、德国手语及日本手语的 100%、98% 和 92%（根据 Tang, 2010），上海手语中眨眼不是语调短语的主要标记，但是语调短语标记的音系特征之一，也是其他韵律层级单位的参考因素。它可以单独或同其他表情体态一起标记某个韵律层级单位。

综上所述，上海手语中语调短语除了较普遍的明显停顿以外，主要依靠手控特征和表情体态特征（头部运动和眨眼）来界定。我们认为：1)头部运动的变化可以为界定语调短语的域标记；2)手控特征（如：手势延长等）和眨眼是语调短语边界的韵律标记；3)语调短语的切分会受到语速、语体及语用等因素的影响。

8.5 小结

通过对所收集的上海手语语料的系统分析，我们认为和有声语言一样，上海手语也存在韵律层级结构，包括：音节＜韵律词＜音系短语＜语调短语。并且跟其他国家的手语(如德国手语、美国手语及以色列手语等)一样，中国手语中的上海手语韵律层级的标记(除了较普遍的停顿以外)主要采用手控特征，包括手势合并、辅手延伸及手势延长或保持等。除了手控特征以外，表情体态也是标记韵律层级单位的重要语音特征，这些表情体态包括头部动作(前倾、后倾、左倾、右倾、摇头)，脸部表情(眉动、眼动、口动和口型)，身体动作(前倾、后倾、左倾、右倾)。根据上述这些手控特征和表情体态特征在语句中的分布规律，我们对上海手语的韵律层级单位进行了系统、全面地分析。通过对语料中所有 33 份 *eaf 文档中的韵律词、音系短语及语调短语进行标注和切分，得出统计数据如下表。

表 8-8　语料中上海手语韵律层级单位分布统计

*eaf	韵律词	音系短语	语调短语
1	577	349	141
2	26	25	17
3	68	54	31
4	33	23	15
5	105	85	26
6	58	40	15
7	81	53	21
8	72	48	20
9	77	48	15
10	54	36	15
11	70	43	14
12	618	393	133
13	461	290	100
14	423	263	92
15	179	119	52
16	465	292	107
17	176	55	20
18	132	83	33

续 表

* eaf	韵律词	音系短语	语调短语
19	127	84	35
20	228	151	55
21	155	112	60
22	70	51	19
23	91	62	33
24	64	48	24
25	137	81	32
26	36	23	7
27	49	28	7
28	483	334	164
29	225	157	62
30	30	21	10
31	69	45	16
32	16	10	3
33	58	42	15
总数	5512	3548	1409

如表8-8所示，对所有上海手语语料进行分析切分后，我们共获得了5512个韵律词、3548个音系短语以及1409个语调短语。而这些韵律层级单位的切分是结合Nespor和Vogel(2007)对有声语言韵律层级的界定原则，主要根据不同的手控特征和表情体态特征进行界定。也就是说在某个形态或句法结构单位内，如果某个手势音段或一连串手势音段单位共享一个手控特征或表情体态特征，或者在音段单位末尾伴随有某个手控特征或表情体态特征，那么这个音段单位或一连串音段单位可以界定为某个韵律层级单位。每个韵律层级单位都可以通过不同的手控特征及表情体态特征来标记。不同韵律层级的韵律标记可归纳如下：

1) 通常是一个手势一个韵律词，其域标记特征为一个运动单位；但如果发生两个手势合并或口部动作延伸，则两个手势界定为一个韵律词。

2) 韵律词通常有一个或两个音节构成,上海手语没有音步韵律层级单位。

3) 音系短语通常表示为一个任意句法结构短语(XP),但如果两个句法结构短语之间发生了辅手延伸,这两个句法结构短语通常界定为一个音系短语。通常除了较明显的停顿和辅手延伸这个手控特征以外,有时头部运动或眉动也伴随标记音系短语韵律层级。

4) 语调短语表现为一个具有语调曲拱的小句(CP),但某些特殊的结构,如:插入语、话题结构、反问句及称呼语等,也可以独立成为一个语调短语。语调短语边界通常以手势保持或延长、手下垂、重复及较长停顿来标记,往往也伴有头动和眼动这些表情体态特征来标记语调短语。

不同于其他韵律结构单位,语调短语的韵律层级单位通常更会受到语速、语体及句子长度的影响,切分成不同数量的语调短语。

总而言之,手语和有声语言一样都具有韵律层级结构,只是韵律的表现形态不同。韵律层级单位主要是通过手控特征(如手势延长、停顿,手下垂及重复)和表情体态特征(如头部的运动、眉毛的位置、口部动作及眼部的动作等)来标记。上海手语韵律层级单位进一步证实了语言中韵律结构的普遍性,上海手语具有自然语言的基本属性和人类语言的共性。

由于本研究是对上海手语韵律层级系统研究第一例,缺乏相关文献的参考,涉及语料的数量和范围也有限。而且由于我们主要是搜集自然语料,所以很多语料都是拍摄聋人的自由演讲或讲故事,每个受试的语料时长不一,文本不一致。因此语料中不同受试的表现没法进行比较。所以,有关上海手语韵律结构,尤其是表情体态作为韵律层级单位的标记,有待通过更多不同人群自然语料的对比分析作更深入系统的研究。

参考文献

一、中文文献

陈小红.2009.上海手语动词及类标记结构方向性研究[D].上海：复旦大学.

龚群虎.2003.手语的语言学研究问题讲话[Z].大连：第三届双语双文化经验交流会.

龚群虎.2009.聋教育中手语和汉语问题的语言学分析[J].中国特殊教育(3)：63-67.

洪卡娜.2008.上海手语类标记调查与研究[D].上海：复旦大学.

姜诚.2014.上海手语禁忌语的调查研究[D].上海：复旦大学.

李线宜.2010.上海手语类标记结构调查研究[D].上海：复旦大学.

林皓.2015.上海手语疑问句研究[D].上海：复旦大学.

刘鸿宇.2015.上海手语的体表达调查研究[D].上海：复旦大学.

罗琼.2010.上海手语口动调查报告[D].上海：复旦大学.

倪兰.2007.中国手语动词方向性研究[D].上海：复旦大学.

王晨燕.2009.上海手语数量表达调查报告[D].上海：复旦大学.

吴晓波.2013.上海手语否定形式调查报告[D].上海：复旦大学.

伍艳红.2017.上海手语非手控特征语言功能的研究.上海：华东师范大学.

杨峰.2016.上海手语音节结构分析[D].上海：华东师范大学.

衣玉敏.2008.上海手语的语音调查报告[D].上海：复旦大学.

张吉生.2011.《手语》评介[J].当代语言学(3)：256-261.

张吉生.2016.从有声语言音节看手语音节的理据及特点[J].中国特殊教育(6)：17-25.

张吉生,赵蓓蓓.2010.中国手语的音系学研究[J].中国特殊教育(8)：26-31.

郑璇.2009.上海手语非视觉概念表达研究[D].上海：复旦大学.

朱潇.2017.上海手语话语韵律单位切分研究[D].上海：复旦大学.

二、外文文献

AKINLABI A. 1996. Featural affixation [J]. Journal of Linguistics, 32(2): 239-289.

ANDERSON J. 1969. Syllabic or non-syllabic phonology? [J]. Journal of Linguistics, 5(1): 136-142.

ANDERSON J, EWEN C. 1987. Principles of dependency phonology [M]. Cambridge: Cambridge University Press.

ANDREWS E. 1990. Markedness theory: The union of asymmetry and semiosis in language [M]. Durham: Duke University Press.

ANN J. 2006. Frequency of occurrence and ease of articulation of Sign Language handshapes: the Taiwanese example [M]. Washington: Gallaudet University Press.

BAKER-SHENK C. 1983. A micro-analysis of the non-manual components of questions in American Sign Language [D]. Berkeley: University of California, Berkeley.

BAKER C, PADDEN C. 1978. Focusing on the nonmanual components of American Sign Language [C]// SIPLE P. Understanding language through Sign Language research. New York: Academic Press: 27-57.

BATTISON R. 1978. Lexical borrowing in American Sign Language [M]. Silver Spring: Linstok Press.

BELLUGI U, FISCHER S. 1972. A comparison of sign language and spoken language [J]. Cognition, 1: 173-200.

BLEVINS J. 1995. The syllable in phonological theory [C]// GOLDSMITH J. The Handbook of Phonological Theory Oxford: Blackwell: 206-244.

BLOOMFIELD L. 1933. Language [M]. New York: Henry Holt.

BOYES BRAEM P. 1981. Distinctive features of the handshapes in American Sign Language [D]. Berkeley: University of California, Berkeley.

BOYES BRAEM P. 1999. Rhythmic temporal patterns in the signing of deaf early and late learners of Swiss German Sign Language [J]. Language and Speech, 42(2-3): 177-208.

BOYES BRAEM P. 2001. Functions of the mouthing component in the signing of deaf early and late learners of Swiss German Sign Language [C]// BRENTARI D. Foreign Vocabulary in Sign Languages. Mahwah: Lawrence Erlbaum Associates: 1-47.

BOYES BRAEM P, SUTTON-SPENCE R. 2001. The hands are the head of the mouth: the mouth as articulator in Sign Languages [M]. Hamburg: Signum Press.

BRENTARI D. 1990a. Licensing in ASL handshape change [C]// LUCAS C. Sign Language Research: Theoretical Issues: 57-68.

BRENTARI D. 1990b. Theoretical foundations of American Sign Language phonology [D]. Chicago: University of Chicago.

BRENTARI D. 1993. Establishing a sonority hierarchy in American Sign Language: The use of simultaneous structure in phonology [J]. Phonology, 10(2): 281-306.

BRENTARI D. 1996. Trilled movement: Phonetic realization and formal representation [J]. Lingua, 98(1-3): 43-71.

BRENTARI D. 1998. A prosodic model of Sign Language Phonology [M]. Cambridge: MIT Press.

BRENTARI D. 2010. Sign Languages [M]. Cambridge: Cambridge University Press.

BRENTARI D, CROSLEY L. 2002. Prosody on the hands and face: Evidence from American Sign Language [J]. Sign Language & Linguistics, 5(2): 105-130.

BRENTARI D, JOSH F, WOLFORD G. 2015. The acquisition of prosody in American Sign Language [J]. Language, 91(3): 114-168.

BRENTARI D, PADDEN C. 2001. Native and foreign vocabulary in American Sign Language: A lexicon with multiple origins [C]// BRENTARI D. Foreign Vocabulary in Sign Languages: A Cross-linguistic Investigation of Word Formation. Mahwah: Erlbaum: 87-119.

CATES D, GUTIÉRREZ E, HAFER S, et al. 2013. Location, location, location [J]. Sign Language Studies, 13(4): 433-461.

CHEEK A D. 2001. The phonetics and phonology of handshape in American Sign Language [D]. Austin: University of Texas.

CHENG R L. 1996. Mandarin phonological structure [J]. Journal of Linguistics, 2(2): 135-158.

CHOMSKY N, HALLE M. 1968. The Sound Pattern of English [M]. New York: Harper & Row.

CLEMENTS G N. 1985. The geometry of phonological features [J]. Phonology Yearbook, 2: 225-252.

CLEMENTS G N. 1990. The role of the sonority cycle in core syllabification [C]// KINGSTON J, BECKMAN M. Papers in laboratory I: Between the grammar and physics of speech. Cambridge: Cambridge University Press: 283 - 333.

COERTS J. 1992. Nonmanual grammatical markers: An analysis of interrogative, negation and topicalizations in Sign Language of the Netherlands [D]. Amsterdam: University of Amsterdam.

CORINA D P. 1990a. Handshape assimilations in hierarchical phonological representations [C]// C. Sign Language Research: Theoretical Issues. Washington: Gallaudet University Press: 27 - 49.

CORINA D P. 1990b. Reassessing the role of sonority in syllable structure: Evidence from a visual-gestural language [C]// ZIOLKOWSKI M, NOSKE M, DEATON K. Chicago Linguistic Society 26th: Parasession on the Syllable in Phonetics and Phonology. Chicago: University of Chicago Press: 33 - 44.

CORINA D P. 1993. To branch or not to branch: Underspecification in ASL handshape contours [C]// COULTER G. Current Issues in ASL Phonology: Phonetics and Phonology. New York: Academic Press: 63 - 95.

CORINA D P, SANDLER W. 1993. On the nature of phonological structure in sign language [J]. Phonology, 10(2): 165 - 207.

COULTER G. 1982. On the nature of ASL as a monosyllabic language [R]. Paper presented at the annual meeting of the Linguistic Society of America. San Diego, CA.

CRASBORN O. 2001. Phonetic implementation of phonological categories in Sign Language of the Netherlands [D]. Utrecht: LOT.

CRASBORN O, VAN DER KOOIJ E. 1997. Relative orientation in sign language phonology [C]// COERTS J, HOOP H. Linguistics in the Netherlands 14(1): 37 - 48. Amsterdam: John Benjamins Publishing Company.

CRASBORN O, VAN DER KOOIJ E. 2013. The phonology of focus in Sign Language of the Netherlands [J]. Journal of Linguistics, 49(3): 515 - 565.

CRASBORN O, VAN DER KOOIJ E, WATERS D, et al. 2008. Frequency distribution and spreading behavior of different types of mouth actions in three sign languages [J]. Sign Language and Linguistics, 11(1): 45 - 67.

CRASBORN O, VAN DER KOOIJ E, ROS J. 2012. On the weight of phrase-final prosodic words in a sign language [J]. Sign Language & Linguistics, 15(1): 11-38.

DACHKOVSKY S, HEALY C, SANDLER W. 2013. Visual intonation in two sign languages [J]. Phonology, 30(2): 211-252.

DAHL Ö. 1979. Typology of sentence negation [J]. Linguistics, 17(1): 79-106.

DAVIS S M. 1985. Topics in Syllable Geometry (Phonology) [M]. Tucson: The University of Arizona.

DE SAUSSURE F. 1995. Cours de linguistique générale [M]. Paris: Payot.

DEUCHAR M. 1984. British Sign Language [M]. London: Routledge.

DOUGHTY M J. 2001. Consideration of three types of spontaneous eyeblink activity in normal humans: during reading and video display terminal use, in primary gaze, and while in conversation [J]. Optometry and Vision Science, 78(10): 712-725.

DRESHER B E, VAN DER HULST H. 1998. Head-dependent asymmetries in phonology: Complexity and visibility [J]. Phonology, 15(3): 317-352.

ECCARIUS P, BRENTARI D. 2008. Handshape coding made easier: A theoretically based notation for phonological transcription [J]. Sign Language & Linguistics, 11(1): 69-101.

EMMOREY K, MCCULLOUGH S, BRENTARI D. 2003. Categorical perception in American Sign Language [J]. Language and Cognitive Processes, 18(1): 21-45.

EMMOREY K, MCCULLOUGH S, MEHTA S, et al. 2013. The biology of linguistic expression impacts neural correlates for spatial language [J]. Journal of Cognitive Neuroscience, 25(4): 517-533.

EWEN C. 1993. Dependency phonology [C]// ASHER R. The Encyclopaedia of Language and Linguistics. Oxford: Pergamon Press: 864-867.

EWEN C. 1995. Dependency relations in phonology [C]// GOLDSMITH J. The Handbook of Phonological Theory. Oxford: Blackwell: 570-585.

FENLON J. 2010. Seeing sentence boundaries: The production and perception of visual markers signaling boundaries in signed languages [D]. London: University College London.

FENLON J, CORMIER K, ADAM R, et al. 2016. Issues in determining phonological structure of sign languages in usage-based lexicons: The case of BSL SignBank [D/OL]. London: University College London.

FRIEDMAN L A. 1975. Phonological processes in the American Sign Language [C] Proceedings of the Annual Meeting of the Berkeley Linguistics Society, 1(1): 147 - 159.

FRIEDMAN L A. 1976. Phonology of a soundless language: phonological structure of American Sign Language [D]. Berkeley: University of California, Berkeley.

FRISHBERG N. 1975. Arbitrariness and iconicity: historical change in American Sign Language [J]. Language, 51(3): 696 - 719.

GERACI C. 2009. Epenthesis in Italian Sign Language [J]. Sign Language & Linguistics, 12(1): 3 - 51.

GÖKGÖZ K. 2009. Topics in Turkish Sign Language (Turk Isaret Dili-TID) syntax: verb movement, negation, and clausal structure [D]. Istanbul: Bogazici University.

GÖKGÖZ K. 2011. Negation in Turkish Sign Language: The syntax of nonmanual markers [J]. Sign Language & Linguistics, 14(1): 49 - 75.

GOLDIN-MEADOW S, BRENTARI D. 2015. Gesture, sign and language: the coming of age of sign language and gesture studies [J]. Behavioral and Brain Sciences, 1: 1 - 82.

GOLDSMITH J. 1976. Autosegmental Phonology [D]. Cambridge: MIT. New York: Garland Press.

GOLDSMITH J. 1995. Phonological theory [C]// GOLDSMITH J. The Handbook of Phonological Theory. Oxford: Blackwell: 1 - 23.

GROSVALD M. 2009. Long-distance coarticulation: A production and perception study of English and American Sign Language [D]. Davis: University of California, Davis.

GROSVALD M, CORINA D. 2012. Exploring the movement dynamics of manual and oral articulation: Evidence from coarticulation [J]. Laboratory Phonology, 3(1): 37 - 60.

HAYES B. 1989. Compensatory lengthening in moraic phonology [J]. Linguistic Inquiry, 20(2): 253 - 306.

HERRMANN A. 2010. The interaction of eye blinks and other prosodic cues in German Sign Language [J]. Sign Language and Linguistics, 13(1): 3 - 39.

HOCKETT C. 1960. The origin of speech [J]. Scientific American, 203(3): 89 - 96.

HOHENBERGER A, HAPP D. 2001. The linguistic primacy of signs and mouth gestures over mouthings: Evidence from language production in German Sign Language (DGS)

[C]// BRAEM B, SUTTON-SPENCE R. The hands are the head of the mouth: The mouth as articulator in sign languages. Hamburg: Signum: 153–189.

HOWIE J M. 2010. Acoustical studies of Mandarin vowels and tones [M]. Cambridge: Cambridge University Press.

JANTUNEN T, TAKKINEN R. 2010. Syllable structure in sign language phonology [C]// BRENTARI D, Sign Languages: 312–331.

JANTUNEN T. 2006. The complexity of lexical movements in FinSL [C]// A Man of Measure: Festschrift in Honour of Fred Karlsson on His 60th Birthday: 335–344.

JANTUNEN T, LAITOS K, YLIOPISTO J. 2007. Tavu suomalaisessa viittomakielessä: The syllable in Finnish Sign Language [J]. Puhe Ja Kieli, 27(3): 109–126.

JOHNSON R. 1986. Phonological Metathesis in American Sign Language [C]// Conference on Theoretical Issues in Sign Language Research, Rochester, New York.

JOHNSTON T, SCHEMBRI A. 2007. Australian Sign Language (Auslan): An Introduction to Sign Language Linguistics [M]. Cambridge: Cambridge University Press.

JOHNSTON T. 2015. FINISH variation and grammaticalization in a signed language: How far down this well-trodden pathway is Auslan (Australian Sign Language) [J]. Language Variation and Change, 27(1): 117–155.

KENSTOWICZ M J. 1994. Phonology in Generative Grammar [M]. Cambridge: Blackwell.

KINGSTON J, BECKMAN M. Papers in Laboratory Phonology I: Between the Grammar and the Physics of Speech [C]. Cambridge: Cambridge University Press: 283–333.

KLIMA E, BELLUGI U. 1979. The Signs of Language [M]. Cambridge: Harvard University Press.

KUBUS O. 2008. An analysis of Turkish Sign Language phonology and morphology [D]. Ankara: Middle East Technical University.

LADEFOGED P, MADDIESON I. 1996. The Sounds of the World's Languages [M]. Oxford: Blackwell Publishing Ltd.

LADEFOGED P, JOHNSON K. 2011. A Course in Phonetics [M]. 6th ed. Boston: Wadsworth Publishing.

LEWIN D, SCHEMBRI A. 2011. Mouth gestures in British Sign Language (BSL): A case study of tongue protrusion in BSL narratives [J]. Sign Language & Linguistics, 14(1): 94–114.

LIDDELL S K. 1980. American Sign Language Syntax [M]. Hague: Mouton de Gruyter.

LIDDELL S K. 1984. Think and believe: sequentiality in American Sign Language [J]. Language, 60(2): 372 – 399.

LIDDELL S K. 1990. Structures for representing handshape and local movement at the phonemic level [C]//FISHER S, SIPLE P. Theoretical Issues in Sign Language Research, 1: 37 – 65. Chicago: The University of Chicago Press.

LIDDELL S K. 1992. Holds and positions: Comparing two models of segmentation in ASL [J]. Current Issues in ASL Phonology, 3: 189 – 211.

LIN H. 2001. A Grammar of Mandarin Chinese [M]. Munich: Lincom Europa.

LIDDELL S K, JOHNSON R E. 1986. American Sign Language compound formation processes, lexicalization, phonological remnants [J]. Natural Language and Linguistic Theory, 4(4): 445 – 513.

LIDDELL S K, JOHNSON R E. 1989. American Sign Language: The phonological base [J]. Sign Language Studies, 64(3): 195 – 277.

MAK J, TANG G. 2011. Movement types, repetition, and feature organization in Hong Kong Sign Language [C]// CHANNON R. Formational Units in Sign Languages, Berlin & Nijmegen: De Grugten Mouton & Ishara Press: 315 – 338.

MALAIA E, WILBUR R. 2012. Kinematic signatures of telic and atelic events in ASL predicates [J]. Language and Speech, 55(3): 407 – 421.

MANDEL A. 1981. Phonotactics and morphophonology in American Sign Language [D]. Berkeley: University of California, Berkeley.

MAUK C E. 2003. Undershoot in two modalities: Evidence from fast speech and fast signing [D]. Austin: University of Texas at Austin.

MAUK C E, TYRONE M E. 2008. Sign lowering as phonetic reduction in American Sign Language [C]// SOCK R, FUCHS S, LAPRIE Y. Proceedings of the 2008 International Seminar on Speech Production. Strasbourg: INRIA: 185 – 188.

MAUK C E, TYRONE M E. 2012. Location in ASL: Insights from phonetic variation [J]. Sign Language & Linguistics, 15(1): 128 – 146.

MCCARTHY J J. 1979. On stress and syllabification [J]. Linguistic Inquiry, 10(3): 443 – 465.

MCNEILL D. 1992. Hand and Mind: What gestures reveal about thought [M]. Chicago:

University of Chicago Press.

MEIER R P, CORMIER K, QUINTO-POZOS D. 2002. Modality and structure in signed and spoken languages [M]. Cambridge: Cambridge University Press.

MEIR I. 2004. Question and negation in Israeli Sign Language [J]. Sign Language & Linguistics, 7(2): 97 - 124.

MEIR I, SANDLER W. 2013[2007]. A language in space: The story of Israeli Sign Language [M]. London: Psychology Press.

MILLER C. 1999. Phonologie de la langue des signes quebecoise: Structure, simultanée et axe temporal [J]. Sign Language & Linguistics, 2(2): 258 - 262.

NADOLSKE M A, WOLFORD G. 2012. Can experience with co-speech gesture influence the prosody of a sign language? Sign language prosodic cues in bimodal bilinguals [J]. Language and Cognition, 15(2): 402 - 412.

NESPOR M, VOGEL I. 2007 [1986]. Prosodic Phonology [M]. Dordrecht: Foris Publications.

NESPOR M, SANDLER W. 1999. Prosody in Israeli Sign Language [J]. Language and Speech, 42(2 - 3): 143 - 176.

NEWKIRK D. 1998. On the temporal segmentation of movement in American Sign Language 1998[J]. Sign Language & Linguics, 1(2): 173 - 211.

OHALA J. 1992. What's cognitive, what's not in sound change? [C]// KELLERMAN G, MORRISSEY M D. Diachrony Within Synchrony: Language History and Cognition. Frankfurt: Lang: 309 - 355.

ORMEL E, CRASBORN O. 2012. The prosodic correlates of sentences in signed languages: A literature review and suggestions for new types of studies [J]. Sign Language Studies, 12(2): 109 - 145.

ORMEL E, CRASBORN O, VAN DER KOOIJ E. 2013. Coarticulation of hand height in Sign Language of the Netherlands is affected by contact type [J]. Journal of Phonetics, 41(3 - 4): 156 - 171.

OSUGI Y. 1998. In search of the phonological representation in American Sign Language [D]. New York: University of Rochester.

PADDEN C. 1988. Interaction of Morphology and Syntax in American Sign Language [M]. New York: Garland Press.

PADDEN C A, PERLMUTTER D M. 1987. American Sign Language and the architecture of phonological theory [J]. Natural Language & Linguistic Theory, 5(3): 335–375.

PERLMUTTER D. 1990. On the segmental representation of transitional and bidirectional movements in ASL phonology [J]. Theoretical Issues in Sign Language Research, 1: 67–80.

PERLMUTTER D. 1991. Prosodic vs. segmental structure: A moraic theory of American sign language syllable structure [D]. San Diego: University of California.

PERLMUTTER D. 1992. Sonority and syllable structure in American Sign Language [J]. Linguistic Inquiry, 23(3): 407–442.

PERLMUTTER D. 1993. Why ASL syllable structure is like that of oral language [R]// Paper Presented at the Workshop on Sign Language Morphology and Phonology. Amsterdam: Amsterdam University.

PFAU R. 2006. Visible prosody: spreading and stacking of non-manual markers in sign languages [C]// The 25th West Coast Conference on Formal Linguistics: 1–12.

PFAU R, QUER J. 2010. Nonmanuals: their grammatical and prosodic roles [C]// BRENTARI D. Sign Languages. Cambridge: Cambridge University Press: 381–402.

PIKE K, PIKE E. 1947. Immediate constituents of Mazateco syllables [J]. International Journal of American Linguistics, 13(2): 78–91.

RAMMEL G. 1974. German Sign Language: Die Gebärdensprache: Versuch einer Wesenanalys [M]. Berlin-Charlottenburg: Morhold.

REILLY J S, MCINTIRE M, BELLUGI U. 1990. The acquisition of conditionals in American Sign Language: Grammaticized facial expressions [J]. Applied Psycholinguistics, 11(4): 369–392.

ROACH, P. 1991. English Phonetics and Phonology: A practical course [M]. Cambridge: Cambridge University Press.

ROCA, I. 1994. Generative Phonology [M]. London: Routledge.

RUSSELL K, WILKINSON E, JANZEN T. 2011. ASL sign lowering as undershoot: A corpus study [J]. Laboratory Phonology, 2(2): 403–422.

SANDLER W, LILLO-MARTIN D. 2006. Sign Language and Linguistic Universals [M]. Cambridge: Cambridge University Press.

SANDLER W. 1986. The spreading hand autosegment of American Sign Language [J].

Sign Language Studies, 50(1): 1-28.

SANDLER W. 1987. Sequentiality and simultaneity in American Sign Language Phonology [D]. Austin: University of Texas.

SANDLER W. 1989. Phonological Representation of the Sign: Linearity and Nonlinearity in American Sign Language [M]. Dordrecht: Foris.

SANDLER W. 1990. Temporal aspects and ASL phonology [C]//FISHER S, SIPLE P. Theoretical Issues in Sign Language Research, 1: 7-35. Chicago: The University of Chicago Press.

SANDLER W. 1993. A sonority cycle in American Sign Language [J]. Phonology, 10(2): 243-279.

SANDLER W. 1995. Markedness in American Sign Language handshapes: a componential analysis [C]// Leiden in Last: HIL Phonology Papers I, The Hague: Holland Academic Graphics: 369-399.

SANDLER W. 1996. Phonological features and feature classes: The case of movements in sign language [J]. Lingua, 98(1-3): 197-220.

SANDLER W. 1999. Cliticization and prosodic words in a sign language [C]//HALL T, KLEINHENZ U. Studies on the Phonological Word, Amsterdam: Benjamins: 223-255.

SANDLER W. 2008. The syllable in sign language: considering the other natural language modality [C]// The Syllable in Speech Production. New York: Taylor Francis: 379-408.

SANDLER W. 2010. Prosody and syntax in sign languages [J]. Transactions of the Philological Society, 108(3): 298-328.

SANDLER W. 2014. The emergence of the phonetic and phonological features in sign language [C]//Nordlyd: Special Issues on Features, 41(1): 183-212.

SANDLER W, LILLO-MARTIN D. 2006. Sign Language and Linguistic Universals [M]. Cambridge: Cambridge University Press.

SANDLER W, MEIR I, DACHKOVSKY S, et al. 2011. The emergence of complexity in prosody and syntax [J]. Lingua, 121(13): 2014-2033.

SCHERMER G M. 1990. In Search of a Language: Influences from Spoken Dutch on Sign Language of the Netherlands [D]. Amsterdam: University of Amsterdam.

SELKIRK E. 1982. The syllable [C]// VAN DER HULST H, SMITH N. The Structure of Phonological Representations (part II). Dordrecht: Foris: 337-383.

SELKIRK E. 1984a. Phonology and Syntax: the Relation between Sound and Structure [M]. Cambridge: Cambridge University Press.

SELKIRK E. 1984b. On the major class features and syllable theory [C]// ARONOFF M, OEHLRE R T. Language Sound Structure: Studies in Phonology. Cambridge: MIT Press: 107-136.

STACK K. 1988. Tiers and Syllable in American Sign Language: Evidence from Phonotactics [D]. MA thesis. Los Angeles: University of California.

SIPLE P. 1978. Visual constraints for sign language communication [J]. Sign Language Studies, 19: 95-110.

STOKOE W C. 1960. Sign language structure: An outline of the visual communication systems of the American deaf [J]. The Journal of Deat Education, 10(1): 3-37.

STOKOE W C, CASTERLIN D, CRONEBERG C. 1965. A Dictionary of American Sign Language on Linguistic Principles [M]. Washington: Harvard University Press.

STOKOE W C. 1978. Sign Language Structure: The First Linguistic Analysis of American Sign Language [M]. Silver Spring: Linstok Press.

SUTTON-SPENCE R, WOLL B. 1999. The Linguistics of British Sign Language: An Introduction [M]. Cambridge: Cambridge University Press.

SUTTON-SPENCE R, DAY L. 2001. Mouthings and mouth gestures in British Sign Language [C]// BOYES BRAEM P, SUTTON-SPENCE R. The Hands are the Head of the Mouth: The Mouth as Articulator in Sign Languages. Hamburg: Signum-Press: 69-85.

SWISHER V, CHRISTIE K, MILLER S. 1989. The reception of signs in peripheral vision by deaf persons [J]. Sign Language Studies, 63: 99-125.

TANG G. 2006. Questions and negation in Hong Kong sign language [C]// Interrogative and Negative Constructions in Sign Languages, The Netherland: Ishara Press: 198-224.

UYECHI L. 1996. The Geometry of Visual Phonology [M]. Stanford: CSLI Publications.

VALLI C, LUCAS C. 2000. Linguistics of American Sign Language: An Introduction [M]. Washington: Gallaudet University Press.

VAN DER HULST H. 1993. Units in the analysis of signs [J]. Phonology, 10(2): 209 - 241.

VAN DER HULST H. 1995. The composition of handshapes [J]. Working Papers in Linguistics, 23: 1 - 17.

VAN DER HULST H. 1996. On the other hand [J]. Lingua, 98(1 - 3): 121 - 143.

VAN DER KOOIJ E. 2002. Phonological categories in Sign Language of the Netherlands: The role of phonetic implementation and iconicity [D]. Utrecht: LOT.

VINSON D P, THOMPSON R L, SKINNER R, et al. 2010. The hands and mouth do not always slip together in British sign language: Dissociating articulatory channels in the lexicon [J]. Psychological Science, 21(8): 1158 - 1167.

WILBUR R B. 1978. On the notion of derived segments in American Sign Language [J]. Communication and Cognition, 11: 79 - 104.

WILBUR R B. 1979. American Sign Language and Sign Systems [M]. Baltimore: Univ Park Press.

WILBUR R B. 1990. Why syllables? What the notion means for ASL research [C]// FISCHER S D, SIPLE P, DECARO J J. Theoretical Issues in Sign Language Research: Linguistics. Chicago: University of Chicago Press: 81 - 108.

WILBUR R B. 1993. Syllables and segments: Hold the movement and move the holds [C]//COULTER G. Current Issues in ASL Phonology: Phonetics and Phonology, New York: Academic Press: 135 - 168.

WILBUR R B. 1994. Eye blinks and ASL phrase structure [J]. Sign Language Studies, 84: 221 - 240.

WILBUR R B. 2000. Phonological and prosodic layering of nonmanuals in American Sign Language [C]// LANE H, EMMOREY K. The Signs of Language Revisited: Festschrift for Ursula Bellugi and Edward Klima. Hillsdale: Erlbam: 215 - 244.

WOLL B. 2001. The sign that dares to speak its name: Echo phonology in British Sign Language [C]// BOYES BRAEM P, SUTTON-SPENCE R. The Hands Are the Head of the Mouth: The Mouth as Ariculator in Sign Languages. Hamburg: Signum-Verlag: 87 - 98.

WOLL B. 2014. Moving from hand to mouth: echo phonology and the origins of language [J/OL]. Frontiers in Psychology, 4 [2014 - 07 - 04].

WOODWARD J C. 1974. Implicational variation in American sign language: Negative incorporation [J]. Sign Language Studies, 5(1): 20 - 30.

WOODWARD J C. 1985. Universal constraints on two-finger extension across sign languages [J]. Sign Language Studies, 46: 53 - 72.

WOODWARD J C, DESANTIS S. 1978. Erratum: Negative incorporation in French and American sign language [J]. Language in Society, 7(2): 291 - 292.

WU Y. 1994. Mandarin segmental phonology [D]. Toronto: University of Toronto.

ZESHAN U. 2003. Aspects of Türk İşaret Dili (Turkish Sign Language) [J]. Sign Language and Linguistics, 6(1): 43 - 75.

ZESHAN U. 2004. Hand, head, and face: Negative constructions in sign languages [J]. Linguistic Typology, 8(1): 1 - 58.

附录

附录Ⅰ 上海手语手势举例

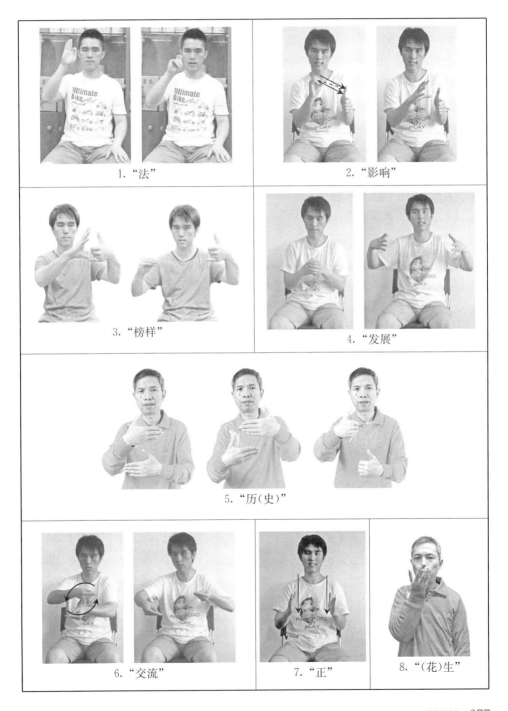

1. "法"
2. "影响"
3. "榜样"
4. "发展"
5. "历(史)"
6. "交流"
7. "正"
8. "(花)生"

续　表

9."裁（判）"

10."北京"

11."政（治）"

12."垃圾（桶）"

13."伤（害）"

14."单（价）"

15."（大）炮"

16."惊讶"

续 表

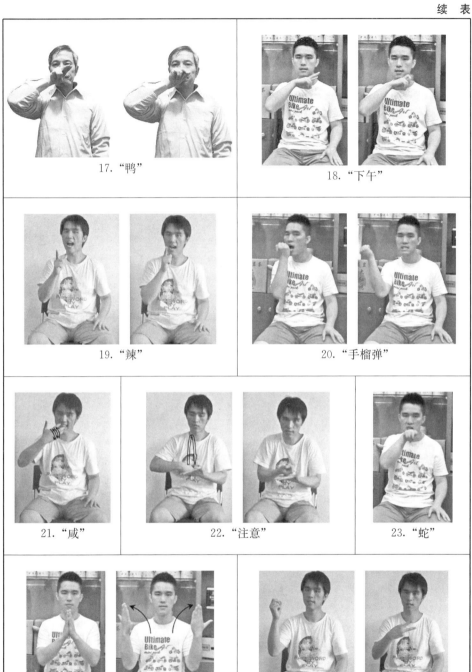

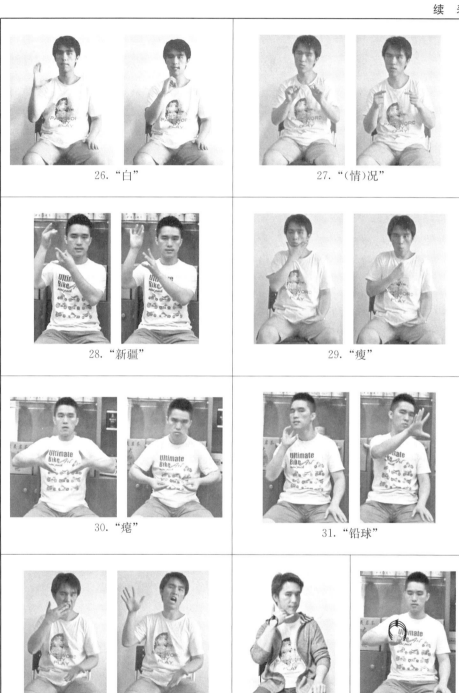

续表

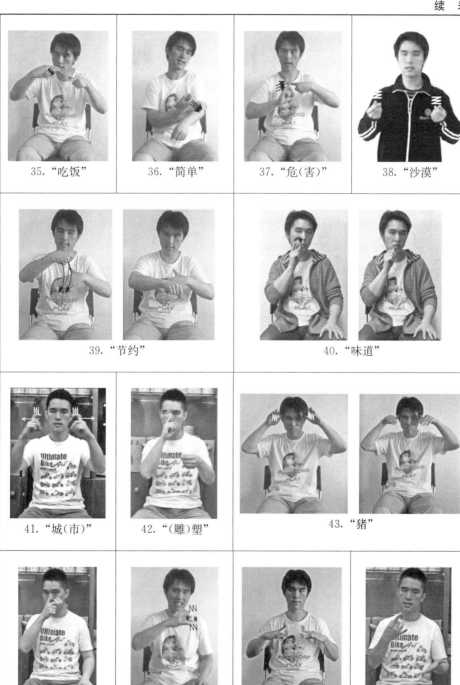

附录 I 上海手语手势举例

续 表

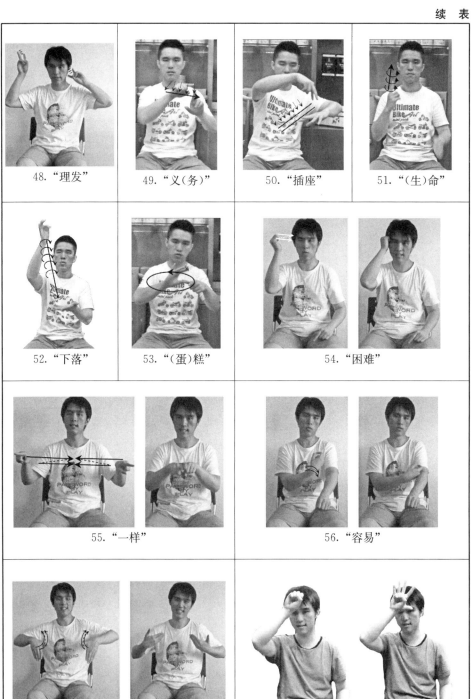

续　表

59."光荣"　　　　　　　　60."讽刺"

61."辐射"　　　　　　　　62."爸爸"

63."出现"

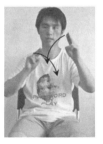

64."立交桥"

附录Ⅰ　上海手语手势举例　383

续　表

65."距离"

66."传(真)"

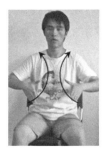

67."贡献"

68."拳击"

69."共产党"

70."梳头"

71."抢"

72."(基)层"

73."(血)压"　　　　74."你"　　　　75."我"

续 表

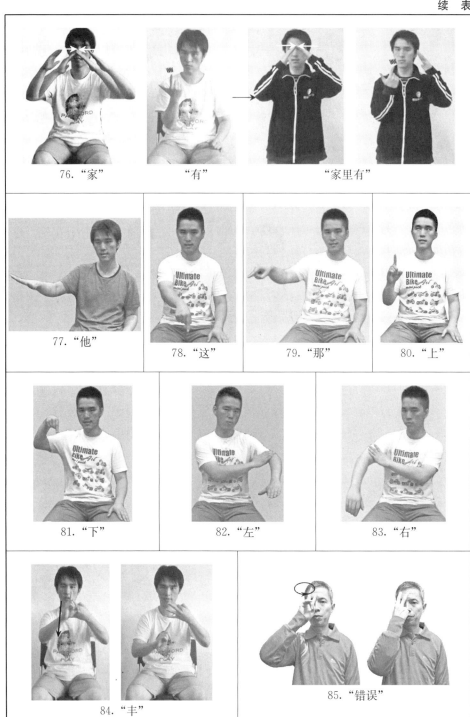

附录Ⅱ　上海手语61个表层手型音段

完全张开	弧形张开	弧形合拢	平伸张开	平伸合拢	爪形合拢	完全合拢
1					2	
3	4	5	6	7		
8						
9			10		11	
	12	13	14	15		
16			17			
			18			

完全张开	弧形张开	弧形合拢	平伸张开	平伸合拢	爪形合拢	完全合拢
19		20			21	
22					23	
24	25	26		27		
28	29		30		31	
32			33			
34						
35						
		36		37		

续　表

完全张开	弧形张开	弧形合拢	平伸张开	平伸合拢	爪形合拢	完全合拢
38						
39						
40					41	
42						
43						
44	45	46	47	48		
49		50	51	52		
53					54	55

续　表

完全张开	弧形张开	弧形合拢	平伸张开	平伸合拢	爪形合拢	完全合拢
56	57				58	
59					60	
61						

附录Ⅲ 汉语手指字母图

汉语手指字母图
HANYU SHOUZHI ZIMUTU

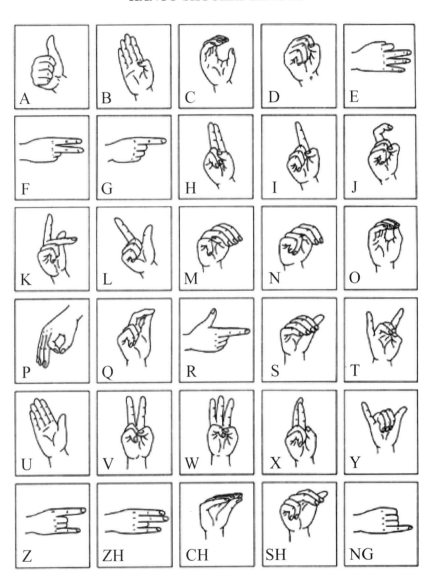

后 记

《上海手语音系》一书作为2012年立项的国家社科一般课题"上海手语音系研究"(项目编号：12BYY104)成果,在课题组全体成员的努力下,历经五个年头终于完成。首先,要感谢国家社科基金项目规划办的经费支持,它使我们有条件去探索手语这个无声语言的奥秘。其次,要感谢华东师范大学"新世纪学术著作出版基金"的资助,使书稿能在华东师范大学出版社出版。该书稿的完成更要感谢给予我们无私帮助的失聪的朋友们,是他们帮助我们与手语亲密接触,让我们深入了解手语、认识手语。这些年来,不管是酷夏还是严冬,是刮风还是下雨,只要我们需要,他们总是给予慷慨的援助：提供各种形式语料,包括讲故事、演讲、对话等；帮助摄像、转写手语视频材料、标注语料等；同意我们无偿使用这些手语语料。特别是徐剑平老师,他对我们学习上海手语给予了无私的帮助,为我们提供并解读手语语料做了大量工作。失聪的朋友们的无私、真诚和热忱深深地打动了我们。没有他们的帮助,我们不可能完成这个课题。他们这种高尚品德使我们加深理解了这样一句谚语：Wise souls speak loudly in silence。他们无声的语言证明了他们智慧的心灵。最后,作为课题组负责人,我衷心感谢参与该课题的每一位成员：他们每个人都具有扎实的专业理论知识；他们每个人都有踏实肯干、虚心好学的敬业精神,从零起点开始学习上海手语,深入上海聋人社区,与失聪者交朋友；他们每个人都有务实求真、勇于探索的学术素养,现在都能用手语与失聪者顺利交流。其间付出了多少时间和精力,可想而知。他们这种坚韧的毅力也深深地打动了我。通过几年的努力,他们收集了大量的第一手语料,并运用当代音系学和手语音系的专业理论知识,对所采集的语料进行了专业、系统的分析，并参与了《上海手语音系》一书的撰写。该书主要撰写分工如下（第一人担任主要撰写任务，排序与承担撰写内容多少一致）：

第一章：顾笙韵、张吉生、伍艳红、杨峰；

第二章：张吉生、杨峰；

第三章：杨峰、张吉生；

第四章：张吉生、杨峰；

第五章：杨峰、张吉生；

第六章：伍艳红、张吉生；

第七章：顾笙韵、张吉生、杨峰；

第八章：伍艳红、张吉生。

全书由张吉生设计、组织、整理、编排、修改，最后完成全部书稿校对。

尽管"上海手语音系研究"这项国家社科基金课题已顺利完成，但我们对上海手语音系的研究才刚刚开始。《上海手语音系》一书揭开了上海手语的面纱，它让读者了解到上海手语作为人类自然语言的另一种形式，它与有声语言一样也具有音系结构，也有音位、音位变体、音节结构、超音段特征、语流中音变、韵律结构等语言属性。

由于此项对手语音系的研究在国内尚无先例，可参考的国内手语相关研究文献极少，我们所收集的上海手语语料不可能穷尽，加之我们的上海手语水平也很有限，因此，我们的研究结果无疑不可能尽善尽美，仍有不少地方值得商榷。要深入全面了解上海手语以及中国其他地区手语音系结构的内在系统规则，我们还需要作出更大的努力。对于这一语言学研究的新课题我们还有更多的语料要搜集，更多的问题要探究，更多的难点要攻克。希望这本书的出版，对中国乃至世界手语音系研究有所贡献。

课题负责人：张吉生

2018年端午节于上海